가고 싶다, 모스크바

디테일이 살아 있는 색다른 지식 여행

가고 싶다, 모스크바

1판 1쇄 펴냄 2018년 7월 10일

지은이 신양란(글), 오형권(사진)
펴낸이 정현순
디자인 한기영

펴낸곳 (주)북핀
등록 제2016-000041호(2016. 6. 3)
주소 서울시 광진구 천호대로 572, 7층 705호
연락처 TEL: 070-4242-0525 / FAX: 02-6969-9737

ISBN 979-11-87616-41-2 13920
값 17,500원

색다른 **지식 여행** 시리즈 ❻

글 신양란 │ 사진 오형권

가고 싶다, 모스크바

디테일이 살아 있는 색다른 지식 여행

모스크바에서 꼭 가봐야 할 장소를 꼼꼼하게
파헤친 색다른 지식 가이드

지혜정원

'디테일이 살아 있는 색다른 지식 여행' 시리즈의 다섯 번째 책인 〈가고 싶다, 상트페테르부르크〉 작업을 하는 동안, 러시아의 매력에 흠뻑 빠졌었습니다. 그리스도 부활 성당 · 성 이삭 성당 · 카잔 대성당 등의 러시아 정교회 성당, 에르미타주 미술관 · 국립 러시아 박물관 등의 박물관, 페트로 파블롭스크 요새와 교회, 표트르 대제의 여름 궁전, 넵스키 수도원과 티흐빈 묘지 등 책에 담은 곳 모두가 눈부시게 화려하고 아름다웠습니다. 그리고 풍부한 이야깃거리를 가지고 있었지요. 누구에게나 그곳은 정말 가고 싶은 곳이 될 것이 분명합니다.

여섯 번째로 작업할 도시를 선택할 때 모스크바를 먼저 떠올린 것은, 당연히 상트페테르부르크 때문이었습니다. 두 번째로 큰 도시인 상트페테르부르크가 그렇게 매력적일진대, 그 나라의 수도인 모스크바는 오죽 더하겠습니까?

그렇게 생각하고 뛰어든 작업은, 그러나 끝없는 곤혹스러움을 안겨주었습니다. 제일 큰 문제는, 상트페테르부르크와는 달리 모스크바의 러시아 정교회 성당들은 내부 촬영을 엄격히 금지한다는 점이었습니다. 모스크바를 소개하면서 정교회 성당을 제외할 수는 없는 일입니다. 만일 그렇게 한다면, 다른 곳을 아무리 훌륭하게 설명한다고 해도 핵심을 빠뜨린 채 변죽만 울리는 격이 될 테니까요. 그렇다고 사진 촬영이 가능한 외관만 소개하는 것도 시리즈의 콘셉트에 걸맞지 않은 미봉책이 될 게 분명했지요. 그리하여 쓸 수 있는 사진을 찾아 헤매다 가까스로 크렘린과 구세주 그리스도 성당 홈페이지에서 사용 가능한 사진들을 일부 발견해 책에 넣었지만 흡족한 것은 아닙니다.

모스크바에 관한 자료가 많지 않은 것도 작업을 힘들게 했습니다. 수교한 지 30년이 채 되지 않은 까닭인지 러시아는 아직도 우리에게 낯선 나라인 듯했습니다. 집필에 도움이 될 만한 자료를 찾는 게 꽤 어려웠어요. 게다가 학창 시절에 러시아(당시의 소련)에 대해 배울 기회가 없었던 필자로서는 변변한 배경 지식을 갖추지 못한 것도 문제였지요. 여러모로 힘겨운 작업이었지만, 그렇기 때문에 더욱 책임감을 가지고 작업하는 동기가 되기도 했습니다. 다른 사람들도 모스크바란 낯선 상대 앞에서 내가 느낀 것과 비슷한 곤혹스러움을 느낄 테니, 그들에게 친절하고 자세한 지식 여행 안내서를 선물하고 싶다는 생각을 한 것입니다.

〈가고 싶다, 모스크바〉가 모스크바를 여행하는 이들에게 '아는 만큼 보이는 진지한 여행'의 동반자가 되기를 바랍니다. 모스크바의 외양뿐만 아니라 속살까지 볼 수 있는 눈이 되어주기를 진심으로 기대합니다.

모스크바를 여행할 때 도움을 주고 집필 과정에서도 중요한 도움을 준 한지혜 님께 각별한 감사의 마음을 전합니다. 또한 서혜영 님과 정은우 님, 그리고 그분들 덕에 만났던 사랑스러운 꼬마 친구들에게도 감사의 인사를 남깁니다. 정말 귀한 인연이었고, 유쾌한 만남이었습니다.

마지막으로, 본 시리즈의 사진을 담당해주는 오형권 사진작가가 앞으로 걷게 될 인생 2막의 길이 온갖 꽃이 만발한 화사한 꽃길이기를 기원합니다.

저자 신양란

Contents

IV. 함께 보면 좋은 곳

1장. 붉은 광장과 그 주변

2장. 그 밖의 가볼 만한 곳

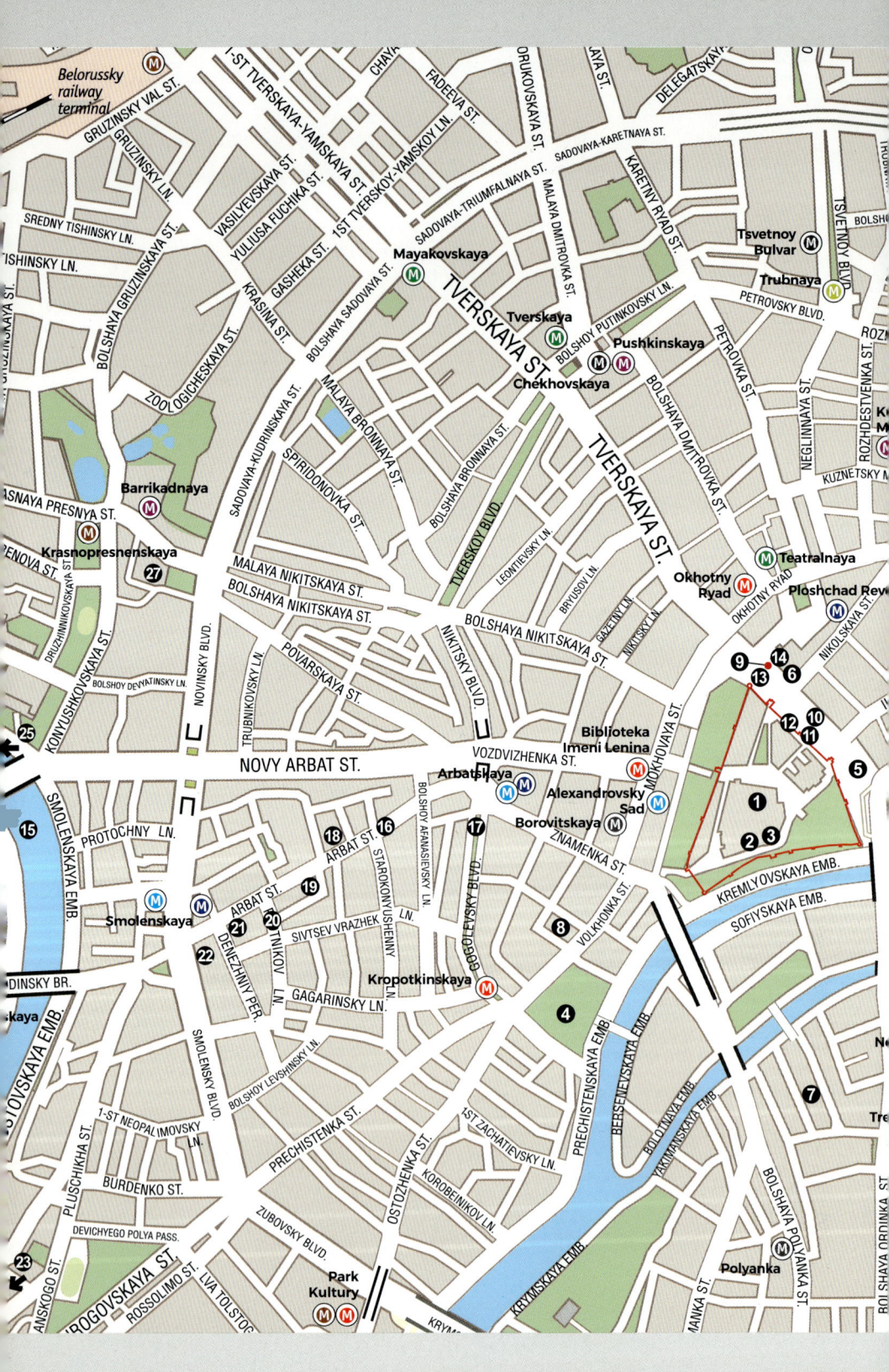

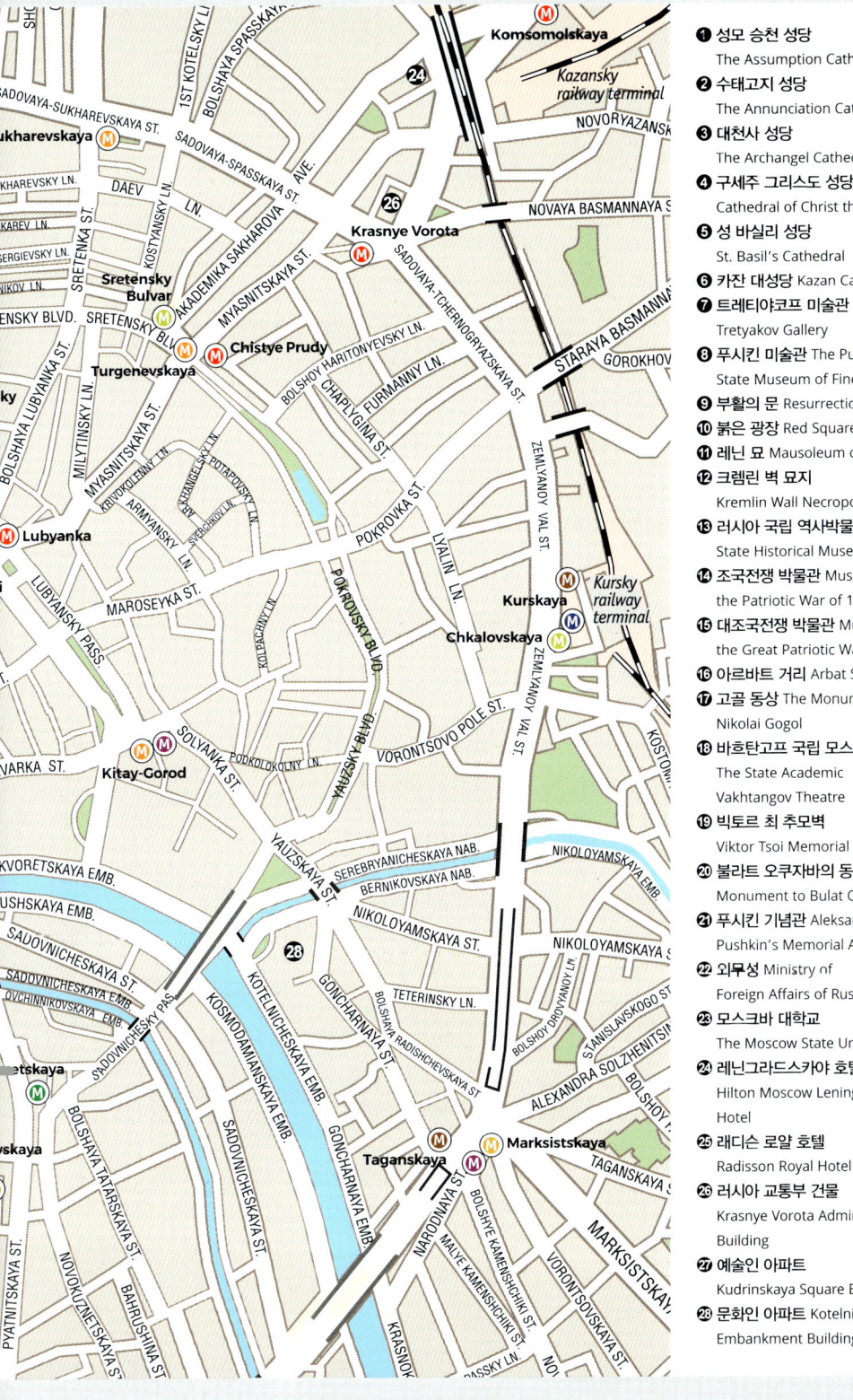

❶ 성모 승천 성당
The Assumption Cathedral

❷ 수태고지 성당
The Annunciation Cathedral

❸ 대천사 성당
The Archangel Cathedral

❹ 구세주 그리스도 성당
Cathedral of Christ the Saviour

❺ 성 바실리 성당
St. Basil's Cathedral

❻ 카잔 대성당 Kazan Cathedral

❼ 트레티야코프 미술관
Tretyakov Gallery

❽ 푸시킨 미술관 The Pushkin
State Museum of Fine Arts

❾ 부활의 문 Resurrection Gate

❿ 붉은 광장 Red Square

⓫ 레닌 묘 Mausoleum of Lenin

⓬ 크렘린 벽 묘지
Kremlin Wall Necropolis

⓭ 러시아 국립 역사박물관
State Historical Museum

⓮ 조국전쟁 박물관 Museum of
the Patriotic War of 1812

⓯ 대조국전쟁 박물관 Museum of
the Great Patriotic War

⓰ 아르바트 거리 Arbat St.

⓱ 고골 동상 The Monument to
Nikolai Gogol

⓲ 바흐탄고프 국립 모스크바 극장
The State Academic
Vakhtangov Theatre

⓳ 빅토르 최 추모벽
Viktor Tsoi Memorial Wall

⓴ 불라트 오쿠자바의 동상 The
Monument to Bulat Okudzhava

㉑ 푸시킨 기념관 Aleksandr
Pushkin's Memorial Apartment

㉒ 외무성 Ministry of
Foreign Affairs of Russia

㉓ 모스크바 대학교
The Moscow State University

㉔ 레닌그라드스카야 호텔
Hilton Moscow Leningradskaya
Hotel

㉕ 래디슨 로얄 호텔
Radisson Royal Hotel

㉖ 러시아 교통부 건물
Krasnye Vorota Administrative
Building

㉗ 예술인 아파트
Kudrinskaya Square Building

㉘ 문화인 아파트 Kotelnicheskaya
Embankment Building

키릴문자의 이해

비단 모스크바만의 문제가 아니라, 러시아를 여행하는 사람이라면 누구나 키릴문자로 된 표지판 앞에서 곤혹스러움을 느낄 것입니다. 더러 영어 알파벳이 병기되어 있는 경우도 있지만, 대부분 키릴문자만으로 표기되어 있어 보는 이를 난감하게 만들기 때문이지요. 따라서 모스크바로 떠나기 전에 대강이라도 키릴문자의 생김새를 익혀두는 것이 필요할 것입니다.

라틴 알파벳을 가지고 러시아로 가던 중 배가 흔들리는 바람에 뒤죽박죽이 되어버렸다는 우스갯소리가 있을 정도로, 키릴문자는 라틴 알파벳에서 유래되었으나 형태가 크게 달라졌습니다. 영어 알파벳에 익숙한 우리에게는 모양이 전혀 다른 독특한 글자들 때문에 키릴문자가 어렵게 여겨지지만, 사실은 영어와 똑같게 생긴 알파벳 때문에 더욱 애를 먹는답니다. 영어식 소릿값에 익숙한 우리로서는 같은 글자가 전혀 엉뚱한 소리를 낼 때 더욱 혼란스럽기 때문입니다.

연습 삼아 다음의 글자표를 참고하여, 모스크바 지하철 표지판을 읽어봅시다. 자꾸 보다 보면 조금씩 익숙해질 것입니다.

А а	Б б	В в	Г г	Д д	Е е	Ё ё
[a]	[b]	[v]	[g]	[d]	[je/^{j}e/e/ɛ]	[jo/^{j}o/o]
Ж ж	З з	И и	Й й	К к	Л л	М м
[ʒ]	[z]	[i]	[j]	[k]	[l]	[m]
Н н	О о	П п	Р р	С с	Т т	У у
[n]	[o]	[p]	[r]	[s]	[t]	[u]
Ф ф	Х х	Ц ц	Ч ч	Ш ш	Щ щ	Ъ ъ
[f]	[x]	[ts]	[tʃ]	[ʃ]	[ʃtʃ/ʃt]	[-]
Ы ы	Ь ь	Э э	Ю ю	Я я		
[ɨ]	[^{j}]	[ɛ]	[ju/^{j}u]	[ja/^{j}a]		

러시아어 키릴문자와 대응하는 발음

모스크바 지하철 차리치노(Tsaritsyno) 역과 아르바트스카야(Arbatskaya) 역 표지판

키예프 공국과 모스크바 대공국 ❶

러시아 땅에 최초로 세워진 나라인 노브고로드 공국의 건국에 얽힌 이야기는 트레티야코프 미술관 47번 방에 걸려 있는 '바다를 건너온 방문자들Guests from Overseas'이란 그림(394쪽)을 보면서 하겠습니다. 먼저 간단히 소개하자면, 9세기 중엽까지도 통일 왕국을 갖지 못했던 슬라브인들이 바다 건너 노르만족을 찾아가 통치자를 보내주기를 요청했다는 내용입니다. 표도르 브루니Fyodor Bruni의 그림에는 슬라브인들이 노르만족인 류리크와 그의 형제들에게 자신들의 지도자가 되어 달라고 요청하는 내용이 담겨 있습니다.

류리크Rurik는 노브고로드에 나라를 세우며 러시아 최초의 통치 가문인 '류리크 왕조'를 개창했지만, 그가 죽은 뒤 공후의 자리를 계승한 이는 그의 아들이 아니었습니다. 아들 이고르Igor가 너무 어렸기 때문에 친척인 올레그Oleg에게 임시로 공후의 자리가 넘어간 것입니다.

Fyodor Bruni, '류리크와 그의 형제들의 초대'

올레그는 비록 류리크와 이고르 사이의 공백을 메운 임시 공후였지만, 러시아 역사에서 중요한 역할을 했습니다. 노브고로드에서 키예프kiev로 수도를 옮김으로써 초기 러시아 역사에서 큰 비중을 차지하는 '키예프 공국Kievskaya(혹은 키예프 러시아)'을 세운 것입니다.

러시아는 처음부터 강력한 통일 국가를 이뤘던 것이 아닌 데다가 장남이 모든 것을 물려받는 장자 상속의 원칙 대신 공후의 아들들이 공평하게 땅을 나눠 받는 형제 상속 원칙을 유지했으므로, 초기 러시아에는 여러 개의 공국이 존재했습니다. 그중에서 키예프 공국이 가장 강력한 세력을 가졌으므로, 키예프 공국의 공후가 전체 러시아의 지배자로 여겨졌지요. 초기 러시아 역사에서 중요한 발자취를 남긴 블라디미르 스뱌토슬라비치Vladimir Sviatoslavich(러시아 정교회를 국교로 삼아 종교적 통일을 이룬 인물로 흔히 블라디미르 1세라고 부름)와 야로슬라프 블라디미로비치Yaroslav Vladimirovich(최초의 법전인 '루스카야 프라우다'를 편찬하며 국가 체계를 확립한 인물로, '현명한 야로슬라프'라고 불림)가 키예프 공후를 역임한 것은 그런 까닭에서입니다.

사정이 그렇다 보니 키예프 공국을 차지하기 위한 형제간, 혹은 숙질간(숙부와 조카 사이)의 투쟁이 치열할 수밖에 없었습니다. 작은 공국을 물려받은 이는 불만스러워 했고, 키예프 공국을 물려받은 이는 자신의 자리를 노리는 경쟁자들을 미리 제거하려고 하였던 것입니다. 러시아 역사상 첫 번째 왕자의 난인 야로폴크와 블라디미르 스뱌토슬라비치의 싸움[1], 두 번째 왕자의 난인 스뱌토폴크와 야로슬라프 블라디미로비치의 싸움[2]이 모두 키예프 공후 자리를 놓고 벌어진 형제간의 전쟁이었습니다.

그나마 초기에는 강력한 군사력을 가진 이가 형제들을 제압하고 키예프 공국의 위상을 지켜냈지만, 후대로 갈수록 권력 투쟁은 진흙탕 싸움이 됩니다.

---

[1] 첫 번째 왕자의 난 : 류리크 왕조의 다섯 번째 공후인 스뱌토슬라프에게는 세 명의 아들이 있었습니다. 큰아들 야로폴크와 둘째 아들 올레그는 이름이 알려지지 않은 첫 번째 부인에게서 낳은 것으로 여겨지고, 셋째 아들인 블라디미르는 말루샤라는 부인에게서 낳았다고 합니다. 스뱌토슬라프는 당시의 관례대로 큰아들 야로폴크에게는 제일 중요한 키예프 공국을 물려주었고, 둘째 아들인 올레그에게는 드레블랴닌 지역을 주었으며, 셋째 아들인 블라디미르에게는 노브고로드 지역을 주었는데, 야로폴크가 올레그의 영토인 드레블랴닌을 공격하여 동생을 죽이고(애초에 동생을 죽이려 했던 것은 아니라는 주장도 있지만) 그 땅을 차지하는 일이 벌어집니다. 야로폴크가 동복동생을 죽이고 땅을 빼앗는 것을 본 블라디미르는 긴장할 수밖에 없었습니다. 자신은 야로폴크의 이복동생이니 올레그보다 더 위험한 처지에 놓였다고 생각한 것입니다. 결국 블라디미르는 자신이 살아남기 위해 노르만족 용병을 고용하여 형 야로폴크를 죽이고 키예프 공국을 빼앗습니다. 러시아 역사상 첫 번째 왕자의 난으로 기록된 사건입니다.

[2] 두 번째 왕자의 난 : 첫 번째 왕자의 난으로 형을 죽이고 키예프 공국을 차지한 블라디미르 공후에게는 여러 명의 부인이 있었고, 또 그녀들에게서 태어난 여러 명의 아들이 있었습니다. 그중 큰아들인 스뱌토폴크는 블라디미르의 형인 야로폴크의 부인이었다가 블라디미르의 부인이 된 여자가 낳은 아들로 아마도 야로폴크의 아들로 여겨지는 인물이며, 야로슬라프는 블라디미르를 살해하려다가 실패한 후 추방당한 로그네다의 아들이라고 합니다. 그리고 보리스와 글렙이라는 형제가 있는데, 이들은 비잔틴 제국의 황녀이자 블라디미르의 적법한 부인이었던 안나의 아들로 여겨집니다. 블라디미르는 자신의 아들일 가능성이 낮은 스뱌토폴크에게 키예프 공국을 물려줄 생각이 없었던 듯합니다. 또한 자신을 죽이려고 했던 로그네다 소생의 야로슬라프에게 키예프 공국을 물려주고 싶지도 않았던 것 같습니다. 그가 후계자로 생각한 것은 온화한 성품에 기독교 신앙이 독실한 보리스였다고 합니다. 그러나 보리스와 글렙이 키예프를 떠나 있는 동안 블라디미르는 사망하였고, 그 사실을 알고 제일 먼저 키예프에 도착한 야로폴크가 장남의 권리를 주장하며 키예프 공후의 자리를 차지합니다. 그런 다음 백성들 사이에 신망이 높은 보리스가 군대를 몰고 와 자신을 몰아낼 것을 염려한 나머지 자객을 보내 보리스를 죽인 뒤 글렙마저도 암살합니다. 의롭지 못한 야로폴크에게 목숨을 잃은 보리스와 글렙은 러시아 정교회의 성인으로 추앙받게 되지요. 보리스와 글렙이 야로폴크의 손에 죽었다는 사실을 알게 된 야로슬라프는 억울하게 죽은 형제의 원수를 갚는다는 명분을 내세워 군대를 일으킨 뒤 야로폴크를 몰아내고 키예프 공국을 차지합니다. 러시아 역사상 두 번째 왕자의 난인 것입니다.

결국 '키예프 공국의 재건을 꿈꾼 마지막 군주'라는 평가를 받는 블라디미르 모노마흐Vladimir Monomakh가 죽은 뒤, 그의 동생과 자식들 사이에 벌어진 치열한 권력 다툼으로 키예프 공국은 러시아 대표 공국으로서의 위상을 잃고 맙니다.

올레그가 키예프를 점령하여 키예프 공국을 세운 것이 882년의 일이고, '모스크바의 창건자'로 불리는 유리 돌고루키Yuri Dolgoruki의 아들인 안드레이 보골륩스키Andrei Bogoliubski가 키예프 공국을 점령하여 무력화시킨 후 블라디미르—수즈달 공국 시대를 연 것이 1169년의 일이니, 키예프 공국은 약 300년 동안 러시아 정치의 중심 무대였던 것입니다.

키예프 공국이 몽골족의 침략을 받고 굴복하여 유명무실해진 후(1240년) 블라디미르 공국이 잠시 세력을 떨치지만, 그 또한 권력 투쟁에 휘말린 데다 몽골의 침략으로 타격을 받아 국력이 쇠약해집니다.

여기서 잠깐, 유리 돌고루키와 그의 자손들이 모스크바를 러시아의 심장으로 키워가는 과정을 알아봅시다.

훗날 모스크바 대공국으로 성장하면서 러시아 역사의 중심으로 자리 잡는 모스크바는 본디 작은 마을에 지나지 않았습니다. 키예프 공국을 중심으로 여러 공국들이 경쟁하며 발전하던 러시아 역사 초기에는 말이죠.

키예프 공국이 형제간, 숙질간의 권력 다툼으로 국력을 소진하고 있을 때, 블라디미르 모노마흐(블라디미르 2세)가 공후에 즉위합니다. 온화한 성품에 원칙을 중요하게 생각했던 그의 재위 기간에는 비교적 나라 안이 평온했다고 합니다. 그를 '키예프 공국의 재건을 꿈꾼 마지막 지도자'라고 평가하는 것은 그런 이유 때문일 것입니다. 그가 외할아버지인 비잔틴 제국의 황제 콘스탄틴 9세 모노마흐로부터 받은 모자(왕관)는 역대 황제들이 대관식 때만 쓰던 보물로, 현재 모스크바 크렘린 안에 있는 무기고에 보관되어 있지요.

모노마흐의 모자

유리 돌고루키는 바로 블라디미르 모노마흐의 아들입니다. 그는 아버지로부터 로스토프—수즈달 공국을 물려받아 통치하면서도 키예프 공국을 욕심내 조카 이쟈슬라프 므스티슬라비치와 전쟁을 치르기도 했습니다. 결국 이쟈슬라프가 죽음으로써 그는 키예프 공국도 지배할 수 있었지요.

유리 돌고루키가 모스크바를 차지한 것은 1147년의 일이고, 그가 처음 키예프 공후에 즉위한 것은 1149년의 일이니(그 뒤 이쟈슬라프와의 싸움에 져서 2년 만인 1151년에 키예프 공후 자리를 포기했다가 이쟈슬라프가 죽은 뒤인 1155년에 다시 복귀함) 그가 모스크바를 창건할 당시는 로스토프—수즈달 공국의 공후 신분이었습니다.

전하는 이야기에 따르면, 영토 확장 욕심이 남달랐던 로스토프—수즈달의 유리 돌고루키 공후가 울창한 숲과 광활한 평원으로 이루어진 쿠츠코보('쿠츠카의 영지'라는 뜻)란 도시를 방문했다고 합니다. 당시 그곳을 다스리던 스테판 쿠츠카의 초대를 받아서라고 하는군요. 아마 이때 유리 돌고루키는 그 땅을 탐냈던 것으로 보입니다. 그는 무슨 일인가에 격노하여 자신을 초대한 스테판 쿠츠카를 죽이는데, 이는 스테판이 용서받지 못할 정도로 심각한 실수를 했기 때문이 아니라 땅을 빼앗기 위한 명분을 만들려고 그랬던 것으로 여겨지기 때문입니다.

그렇게 하여 쿠츠코보를 차지한 유리 돌고루키는 그곳에 새로운 도시를 건설하고 이름을 모스크바라고 합니다. 그것이 1147년 4월 4일의 일로, 이 날을 공식적인 모스크바 창건일로 봅니다. 바실리 베레시차긴Vasily Petrovich Vereshchagin의 그림을 보면 숲과 평원으로 이루어진 땅에 새로운 도시를 건설하는 유리 돌고루키

Vasily Petrovich Vereshchagin, '유리 돌로루키 대공'

의 모습이 보이는데, 그가 모스크바를 건설하는 장면이 아닐까 짐작됩니다.

비록 유리 돌고루키가 모스크바에 새로운 도시를 건설하였지만, 곧바로 그곳이 러시아 역사의 중심지로 부상한 것은 아닙니다. 그때까지만 해도 키예프 공국은 러시아의 중심이라는 정치적 상징성을 갖고 있었고, 블라디미르—수즈달 공국(블라디미르가 로스토프를 정복한 뒤로 로스토프—

수즈달 공국은 블라디미르~수즈달 공국이 됨)은 떠오르는 신흥 세력으로서 영향력을 키워가고 있었습니다. 새로 개척한 변방의 작은 도시를 주목하는 사람은 없었지요.

그러나 모스크바는 지정학적으로 여러 가지 장점을 지닌 땅이었습니다. 넓은 평원을 끼고 있으면서도 울창한 숲으로 둘러싸여 외적의 침입을 방어하기 쉬웠고, 여러 개의 강이 주변으로 흘러 교역에 편리했던 것입니다. 무엇보다도 중요한 장점은, 모스크바를 둘러싸고 있던 공국들이 외부의 강적을 막아주는 방패 역할을 했다는 점입니다. 예를 들면, 북서쪽으로부터 오는 적(스웨덴)은 노브고로드 공국이, 남동쪽으로부터 오는 적(타타르)은 라잔 공국이 막아주는 식이었습니다.

이런 요소들로 인해 모스크바는 착실히 내실을 다질 수 있었고, 알렉산드르 넵스키Aleksandr Yaroslavich Nevsky의 막내아들인 다닐 알렉산드로비치Daniil Alexsandrovich가 1271년에 모스크바 공국을 건설했습니다. 비로소 모스크바가 정치적 체제를 갖춘 나라로서 역사에 등장하는 것입니다. 비록 초기의 모스크바 공국은 주변의 경쟁국들에 비해 작은 나라였지만, 앞에서 말한 여러 가지 장점들로 인해 힘을 키우며 점차 러시아 역사의 중앙 무대에 등장할 수 있었습니다.

이렇게 역사의 무대에 등장한 모스크바 공국을 러시아의 중심지로 만든 인물은 이반 다닐로비치Ivan Danilovich(이반 1세, 1325~1340년 재위)입니다. 행정에도 능했지만 특히 재정 문제에 탁월한 능력을 보여 돈주머니란 의미의 '칼리타кaлита'란 별명을 가졌던 인물입니다. 그는 뛰어난 수완을 발휘하여 아버지 다닐 알렉산드로비치가 세운 작은 공국에 불과했던 모스크바 공국을 러시아의 강국으로 키웁니다. 막대한 공물을 몽골 칸에게 바치고 환심을 산 것이 가장 중요한 요인이었다고 합니다.

이반 1세가 모스크바 공국을 러시아의 종교적 중심지로 만들기 위해 단행한 것이 바로 블라디미르 공국에 거주하던 러시아 정교회의 최고 성직자인 수좌대주교를 모스크바로 초빙한 것입니다. 14세기 초부터 수좌대주교가 기주함으로써 모스크바는 종교적 수도의 지위를 얻을 수 있었지요. 이것은 정치적·군사적 위상을 능가하는 힘을 가진 일로, 이반 1세의 탁월한 정치 감각을 느낄 수 있습니다.

이반 1세의 후손들은 대대로 모스크바 공국을 지배하며 세력을 키웠습니다. 그의 손자인 드미트리 돈스코이Dmitry Donskoy(1359~1389년 재위)는 쿨리코보 전투에서 타타르를 상대로 러시아 역사상 최초의 승리를 거둬 러시아 전체의 영웅으로 떠올랐고, 드미트리 돈스코이의 증손자인 이반 3세(이반 대제)Ivan III, Ivan Vasilyevich, Ivan the Great(1462~1505년 재위)는 240년에 걸쳐 러시아를 옥죄던 타타르의 멍에를 벗어던진 위업을 이뤘습니다. 이런 놀라운 업적으로 인해 모스크바 공국은 전 러시아를 대표하는 대공국으로 인정받을 수 있었습니다.

이반 4세(폭군 이반)Ivan IV, Ivan Vasilyevich, Ivan the Terrible(1547~1584년 재위)는 비록 통치 후반기에 폭군으로 변해 많은 실책을 남겼고 훌륭한 통치자의 자질을 갖춘 아들 이반을 죽여 결과적으로 류리크 왕조가 단절되도록 만들었지만, 모스크바 대공국의 지배자로서 자신감을 가졌기에 '차르tsar(로마 제국의 카이사르에 해당)'를 칭할 수 있었던 것입니다.

1547년에 이반 4세가 전체 러시아의 지배자를 자처하며 차르로 등극함으로써 모스크바 대공국은 막을 내리고 러시아 차르국이 역사에 등장합니다. 키예프 공국으로 시작하여 블라디미르 공국을 거쳐 모스크바 대공국으로 이어지는 동안 고만고만한 공국들이 자웅을 겨루던 분열의 역사가 끝나고, 비로소 하나의 나라로 통합되는 새로운 시대가 열리는 것입니다.

러시아 제국의 성립과 멸망 ❷

1598년에 이반 4세의 아들 표도르 1세Fyodor I가 후사 없이 세상을 떠남으로써 류리크 왕조는 단절됩니다. 노르만족인 류리크가 노브고로드 땅에 정착하여 나라를 세운 862년부터 계산하면 류리크 왕조는 736년 동안 러시아의 통치 가문으로 존재했던 것입니다.

류리크 왕조 이후 러시아를 지배한 것은 로마노프 왕조입니다. 그 사이에 '동란 시대Time of Troubles'라고 불리는 15년 동안의 극심한 혼란기를 거친 후, 미하일 표도로비치 로마노프Mikhail Fyodorovich Romanov(미하일 1세, 1613~1645년 재위)가 차르에 등극하면서 새로운 왕조, 곧 로마노프 왕조가 시작되는 것입니다.

로마노프 왕조의 두 번째 차르인 알렉세이 미하일로비치Alexei Mikhailovich(1645~1676년 재위)는 두 명의 부인에게서 다섯 명의 아들을 낳았으나 드미트리와 알렉세이는 아버지보다 먼저 세상을 떠났습니다. 결국 차르 알렉세이의 후계자가 될 만한 아들은 셋뿐이었으며, 그가 사망한 후에 차르가 된 것은 생존해 있는 아들들 중에서 가장 나이가 많은 표도르 3세Fyodor III, Fyodor Alekseyevich(1676~1682년 재위)였지요.

그는 지혜로웠다는 평가를 받지만, 불행히도 병약하여 즉위한 지 6년 만에 후사를 남기지 못한 채 사망합니다. 이 경우 죽은 차르의 두 동생 중 나이가 많은 이반 5세Ivan V, Ivan Alekseyevich가 형의 뒤를 잇는 것이 자연스러운 일이었습니다. 더구나 이반 5세는 표도르 3세와 동복형제였으므로 혈연관계를 고려한다고 해도 그것이 제일 무난한 선택이었을 것입니다.

그러나 이반 5세는 병약한 데다 통치 능력도 부족하다는 평가를 받는 인물이었습니다. 사람들은 그에게 나라의 운명을 맡기길 주저했지요. 그래서 차선책으로 선택한 것이 이반 5세의 이복동생인 표트르 1세Pyotr I, Pyotr Alexeyevich를 공동 차르로 추대하는 것이었습니다.

16세의 이반과 10세의 표트르가 공동 차르로 즉위하는 모습

그렇지만 무능한 이반 5세와 어린 표트르 1세가 직접 통치할 수는 없는 상황이라 이반 5세의 친누나인 소피아 공주Sophia Alekseyevna가 섭정을 맡는 것으로 결정이 나면서 당분간은 잠잠해질 수 있었습니다.

그러나 건강하고 영민한 표트르 1세가 점점 자라자 위기감을 느낀 소피아 공주가 궁정 쿠데타를 통해 권력을 장악하려고 시도하다가 실패하는 일이 벌어집니다. 결국 소피아 공주는 노보데비치 수도원에 유폐되고 표트르 1세가 실권을 잡게 되지요. 이 이야기는 뒤(374쪽)에서 다시 하게 될 것입니다.

이런 우여곡절을 겪으며 러시아 최고의 권력자가 된 표트르 1세는 강력한 러시아 제국을 건설하여 '위대한 표트르', '표트르 대제Peter the Great'로 불리게 됩니다.

1682년에 공동 차르로 등극했다가 1721년에 황제의 칭호를 받은 표트르 1세는 서유럽을 모델로 하여 러시아를 근대화시키기 위해 노력한 군주입니다. 그는 많은 부분에서 개혁을 통해 러시아의 후진성을 탈피하려고 했으며, 실제로 큰 성과를 거두었습니다. 표트르 1세는 강력한 군대를 앞세워 숙적 스웨덴과 오스만튀르크를 꺾었고, 중앙집권 체제를 확립해 행정의 효율성을 높였으며, 러시아 정교회를 정부 산하기관에 편입시켜 세속 권력이 종교 권력을 통제할 수 있도록 했습니다. 그밖에도 각종 학교를 세우고 언론과 출판을 활성화시켰으며 서유럽의 문화 예술을 적극 수입하여 러시아 예술계에 새바람을 일으켰습니다.

특히 스웨덴으로부터 빼앗은 발트해 연안에 상트페테르부르크를 건설한 후 새로운 수도로 삼은 것은 러시아 역사에서 중요한 전환점이 되었습니다. 그는 여러 분야에서 걸출한 업적을 남긴, 명실상부한 '대제'였습니다.

표트르 1세가 사망한 후, 러시아 제국의 제위가 위태롭게 이어지다가 예카테리나 2세Ekaterina II(1762~1796년 재위)라는 강력한 군주가 등장합니다. 비록 그녀는 남편 표트르 3세를 쿠데타를 통해 축출한 뒤 권력을 잡았지만, 표트르 대제의 계승자를 표방할 정도로 야심만만한 군주였습니다.

그녀의 치세 때 러시아는 영토를 크게 넓혔고, 통치 체제를 근대화했으며, 유럽과의 교류를 통해 학문과 예술 수준을 높였습니다. 이러한 점들이야말로 표트르 대제가 추구했던 통치 노선과 부합하는 것이지요. 이런 업적을 높이 평가하는 이들은 예카테리나 2세를 '18세기 러시아의 전성기를 이끈 황제'라고 합니다.

그러나 그녀는 자신의 권력 기반인 귀족들의 이익을 보호하기 위해 농민과 농노들의 삶을 더욱 악화시켰습니다. 그녀 치세에 일어난 농민 반란인 '푸가초프의 난(1773년~1775년 예카테리나 2세 치하에서 일어난 대 농민반란으로, 푸가초프Pugachov가 스스로 표트르 3세를 참칭하고, 농노 해방 · 인두세 폐지 등을 주장하며 반란을 일으킴)' 때 농노제 폐지, 자유로운 토지 이용, 세금과 징병 면제 등의 구호에 많은 하층민들이 호응한 것은 그만큼 그들의 삶이 힘겨웠기 때문일 것입니다.

푸가초프의 난이 러시아 사회에 큰 충격을 안겨주었음에도 불구하고 귀족에 대한 특혜와 하층민들의 비참한 삶은 개선되지 않았습니다. 예카테리나 2세 이후의 황제 중에 농노제 문제에 관심을 가진 이도 있었지만 귀족들의 반발에 부딪혀 별다른 변화를 이끌어내지 못했습니다. 황제는 자신의 권력을 유지하는 데만 관심이 있었고, 귀족들은 자신의 이익을 보호하는 데만 골몰했습니다. 인간 이하의 삶을 살며 착취당하는 농노와 노동자들의 비참한 현실에는 아무도 관심이 없었던 것입니다.

결국 안으로 곪아가던 이런 문제는 러시아 제국을 무너뜨리는 중요한 원인으로 작용합니다. 굶주림과 가혹한 노동 조건을 견디다 못해 황제에게 청원하려고 겨울궁전으로 몰려간 농민과 노동자들에게 군대가 발포하는 '피의 일요일 사건'이 벌어지면서 제국은 기울기 시작한 것입니다.

뒤이어 2월 혁명이 일어나고 이때 강제로 퇴위당한 마지막 황제 니콜라이 2세Nikolay II, Nikolay Aleksandrovich(1894~1917년 재위)가 볼셰비키의 손에 목숨을 잃으며 로마노프 왕조와 러시아 제국은 막을 내리게 됩니다. 백성을 버린 권력을 백성들 또한 버렸던 것입니다.

I

모스크바
크렘린

러시아 사람들이 '끄레믈'이라고 하는 크렘린Kremlin, Кремль을 우리나라 사람들은 부정적인 의미로 사용하기도 합니다. 어떤 사람을 일컬어 '크렘린 같다'고 하면, '속을 알 수 없는 음흉한 사람'이라는 뜻으로 받아들여지기 일쑤입니다. 그리 좋은 평가는 아닌 것이지요.

그러나 러시아어의 크렘린이란 단어는 원래 보통명사로, '방어를 목적으로 세워진 성벽'을 뜻합니다. 그러니까 러시아 땅에는 수많은 크렘린이 있는 것입니다. 하지만 우리는 모스크바 붉은광장 옆에 있는 특정한 공간을 가리키는 고유명사로 사용합니다.

현재 우리가 크렘린이라고 부르는 곳은 모스크바의 창건자인 유리 돌고루키가 1156년에 모스크바강 주변에 방어를 위한 목책木柵을 두른 것으로부터 역사가 시작됩니다. 러시아 화가인 아폴리나리 바스네초프Apollinary Mikhaylovich Vasnetsov는 모스크바 크렘린 주변을 그린 다양한 작품을 남겼는데, 그중에 목책으로 둘러싸인 초기 크렘린의 모습을 볼 수 있는 그림도 있습니다. 제목으로 보아 이반 1세(왕궁을 블라디미르에서 모스크바로 옮긴 이로, '칼리타'는 돈주머니란 뜻의 그의 별칭임) 때, 즉 14세기 초반의 크렘린으로 보입니다.

Apollinary Mikhaylovich Vasnetsov, '이반 칼리타 치세의 모스크바 크렘린'

Apollinary Mikhaylovich Vasnetsov, '드미트리 돈스코이 치세의 흰 성벽의 크렘린'

1663년에 제작된 크렘린 지도

모스크바 강변에 자리 잡은 크렘린의
윤곽이 현재와 비슷하다.

모스크바 공국의 공후였던 드미트리 돈스코이는 돈강 인근 쿨리코보에서 타타르군을 물리친 업적으로 러시아 역사에 이름을 남겼습니다. 러시아 민족이 타타르에게 거둔 최초의 승리였기 때문입니다. 바로 그 드미트리 돈스코이가 유리 돌고루키가 세운 목책을 14세기 후반에 석조 성벽으로 개축했다고 합니다. 바스네초프는 그 무렵의 크렘린도 그림으로 남겼습니다.

그 뒤로 성모 승천 성당(1479년), 수태고지 성당(1489년), 스파스카야 망루(1491년), 세나츠카야 망루(1491년), 니콜스카야 망루(1491년), 트로이츠카야 망루(1499년), 대천사 성당(1508년) 등이 차례로 들어서면서 크렘린은 현재와 비슷한 형태를 갖추게 되었습니다.

그러나 1712년 표트르 1세가 수도를 상트페테르부르크로 옮기면서 모스크바의 위상은 쇠퇴하기 시작했고, 크렘린의 역할도 축소되었습니다. 게다가 1812년 나폴레옹이 모스크바를 침공했을 때, 러시아 측이 청야전술淸野戰術의 일환으로 도시를 불태운 것으로 짐작되는 대화재가 발생합

Apollinary Mikhaylovich Vasnetsov, '17세기 말의 크렘린'

17세기 말의 크렘린을 그린 그림으로 크렘린 성벽과 망루, 그리고 성벽 안의 건물들이
현재와 비슷한 모습을 갖추고 있다.

니다. 화재가 휩쓸고 간 텅 빈 모스크바에서 혹한까지 만난 나폴레옹의 군대는 아무 소득도 얻
지 못하고 후퇴할 수밖에 없었지요. 모스크바를 불태움으로써 러시아는 조국전쟁에서 승리하는
성과를 거두지만, 크렘린은 이때 완전한 폐허로 변하고 맙니다.

Viktor Mazurovsky, '모스크바 화재(1812)'

화염에 휩싸인 크렘린을 뒤로하고 나폴레옹의 군대가 붉은 광장을 지나가고 있다. 이 화재로 인해
모스크바는 폐허로 변했으며, 결국 나폴레옹은 모스크바에서 철수하게 된다.

그 뒤로 크렘린에 대한 복구 작업이 이루어져 20개의 탑과 2,235m에 이르는 성벽, 그리고 그 안에 역사적 가치가 풍부한 건축물들이 들어선 현재의 모습을 되찾게 된 것입니다.

크렘린 성벽과 그 안의 건축물

❶ 성모 승천 성당(The Assumption Cathedral)
❷ 수태고지 성당(The Annunciation Cathedral)
❸ 대천사 성당(The Archangel Cathedral)
❹ 총대주교 궁전과 12사도 성당(The Patriarch's Palace And The Twelve Apostles' Church)
❺ 차르의 대포(Tsar Cannon)
❻ 이반 대제의 종루(The Ivan The Great Bell-Tower Complex)
❼ 황제의 종(Tsar Bell)
❽ 궁전 병기고(The Arsenal)
❾ 러시아 대통령부(The Senate Palace)
❿ 크렘린 대회 궁전(The State Kremlin Palace)
⓫ 대 크렘린 궁전(The Grand Kremlin Palace)
⓬ 무기고(The Armoury Chamber)

1장

성모 승천 성당
The Assumption Cathedral
Успенский Собор

러시아 황제들의 대관식이 열린
성모 승천 성당 ①

1479년에 건축된 성모 승천 성당은 크렘린 안에 있는 성당 중에서 가장 오래되었으며, 러시아 제국 황제들의 대관식이 이루어진 곳입니다. 역사로 보나 수행한 역할로 보나, 모스크바에서 제일 중요한 종교 건축물이라고 할 수 있지요. 러시아어로는 '우스펜스키 성당Uspenskiy Sobor, Успенский Собор'이라고 하는데, '우스펜스키'는 성모의 영면永眠, Dormition이나 승천昇天, Assumption을 뜻하므로, 이 성당 이름을 영어로 표기할 때는 Cathedral of the Dormition, 혹은 The Assumption Cathedral

블라디미르의 성모 승천 성당   크렘린의 성모 승천 성당

이라고 합니다. 성모 마리아가 죽은 뒤에 승천했으므로 의미는 같은 셈입니다.

이반 대제의 명으로 크렘린 안에 새로운 성당을 짓게 된 아리스토텔레 피오라반티Aristotele Fioravanti(15세기 볼로냐 출신의 건축가)는 러시아 전통 건축 양식을 공부한 끝에 블라디미르에 있는 성모 승천 성당을 모방하여 짓기로 했다고 합니다. 이름이 같은 두 성당 건물은 그런 까닭에 생김새가 흡사합니다. 특히 다섯 개의 황금색 쿠폴과 그 위에 설치된 십자가는 쌍둥이처럼 닮았고, 흰 외벽과 검은색 둥근 지붕도 비슷한 느낌을 줍니다.

성당 내부는 천장과 벽, 기둥이 온통 정교회 특유의 고딕 양식 이콘icon화(그리스어로 '이미지·형상'이라는 뜻으로, 주로 동방교회에서 발달한 예배용 화상畵像을 말함)로 뒤덮여 있는데, 제작 연대가 앞서다 보니 러시아 제국 시절에 지어진 상트페테르부르크의 성당들(성 이삭 성당, 그리스도 부활 성당)보다는 그림이 투박하고 세련미가 부족한 편입니다. 그렇지만 1,000여 명의 화가가 동원되어 그렸다는 이 그림들로 인해 성당 안은 러시아 정교회 신자들에게 은총이 가득한 공간으로 변했으며, 실내에 들어서면 진지하고 엄숙한 분위기를 느낄 수 있습니다.

정교회 양식의 이콘화로 가득 찬 성모 승천 성당 실내

성모 승천 성당의 외관 ②

크렘린 입구에서 12사도 성당Twelve Apostles' Church을 거쳐 성당 광장 Sobornaya Square에 들어서면 오른쪽으로 성모 승천 성당이 제일 먼저 여행자를 맞습니다.

동쪽 면

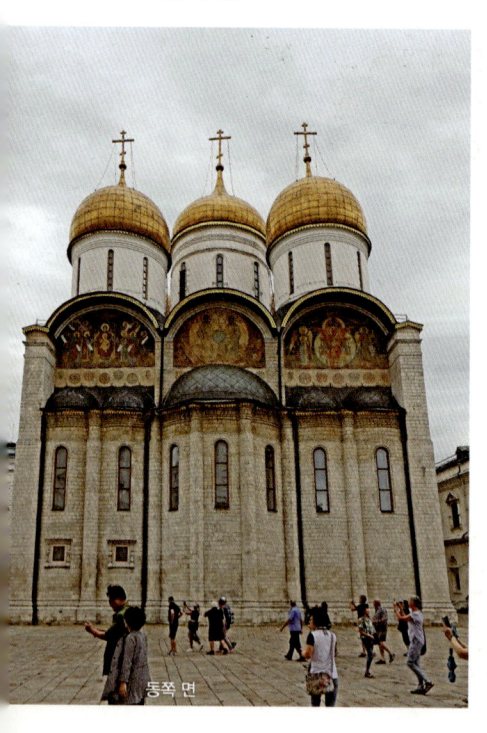
동쪽 면

가장 먼저 만나게 되는 성모 승천 성당의 동쪽 면은 세 개의 황금색 쿠폴이 나란히 보이며, 그 아래로 둥근 아치 지붕의 보호를 받는 상단 벽에 각각 그림이 그려져 있습니다. 동쪽은 제단이 설치되는 방향이라 출입문이 없으므로 남쪽과 북쪽의 문 주변과 같은 화려한 장식이 없지만, 세 개의 프레스코 벽화는 특별한 의미를 담고 있으므로 주의 깊게 볼 필요가 있습니다.

성모자에게 경배하는
기독교의 성인들(왼쪽)

삼위일체를 표현한 프레스코화(중앙)

성스러운 지혜인 소피아(오른쪽)

세 프레스코화 중 먼저 가운데에 그려진 그림을 봅시다. 오른쪽에 앉아 있는 이는 성부 하느님이고, 왼쪽에 앉아 있는 이는 성자 예수이며, 가운데의 흰 새는 성령을 상징하는 비둘기입니다. 이는 성부와 성자와 성령이 동일한 위격位格을 갖는다는 삼위일체 교리를 표현한 것입니다. 기독교에서 중요하게 생각하는 개념이므로 세 개의 그림 중에서 가장 비중 있는 내용이라고 할 수 있으며, 삼위일체를 표현한 그림으로서는 가장 보편적인 구도입니다. 하느님과 예수 사이에 놓인 푸른색 둥근 물체는 해와 달, 별이 그려져 있는 것으로 보아 우주를 상징하며, 그들이 우주의 지배자임을 말해줍니다.

왼쪽에 그려진 벽화에는 '성모에 대한 찬양The Eulogy of the Virgin'이란 제목이 붙어 있으며, 좌우에 성모자聖母子에게 경배하는 기독교의 성인들이 있습니다. 성모 마리아가 아기 예수를 안은 채 옥좌에 앉아 있고, 그 좌우로 대천사와 성인들이 줄지어 서 있는 유형의 이콘화는 흔한 편입니다.

오른쪽 벽화는 '성스러운 지혜인 소피아Sophia the Sacred Wisdom'를 표현하고 있습니다. '소피아'란 하느님 자신에게서 나온 성스러운 지혜를 가리키는 말로, 우리에게는 이스탄불의 '하기야 소피아(성 소피아 성당)'를 통해 익숙해진 낱말입니다.

남쪽 면

동쪽 면을 살펴본 다음 왼쪽으로 꺾어져 가면 남쪽 면을 만나게 됩니다. 이곳은 네 개의 벽면으로 분할되어 있으며, 그중 오른쪽에서 두 번째 벽면에 출입문이 나 있습니다.

남쪽 면에 난 문은 성모 승천 성당의 정문으로, 예전에는 황제와 황실 가족만이 이용할 수 있었습니다. 당연히 다른 방향에 비해 문 주변의 장식이 더 아름답지요.

남쪽 문 위쪽에 주목할 만한 프레스코 벽화가 그려져 있습니다. 대천사 미카엘과 가브리엘이 호위하는 가운데, 성모 마리아와 아기 예수가 다정하게 뺨을 맞대고 있는 그림이 그것입니다. 이는 '자비의 성모' 계열의 '블라디미르의 성모' 이콘화로, '블라디미르의 성모'에 관해서는 성당 안에 들어가서 다시 설명하겠습니다.

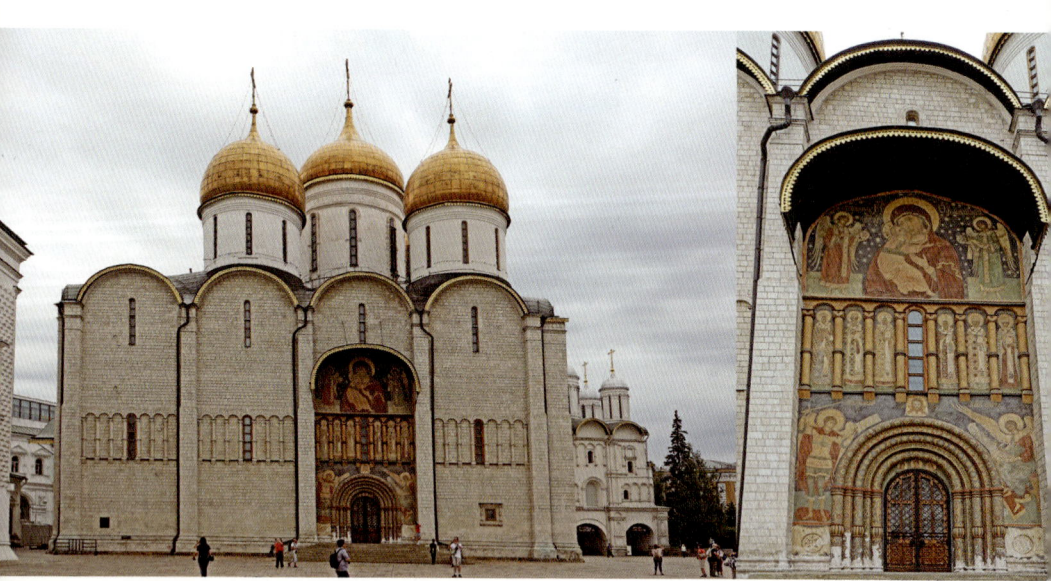

남쪽 면   남쪽 문

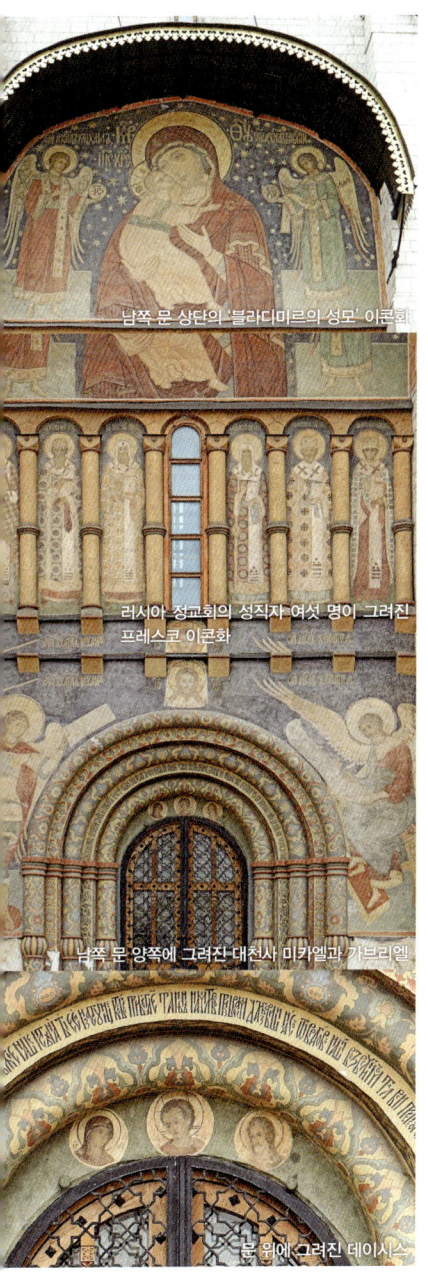

남쪽 문 상단의 '블라디미르의 성모' 이콘화

러시아 정교회의 성직자 여섯 명이 그려진 프레스코 이콘화

남쪽 문 양쪽에 그려진 대천사 미카엘과 가브리엘

문 위에 그려진 데이시스

'블라디미르의 성모' 아래로는 러시아 정교회의 대표적 성직자 여섯 명을 그린 그림이 보입니다. 왼쪽부터 차례로 모스크바 대주교인 표트르Moscow Metropolitans Peter, 알렉시우스Moscow Metropolitans Alexius, 요나Moscow Metropolitans Jonah, 필립Moscow Metropolitans Philip이며, 오른쪽의 두 명은 노브고로드의 주교 성 니케타스Saint of Novgorod–Bishop Nicetas와 대주교 성 요안Saint of Novgorod-Archbishop Ioann입니다.

그리고 그 아래로 아치형 문이 보이는데, 양쪽에 서 있는 천사는 미카엘(왼쪽)과 가브리엘(오른쪽)입니다. 이들을 성당 정문에 그려놓은 까닭은, 그 문을 통해 성당 안으로 들어가는 사람들에게 경외심을 불러일으키려는 의도로 보입니다.

다섯 겹으로 이루어진 아치의 맨 안쪽 위에 데이시스deisis를 표현한 세 개의 작은 그림이 있습니다. 데이시스란 가운데에는 예수(여기서는 어린 모습으로 표현됨), 양쪽에는 성모 마리아와 세례자 요한을 배치한 구도를 말하는데, 데이시스에 관해서는 성당 안의 이콘화를 보면서 다시 설명하겠습니다.

서쪽 면

서쪽 면에는 아리스토텔레 피오라반티가 건축한 포르티코portico(건물에서 돌출된 현관)가 있습니다. 이곳이 현재는 성당의 출입문으로 사용되지요.

남쪽 문은 황제와 황실 가족을 위한 문이었고, 북쪽 문은 사제들이 이용했으며, 서쪽 문은 일반 신자들이 성당을 드나들던 문입니다. 황제와 황족이 사라진 지금 남쪽 문은 굳게 닫혀 있고, 일반 관광객들은 서쪽 문을 통해 성당 안으로 들어갑니다.

출입문으로 사용되는 포르티코

북쪽 문

북쪽 면

성당 안으로 들어가기 전에 마지막으로 북쪽 면을 살펴봅시다. 남쪽 문이 황제와 황실 가족을 위한 문이었다면, 북쪽 문은 고위 성직자들이 드나드는 문이었습니다. 남쪽 문과 마찬가지로 북쪽 문도 평상시에는 굳게 닫혀 있습니다.

북쪽 문 주변의 장식도 남쪽 문과 비슷합니다. 문의 형태와 그림의 색조 및 분위기가 거의 닮은꼴입니다. 남쪽 문의 '블라디미르의 성모'가 그려진 자리에는 예수의 제자들을 그린 그림이 있습니다. 그림을 자세히 들여다보면,

니콘

사도들을 그린 프레스코화

러시아에서 숭배받는
성직자와 수도원 창설자들이 그려진 프레스코화

북쪽 문 양옆에 그려진 대천사 미카엘과 가브리엘

맨 위는 예수를 중앙에 배치하고 양쪽에 성모 마리아(왼쪽)와 세례자 요한(오른쪽)이 그려져 있습니다. 남쪽 문에서 보았던 데이시스 구도이지요.

데이시스 아래로는 예수의 열두 제자가 그려져 있으며, 맨 아래 중앙에 그려진 인물은 복장으로 보아 러시아 정교회의 사제로 보입니다. 아마도 니콘 총대주교가 아닐까 합니다.

사도들의 그림 아래로는 남쪽 문과 같이 여섯 명의 인물이 원주 사이에 그려져 있습니다. 러시아에서 가장 숭배받는 여섯 명의 성직자와 수도원 창설자들로, 왼쪽부터 차례로 보롭스크의 파프누티우스Paphnutius of Borovsk, 이사야Isaia of Borovsk, 이그나티우스Ignatius of Borovsk, 로스토프의 레온티우스 Leontius of Rostov, 라도네츠의 드미트리 프릴루츠키Dmitry Prilutsky of Radonezh와 세르기우스 Sergius of Radonezh입니다.

북쪽 문 양쪽에 대천사 미카엘과 가브리엘이 있는 것은 남쪽 문과 같은 이유에서일 겁니다. 천사들이 지키는 안쪽 공간은 신성한 곳이므로 그 문을 통해 드나드는 사람들에게 경외감을 갖게 할 목적으로 그렸을 테지요.

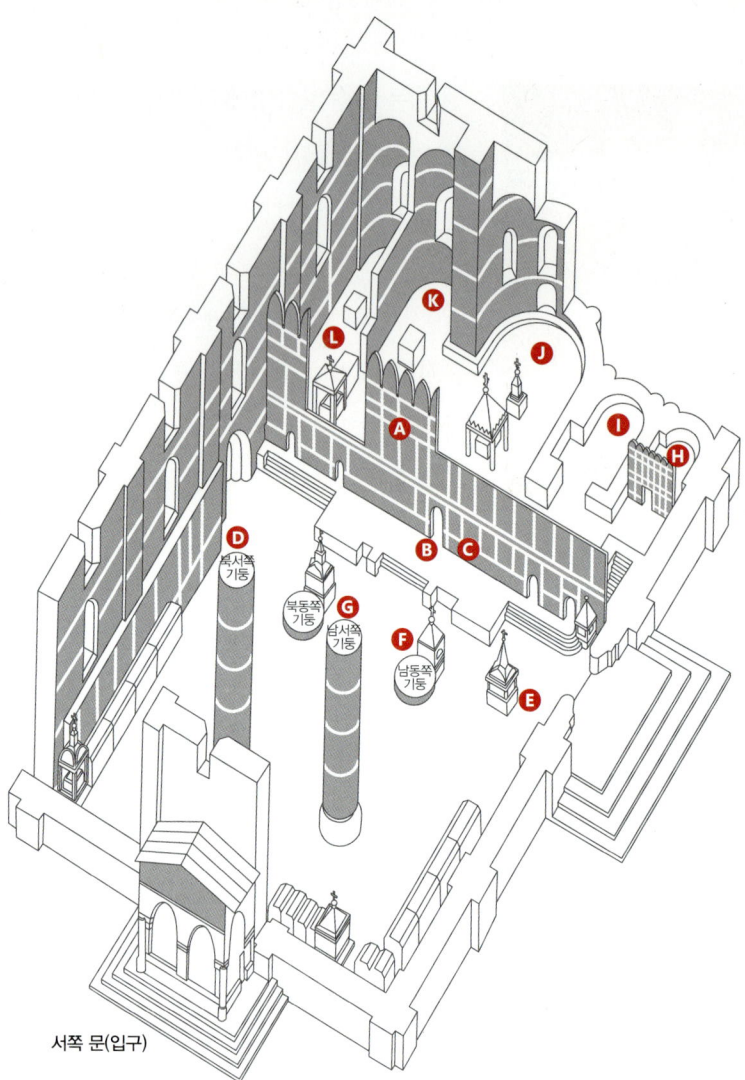

서쪽 문(입구)

에서 표시된 기둥 라벨:
북서쪽 기둥
북동쪽 기둥
남서쪽 기둥
남동쪽 기둥

Ⓐ 성화벽
Ⓑ 왕의 문
Ⓒ 주제 성화 '성모의 승천'
Ⓓ 성 게오르기의 이콘화
Ⓔ 황제의 기도석
Ⓕ 총대주교의 기도석
Ⓖ 황후의 기도석
Ⓗ 드미트리 솔룬스키 예배당
Ⓘ 성물 보관실
Ⓙ 주 제단
Ⓚ 성찬 준비실
Ⓛ 베드로와 바울 예배당

성모 승천 성당의
지성소와 성화벽 3

자, 이제 성당 안으로 들어왔습니다. 그리 넓지 않은 공간인 데다가 천장과 사방의 벽, 그리고 네 개의 원형 기둥에까지 빈틈없이 이콘화가 그려져 있어 숨이 막힐 것처럼 답답하게 느껴집니다.

어느 성당이든, 제단이 설치된 쪽(대개 동쪽)이 중심입니다. 그런데 필자가 모스크바와 상트페테르부르크에서 본 러시아 정교회 성당은 모두 제단이 설치된 부분을 성화벽iconostasis으로 가려놓았습니다. 성화벽은 성장聖障, 혹은 성화 병풍이라는 용어를 쓰기도 하는데, 성모 승천 성당

이콘화로 가득 찬 성모 승천 성당 내부

도 마찬가지로 성화벽이 설치되어 있습니다.

성당 측에서 준비한 설명서에는 제단이 설치된 공간을 지성소most holy place, 至聖所라고 하고, 신자들이 예배드리는 성당 내부 공간은 성소聖所라고 했습니다. 그러니까 지성소와 성소 사이에 성화벽이 설치되어 있는 것입니다.

지성소란 본디 성전의 가장 안쪽에 있는 곳으로 대제사장만이 들어갈 수 있는 방을 일컫습니다. 성서 속에서는 지성소를 하느님이 거처하는 곳으로 인식하고 있으며, 옛 이스라엘 사람들은 그곳에 십계명을 담은 상자인 '언약의 궤言約櫃, the ark of the covenant'가 놓여 있다고 믿었지요.

지성소와 성소는 휘장으로 구분되었는데, 이는 지극히 신성한 장소인 지성소를 보호하여 아무나 드나들지 못하도록 하려는 의도에서였을 것입니다. 아마도 러시아 정교회의 성당에서 볼 수 있는 성화벽은 성서에 나오는 휘장의 전통을 따른 것이 아닐까 합니다.

그런데 십자가에서 예수가 죽을 때 이 휘장이 찢어졌다고 합니다. 이 것을 '예수의 죽음으로 인류의 죄가 씻어졌으므로 신자들도 지성소에 들어갈 수 있다.'고 해석하는 사람들이 나오게 되었습니다. 가톨릭과 개신교의 경우, 사제가 예배를 집전하는 제단이 노출되어 있는데, 이는 예수의 죽음으로 지성소가 신자에게도 개방되었다고 보는 의식을 반영한 것으로 보입니다.

성모 승천 성당의 성화벽은 1653년 니콘 총대주교의 명으로 제작되었습니다. 총 4단으로 되어 있고, 69개의 이콘화가 그려져 있으므로 하나하나 꼼꼼히 살펴보기는 어렵지만, 성당 안에서 제일 중요한 의미를 갖는 공간이니 가급적 자세히 감상해 봅시다.

예수를 안고
하느님과
유대 족장

2자와
언자

수의
일생

시스와 예수의 제자들

왕의 문과
주변 성화

성모 승천 성당의 성화벽

아기 예수를 인고 있는 히느님과 16명의 유대 족장이 그려진 첫째
단, 성모자와 예언자들이 그려진 둘째 단, 예수의 일생이 그려진 셋째
단, 데이시스와 예수의 제자들이 그려진 넷째 단, 그리고 가장 아래쪽
중앙에 있는 지성소로 통하는 문(왕의 문)과 그 주변의 성화들을 차례대
로 살펴보겠습니다.

맨 위 단(친자관계와 유대 족장들)

두 번째 단(표징의 성모와 예언자들)

세 번째 단(예수의 일생)

성화벽의 맨 위 단 중앙에는 아기 예수를 안고 있는 하느님을 그린 '친자 관계The Paternity'라는 제목의 그림이 있습니다. 예수가 하느님의 아들이라는 사실을 분명히 밝히는 그림이지요.

그리고 친자관계 그림 양쪽으로는 레위Levi(야곱의 셋째 아들), 야곱Jacob(아브라함의 손자이자 이삭의 아들), 노아Noah(아담의 10대손으로 대홍수에서 살아남은 인물), 유다Judah(야곱의 넷째 아들) 등 16명의 유대 족장이 그려져 있습니다.

두 번째 단 중앙에는 성모자를 그린 그림이 있는데, 이 그림의 제목은 '표징의 성모Our Lady of the Sign'입니다.

그리고 그 주변에는 모세Moses(이스라엘의 위대한 종교 지도자), 다윗David(이스라엘 왕국의 2대 왕), 솔로몬Solomon(이스라엘 왕국의 3대 왕으로 지혜로운 왕으로 여겨짐), 요나Jonah(히브리의 예언자) 등 성서 속에서 위대한 예언자로 여겨지는 인물 16명이 그려져 있습니다.

세 번째 단에는 18개의 그림이 그려져 있는데, 예수의 일생에서 일어났던 주요한 사건을 주제로 한 것입니다. 왼쪽부터 차례로 마리아의 탄생, 마리아의 첫 성전 방문, 수태고지, 예수 탄생, 아기 예수의 성전 봉헌, 예수의 세례, 나자로를 되살림, 예수의 예루살렘 입성, 예수의 변용, 십자가에서 죽음, 십자가에서 내림, 예수의 장례, 죄인을 구하기 위해 지옥으로 내려감, 도마의 의심, 예수의 승천, 삼위일체, 제자들에게 성령이 내림, 마리아의 승천이 그려져 있습니다. 이것은 앞으로 방문할 모스크바의 정교회 성당 성화벽에서 반복적으로 보게 될 내용이므로 기억해 두면 좋을 것입니다.

그 가운데 몇 가지 중요한 사건을 봅시다. 아기 예수의 성전 봉헌, 나자로를 되살림, 예수의 변용, 십자가에서 내림, 죄인을 구하기 위해 지옥으로 내려감 등이 눈에 띕니다.

아기 예수의 성전 봉헌The Presentation in the Temple이란, 예수가 태어난 지 40일째 되는 날 유대의 관습에 따라 성전을 찾아가 봉헌 의식을 치른 것을 일컫습니다. 이날을 '주의 봉헌 축일'이라고 하며, 2월 2일이 이에 해당하지요. 다른 말로는 성촉절聖燭節, Candlemas이라고도 부르는데, 예수가 생애 처음으로 성전에 입성한 것을 기념하기 위해 촛불을 켜 들고 행진하는 풍습이 있었기 때문입니다.

죽은 나자로를 살려낸 일화The Raising of Lazarus는 예수가 행한 기적 중에서 가장 널리 알려진 사례로, 나자로가 죽었다는 연락을 받은 예수가 그를 찾아가 "나자로야, 일어나서 밖으로 나오너라." 하자 죽은 지 오래되어 시신에서 썩는 냄새가 나던 나자로가 살아서 무덤 밖으로 나왔다는 성서 속의 이야기입니다.

'예수의 변용The Transfiguration'은 『신약성서』의 〈마태복음〉에 나오는 예수의 행적으로, 기독교 미술에서 하나의 독립된 주제로 다뤄질 정도로 유명하고 중요한 일화입니다. 하루는 예수가 베드로, 야고보, 요한 등 세 명의 사도를 데리고 높은 산으로 올라갔는데, 그곳에서 눈부시게 빛나는 몸으로 변했다고 합니다. 제자들이 놀라서 바라보니 『구약성서』 속의 선지자인 모세와 엘리야가 예수의 양 옆에 서서 이야기를 나누고 있더라는 것입니다. 그러다가 구름이 몰려와 사도들을 감싸고 그 속에서 하느님의 음성이 들려 그들이 크게 놀랐다는 이야기인데, 예수의 몸이 눈부시게 빛나는 모습으로 변한 것을 그의 신성神性이 발현되는 계기로 보아 기독교에서는 중요하게 생각합니다. 특히 동방 교회에서 중요하게 여기므로 이콘화에서 자주 찾아볼 수 있습니다.

'십자가에서 내림The Descent from the Cross'은, 골고다 언덕에서 십자가형을 받고 사망한 예수의 장례를 치르기 위해 시신을 내린 것을 말합니다. 당시 로마의 형법에 따르면 십자가형에 처해진 중죄인은 장례를 치르는 것이 금지되었는데, 그 지역의 유지였던 아리마테아의 요셉St. Joseph of Arimathea이라는 인물이 빌라도를 찾아가 요청하여 장례를 치를 수 있었다고 합니다. 그렇게 장례를 치르고 바위 무덤 안에 안치된 예수는 사흘 만에 부활하여 무덤 밖으로 나왔다고 하지요.

예수가 지옥으로 내려간 것The Descent into Hell에 대해서는 두 가지 의견이 있습니다. 죄인들을 구원하기 위해 지옥으로 내려갔다고도 하고, 혹은 그리스도를 믿을 기회를 얻지 못했던 착한 사람이나 영세를 받지 못한 채 죽은 어린아이들을 구원하기 위해 림보Limbo(가톨릭에서 주장하는 중간 내세來世로, 지옥과 천국 사이에 있다고 여겨지는 공간)로 내려갔다고도 하는데, 구원자로서의 예수의 역할을 강조하는 이야기라고 할 수 있습니다.

성화벽 중에서 제일 중요한 곳은 네 번째 단입니다. 바로 앞에서 언급했던 '데이시스deisis'가 위치한 곳이기 때문입니다. 중앙에 '우주의 지배자인 예수Christ in Majesty'가 옥좌에 앉아 있고, 왼쪽에는 성모 마리아가, 그리고 오른쪽에는 세례자 요한이 서 있는 기독교 성화 구성을 '데이시스'라고 하지요.

이스탄불 하기야 소피아의 데이시스 벽화(모자이크 그림)

대천사 미카엘   성모 마리아   예수

데이시스는 '청원', '기도'의 의미를 갖는 말로, 최후의 심판의 날에 성
모 마리아와 세례자 요한이 예수에게 인류의 죄를 용서해달라고 청원
한다는 뜻입니다. 그렇기 때문에 심판자로서의 예수는 당당한 자세로
중앙에 앉아 있고, 청원자인 성모 마리아와 세례자 요한은 고개를 약간
숙이고 손을 내밀어 간곡히 부탁하는 자세를 취하고 있는 것입니다.

데이시스의 가장 우아하고 아름다운 사례를 우리는 이스탄불의 하기
야 소피아에서 볼 수 있습니다. 비록 회벽으로 덧칠되어 온전한 모습을
아직 되찾지 못하고 있지만, 복원된 부분만으로도 충분히 아름다우며
데이시스의 기본 구도와 인물의 자세를 이해할 수 있습니다.

대부분의 데이시스는 예수와 성모 마리아, 그리고 세례자 요한으로
구성되지만, 때로는 그 좌우에 대천사 미카엘과 가브리엘이 배치되는
경우가 있습니다. 성모 승천 성당의 데이시스가 바로 그런 경우에 해당

세례자 요한   대천사 가브리엘   베드로   바울

하는데, 왼쪽(마리아 옆)에 서 있는 이가 미카엘이며 오른쪽(세례자 요한 옆)은 가브리엘입니다.

대천사들이 포함된 데이시스를 중앙에 배치한 다음, 그 옆으로는 각각 여섯 명씩의 사도들을 그렸습니다. 예수의 제자 중 배신자 유다를 빼고 그 자리에 바울을 넣어 열두 명을 채운 것입니다. 예수의 수제자인 베드로와 그와 비슷한 시기에 로마에서 순교한 사도 바울은 함께 등장하는 경우가 아주 흔한데, 이곳에서도 마찬가지입니다. 미카엘 옆에 있는 이가 베드로이고, 가브리엘 옆에 있는 이가 바울입니다.

이상에서 살펴본 성화벽의 이콘 배치는 니콘 총대주교가 도입한 전통에 따른 것이라고 하며, 크렘린의 정교회 성당뿐만 아니라 모스크바에 있는 대부분의 정교회 성당에서 공통적으로 나타나는 양식입니다.

왕의 문 주변의 성화 ④

러시아 정교회 성당의 성화벽 중앙에는 지성소로 통하는 문이 있는데, 매우 화려하여 굉장히 공들여 만든 것 같다는 생각을 하게 합니다. (크렘린 성당 측의 안내 자료에서는 지성소로 통하는 문을 '왕의 문'이라고 표현하고 있으므로 이 책에서도 앞으로는 그렇게 부르기로 합니다.)

왕의 문에는 공통적으로 대천사 가브리엘이 성모 마리아에게 수태고지 하는 장면과 4대 복음서 저자들이 그려져 있습니다. 성모 승천 성당 역시 상단에는 수태고지 하는 장면이 있고, 하단 4개의 그림은 4대 복

성모 승천 성당(모스크바) 차리치노 안 성당(모스크바) 카잔 대성당(상트페테르부르크)

성화벽의 마지막 단, 왕의 문 주변 성화

음서 저자들을 그린 것이군요.

　성화벽의 맨 마지막 단, 즉 왕의 문 주변에는 러시아 사람들이 숭배
하는 성화들이 자리 잡고 있습니다. 성모 승천 성당의 경우 왕의 문 양
쪽으로 '블라디미르의 성모' 이콘화와 '옥좌에 앉은
예수'가 있고, 각각의 왼쪽과 오른쪽으로 기독교
성인과 이 성당의 주제 성화라 할 수 있는 '성모의
승천' 이콘화 등이 있습니다.
　'블라디미르 성모' 이콘화부터 차례로 살펴보면
서 각 이콘화의 의미를 알아보겠습니다.

그리스도 부활 성당(상트페테르부르크)

'블라디미르의 성모' 이콘화

　왕의 문 왼쪽에 작은 벽감이 설치되어 있고, 그 안에 1514년에 제작된 '블라디미르의 성모Holy Virgin of Vladimir' 이콘화가 있습니다. 그림 속 성모자는 '자비의 성모(성모 마리아와 아기 예수가 다정하게 뺨을 맞대고 있는 것)' 자세를 취하고 있으며, 종교 명절 및 성인들을 묘사한 작은 성화들에 둘러싸여 있습니다. 성당에 들어오기 전 남쪽 문 상단에서 보았던 그림과 자세를 비교해 보면 좋을 것입니다.

　그런데 원래 이 자리에는 안드레이 루블료프Andrei Rublev(중세 러시아의 대표적인 이콘화가)가 그린 성모화가 1918년까지 있었다고 합니다. 무슨 까닭에서인지 현재의 작품으로 대체되었는데, 수즈달의 블라디미르 박물관Museum of Vladimir-Suzdal에 소장된 안드레이 루블료프의 '블라디미르의 성모'를 보면 성모 승천 성당에 있었던 작품도 이와 유사하지 않았을까 하는 생각이 듭니다.

　원래 '자비의 성모' 계열 이콘화는 9세기경에 처음 나타나 비잔틴 제

벽감 속에 보이는
'블라디미르의 성모'

'블라디미르의 성모'

Andrei Rublev, '블라디미르의 성모'(1400년 제작, 수즈달의 블라디미르 박물관 소장)

국을 중심으로 숭배되다가 나중에는 러시아 지역까지 확산되었습니다. 그중에서 특히 '블라디미르의 성모'라고 불리는 이콘화는 콘스탄티노플에서 그려져 1131년에 키예프 공국으로 전해졌는데, 당시 콘스탄티노플의 총대주교인 크리소베르게스Chrysoberges가 유리 돌고루키 공후에게 선물한 것이라고 합니다. 이후 1155년에 안드레이 보골륩스키Andrey Bogolyubskiy 공후가 블라디미르로 옮기고 그것을 잘 보존하기 위해 대성당을 건축했으므로, 그때부터 '블라디미르의 성모'란 이름을 얻게 된 것입니다.

'블라디미르의 성모'는 여러 차례 기적을 보인 것으로 유명합니다.

1395년 8월 26일 모스크바가 타타르의 공격을 받게 되자 바실리 1세는 '블라디미르의 성모'를 모스크바로 옮긴 뒤 그 앞에서 간절히 기도했다고 합니다. 그러자 무슨 까닭에서인지 타타르가 물러갔으므로 모스크바 사람들은 이 그림에 신비한 힘이 있다고 믿게 되었습니다. 그래서 그 뒤로 크렘린의 성모 승천 성당에 모시고 자신들의 수호자로 공경하기 시작했다는 것입니다. 모스크바는 1451년과 1480년에도 타타르의 침입을 받는데, 그때마다 이 그림의 가호로 승리를 거두었다고 모스크바 사람들은 믿고 있습니다. 심지어 제2차 세계대전이 한창이던 1941년에 나치 독일의 공격을 받자 스탈린은 '블라디미르의 성모'를 비행기에 싣고 모스크바 상공을 비행하며 승리를 기원했다는 이야기가 전해질 정도입니다.

그래서 러시아에서는 해마다 5월 21일, 6월 23일, 8월 26일을 '블라디미르의 성모'를 기리는 축제일로 삼고 공경하는 마음을 표시한다고 하는군요.

'성 삼위일체' 이콘화

북쪽 벽면의 가장 오른쪽(즉, 성화벽과 만나는 지점)에는 '성 삼위일체' 이콘화가 있습니다. 위치상으로는 북쪽 벽면이지만, 'Veneration tier(러시아 사람들이 숭배하는 성화들을 배치한 성화벽의 맨 아랫단)'의 연장 공간에 있으므로 성화벽에 있는 작품으로 간주합니다. 그리고 같은 그림이 요나 대주교의 무덤 앞에도 놓여 있는데, 성화벽에 있는 것이 원본으로 보였습니다.

그런데 성모 승천 성당을 위해 14세기 중반에 제작하였다고 하는 이 그림은 삼위일체를 표현한 일반적인 성화들과는 내용이 확연히 다릅니다. 기독교에서 말하는 삼위일체란 '성부와 성자와 성령은 동일한 위격位格(위치와 품격)을 갖는다.'는 개념입니다. 그것을 그림으로 표현할 때는 대개 성부聖父 하느님과 성자聖子 예수, 그리고 성령聖靈을 구체적 모습으로 표현한 비둘기가 함께 나타납니다. 성모 승천 성당 동쪽 벽의 프레스코화에서 보았던 것이 가장 일반적인 유형이지요.

성모 승천 성당의 '성 삼위일체' 이콘화

삼위일체를 그린 그림 속 예수는 아기나 어린이의 모습으로 표현되기도 하지만, 주로 십자가에서 죽임을 당한 상황이거나 부활하여 하늘에 오른 뒤 하느님과 함께 있는 경우가 대부분입니다. 여러 화가의 많

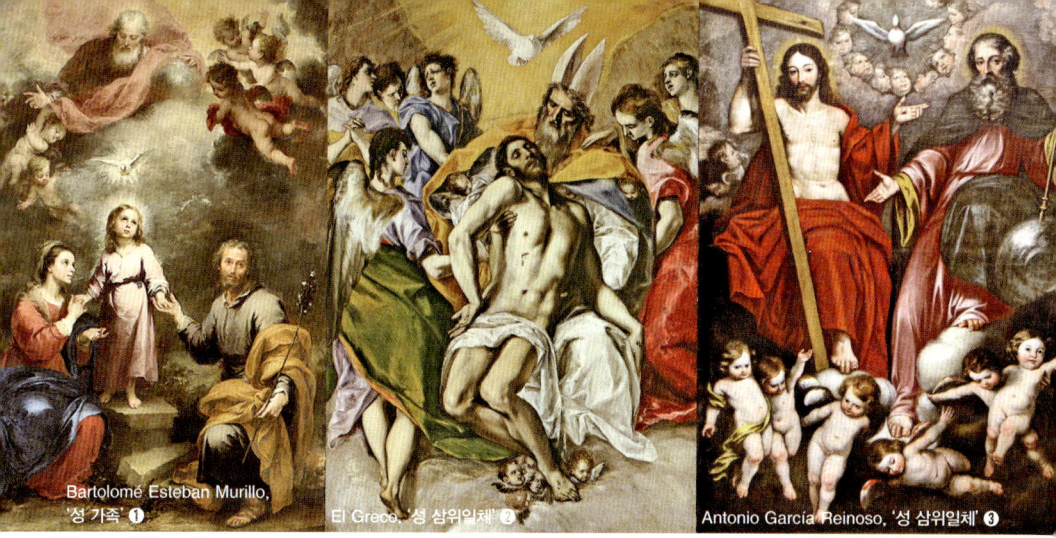

Bartolomé Esteban Murillo, '성 가족' ❶

El Greco, '성 삼위일체' ❷

Antonio García Reinoso, '성 삼위일체' ❸

❶ 성 가족(성자 예수와 성모 마리아, 그리고 요셉)을 성부 하느님과 성령이 내려다보고 있다.
❷ 십자가에서 죽은 성자 예수를 성부 하느님이 부축하고 있으며, 성령인 비둘기가 함께 그려져 있다.
❸ 십자가에서 죽은 뒤 부활한 성자 예수가 하늘에 올라 성부 하느님과 성령인 비둘기와 함께 있다.

은 그림들에서 우리는 그런 사실을 확인할 수 있지요.

그런데 성모 승천 성당의 '성 삼위일체' 이콘화에는 성부와 성자와 성령의 모습은 보이지 않고, 세 명의 천사가 원탁에 둘러앉아 식사를 하는 모습이 그려져 있습니다. 그리고 자세히 보니 그림 하단 양쪽에 음식을 준비하는 여인(오른쪽)과 시중을 드는 남자(왼쪽)가 있고, 맨 아래에는 소를 잡는 젊은이가 보이는군요. 일반적인 성 삼위일체 그림과는 내용이 다른 이 그림에 왜 성당측은 '성 삼위일체'라는 제목을 붙였을까요.

이 그림을 이해하기 위해서는『구약성서』의〈창세기〉 18장 1절~15절에 나오는 일화를 알아야 합니다. 성서에 따르면, 어느 날 하느님이 성자와 성령을 대동하고 마므레Mamre의 상수리나무 아래에서 천막을 치고 지내던 아브라함을 찾아왔다고 합니다. 이때 성부와 성자와 성령은 천사의 모습을 하고 있었다고 합니다.

'믿음의 조상'이라고 일컬어지는 아브라함과 그의 아내 사라는 자신들을 찾아온 하느님을 지극한 정성으로 대접했다고 합니다. 사라는 떡을 빚고, 아브라함은 하인을 시켜 가장 살진 송아리를 잡도록 했지요. 그러니까 성모 승천 성당의 '성 삼위일체' 이콘화 속 나무는 마므레의 상수리나무이고, 세 천사는 성부와 성자와 성령을 의미하며, 그들을 대접하기 위해 애쓰는 두 명의 인물은 아브라함과 사라인 것입니다. 송아지를 잡는 하인의 모습도 정확하게 표현되었군요.

비슷한 내용의 '성 삼위일체' 이콘화가 상트페테르부르크의 국립 러시아 박물관에 소장되어 있고, 같은 도시에 있는 그리스도 부활 성당의 벽에도 그려져 있습니다.

그런데 그날 하느님이 아브라함을 찾아와 지극한 대접을 받은 일은 더 풍성하고 중요한 이야기를 남겼습니다.

아브라함의 정성을 갸륵하게 여긴 하느님이 그에게 "사라가 아들을 낳으리라."는 약속을 한 것입니다. 하지만 아브라함은 80세가 넘었고 사라 또한 70세가 넘어 현실적으로 아이를 얻을 수 없는 나이였기에 천막 안에서 하느님이 하는 이야기를 들은 사라는 그만 헛웃음을 웃었다

| 모스크바 크렘린

고 합니다. 아브라함 또한 그 말을 믿지 않았을 것입니다.

그러나 그로부터 20여 년의 세월이 흐른 뒤 하느님의 약속이 이루어져 사라가 아들을 낳으니, 그가 바로 이삭입니다. 아브라함의 적통을 계승한 아들이자 하느님의 약속으로 태어난 인물이므로 '언약의 자손'이라고 일컫지요. '이삭'이란 이름의 뜻은 '웃음'이라고 하는데, 이는 하느님이 약속할 때 사라가 믿을 수 없어 헛웃음을 웃은 일과 관련 있을 것입니다.

훗날 하느님이 아브라함의 믿음을 시험하기 위해 이삭을 제물로 바치라 했을 때, 한 치의 망설임도 없이 하느님의 뜻을 따르려 한 이야기는 수많은 예술작품으로 표현되었습니다.

❶ Cornelis van Poelenburch, '아브라함과 이삭'
자신을 제물로 바치려는 줄도 모르고 제단을 쌓을 나무를 들고 아버지를 따라가는 천진난만한 이삭과, 그 모습을 바라보는 아브라함의 착잡한 모습을 통해 하느님의 시험이 얼마나 극복하기 어려운 고난인지 알 수 있다.

❷ Celestin Medović, '이삭의 희생'
제물로 바치기 위해 이삭을 찌르려는 순간, 하느님이 보낸 천사가 칼을 든 아브라함의 손을 잡아 제지한다. 하느님 앞에 그의 믿음이 증명된 것이다. 화면 오른쪽 하단에 보이는 양은, 이삭을 대신할 제물로 하느님이 내려주었다는 희생양이다.

'성모의 승천' 이콘화

이 성당의 이름이 '성모 승천 성당'이니, 성
모의 승천Assumption of the Virgin을 주제로 한 이
이콘화는 성당의 주제 그림이라고 할 수 있습
니다. 왕의 문 오른쪽 '옥좌에 앉은 예수' 옆에
있는 이 그림은 1479년에 제작된 것입니다.

그림을 살펴보면, 숨을 거둔 성모 마리아(화
면 하단부 중앙에 붉은 옷을 입고 누워 있는 이)를 사
도(예수의 제자)들이 둘러서서 애도하는 가운데,
예수가 어머니 마리아의 영혼을 안고 있는 내
용입니다. 마리아의 영혼은 흰 천에 쌓인 아기
처럼 표현되었는데, 이는 예수가 마리아의 영

성모 승천 성당의 주제 그림인
'성모의 승천' 이콘화

혼을 안아서 천국으로 올려준다는 인식을 담고 있습니다. 하느님의 아
들이자 신이었던 예수는 스스로 승천했지만, 마리아는 아들 예수에 의
해 하늘나라로 올려지는 것이지요. 이를 기독교에서는 '피승천被昇天',
혹은 '몽소승천蒙김昇天'이라고 합니다.

그런데 성모의 승천을 주제로 한 성화를 보면, 동방 교회와 서방 교
회의 표현 방식이 다릅니다. 물론 예외는 있겠습니다만, 동방 교회의
이콘화는 앞에서 본 그림과 대부분 비슷합니다. 즉, 사도들이 지켜보는
가운데 아기로 표현된 성모 마리아의 영혼을 예수가 안아서 하늘로 올
려주는 방식인 것입니다. 그에 비해 서방 교회에서는 예수의 제자들이
지켜보는 가운데 성모 마리아가 천사들의 호위를 받으며 하늘로 올라
가는 유형이 흔합니다.

동방 교회 이콘화에 나타난 '성모의 승천'

서방 교회의 '성모의 승천'(각각 Palma Vecchio와 Domenico Caprioli의 작품)

그렇다면 성모 마리아의 죽음과 승천을 기독교에서는 어떻게 이해할까요.

마리아는 예수가 세상을 떠난 뒤로도 한동안 생존했습니다. 그러나 그녀는 신이 아니었기 때문에 영생불사 할 수는 없었습니다. 이승에서의 삶을 마치게 될 즈음에, 예수의 제자들이 그 사실을 알고 마리아의 집으로 모여 그녀의 곁을 지켰지요.

이윽고 마지막 순간이 되자 예수가 어머니의 육신과 영혼을 하늘나라로 올리기 위해 천사들을 대동하고 나타났다고 합니다. 먼저 영혼을 안아서 하늘로 올렸으며, 두 번째로 찾아왔을 때는 육신까지도 하늘나라로 데려갔다고 하지요. 앞에서 본 '성모의 승천' 그림들이 다루는 내용이 바로 그런 것입니다.

그러면 하늘나라로 올라간 마리아에게는 어떤 삶이 기다리고 있었을까요. 기독교에서는 마리아가 하느님과 예수로부터 '천상 모후의 관'을 받았다고 믿습니다. '성모의 대관戴冠, coronation of the Virgin'이라는 개념이 바로 그것인데, '성모의 대관'을 주제로 한 그림들을 보면 거의 대부분 비둘기가 내려다보는 가운데 하느님과 예수로부터 왕관을 받는 마리아의 모습이 그려져 있습니다. 그것은 서방 교회와 동방 교회가 공통적으로 믿는 내용인 듯, 화풍은 각각 달라도 성 삼위일체로부터 왕관을 받는 모습이 공통적으로 보입니다.

성 삼위일체로부터 왕관을 받는 성모 마리아를 그린 동방 교회의 이콘화

Diego Velázquez, '성모의 대관'

성 삼위일체로부터 왕관을 받는 성모 마리아를 그린 서방 교회의 성화

동방 교회와 서방 교회의 성모자 표현 양식

기독교 성화에서 아기 예수와 그의 어머니인 성모 마리아를 함께 그리는 것은 매우 중요한 주제였습니다. 당연히 수많은 작품이 쏟아져 나왔지요. 그런데 동방 교회와 서방 교회에서의 표현 양식이 다르므로 비교해 보는 것도 좋을 것입니다. 이는 다른 주제의 성화에도 적용되는 특징입니다.

우상 숭배를 금기시한 유대교의 전통을 이어받은 초기 기독교는 인간의 형상을 구체적으로 그리는 것에 부정적인 시각을 갖고 있었습니다. 그래서 예수조차도 십자가, 어린 양, 선한 목자 등의 상징적 이미지로 표현하였습니다. 훗날 성상 파괴 운동Iconoclasm이 벌어지는 데에도 이와 같은 초기 기독교의 전통이 영향을 미쳤습니다.

그러나 로마 제국 당시 기독교가 국교로 정해진 뒤 문맹자인 신자들에게 성서의 내용을 가르치기 위한 시각 자료의 필요성이 인정되어 성상聖像 표현은 점차 확대되기 시작했습니다. 예수가 인간의 모습으로 이 땅에 온 신이라고 보는 기독교 교리도 성상 예술 발달에 한몫을 했습니다. 그리하여 기독교 신자들이 예수의 모습을 그린 성화聖畫, icon를 보면서 예배드리는 전통이 자리 잡았지요. 우상 숭배를 극도로 꺼리는 이슬람교가 현재도 인간과 동물의 형상을 표현하지 않는 것과 달리, 기독교는 비교적 초기부터 융통성을 발휘한 것입니다.

초기 기독교의 성상 표현은 그 당시의 미술 양식을 따른 것이었습니다. 현재의 기준으로 보자면 경직된 자세, 천편일률적인 표정으로 그려진 예스러운 그림이지만, 아마도 당시에는 최고의 장인들 손에서 탄생한 성스러운 걸작이었을 것입니다.

기독교의 성상 표현은 11세기에 동방 교회와 서방 교회가 분열하면서 서로 다른 길을 걷게 됩니다. 그 전까지는 거의 비슷한 양식의 성화상聖畫像을 사용했는데, 서유럽에서 르네상스 이후 다양한 미술 양식이 등장하며 기독교 미술에도 영향을 미친 것입니다. 종교적 성스러움보다는 화가 개인의 창의적 표현력을 중시하는 르네상스 이후의 미술을 서방 교회는 용인하였으므로, 초기 고딕 양식의 이콘과는 전혀 다른 성화들이 등장하게 됩니다.

성모자를 그린 그림을 통해 동방 교회와 서방 교회의 미술이 어떻게 달라졌는지 비교하여 봅시다.

Raphael,
'초원의 성모'
(1505~1506년)

Jan van Bijlert,
'성모와 아기 예수'(1635년)

Andrea Appiani,
'잠든 아기 예수와 성모'(1790년)

위의 그림들은 서방 교회의 성모자 그림입니다. 동방 교회와 결별한 뒤인 르네상스 직후의 그림
은 종교적 엄숙함과 신성함을 표현하려고 애쓴 흔적이 보이지만, 시간이 지날수록 종교적 색채
가 희미해지고 세속적인 모습으로 표현됨을 알 수 있습니다.

반면 동방 교회는 초기 이콘화의 전통을 엄격하게 고수합니다. 화가의 개성이 드러나는 독특한
화풍을 용인하지 않음은 물론이거니와 삼차원적 실체를 갖는 환조丸彫조차도 배척합니다. 이처
럼 초기 기독교 미술의 전통을 계승한 회화만 인정하기 때문에 정교회 성당에 가면 조각품을 볼
수 없고, 오직 비슷한 분위기의 그림만 볼 수 있는 것입니다.

그래서 동방 교회의 성모자 그림은 거의 비슷하게 보입니다. 모스크바를 여행하면서 자주 보게
되는 '블라디미르의 성모'가 대표적인 예입니다. 정교회의 성모자 그림은 자세에 따라 몇 가지로
분류하므로, 그것을 알아두는 것이 필요할 것입니다. 모스크바 노보데비치 수도원의 이콘 박물
관에 소장된 작품들을 통해 차이점을 알아봅시다.

먼저 '자비의 성모' 유형입니다. 이것은 성모 마리아와 아기 예수가 뺨을 마주 댄 모습이 자애로
워 보인다고 하여 그렇게 부릅니다. '블라디미르의 성모'가 여기에 속하며, '톨가의 성모', '돈의
성모', '페오도르의 성모', '야로슬라블의 성모', '꼬르순의 성모', '달콤한 입맞춤의 성모' 등이 다
여기에 속합니다.

Anton Ebert,
'성모와 아기
예수'(1896년)

Tytus Czyżewski,
'성모'(1922년)

'길의 인도자 성모', 혹은 '호디기트리아Hodigitria'라고 불리는 유형의 이콘화도 있습니다. 왼팔에 아기 예수를 안은 마리아가 오른손으로 예수를 가리키는 모습으로 표현되며, 이 자세가 아직 신앙의 길을 찾지 못한 사람에게 예수에게 이르는 길을 인도해 주는 것이라고 이해하여 그렇게 부릅니다. 이때 예수는 대개 정면을 응시하며, 왼손에 '말씀'을 상징하는 두루마리를 들고 있습니다.

'표징의 성모', 혹은 '계시의 성모'라고 불리는 유형은 두 손을 든 마리아의 가슴에 아기 예수가 그려져 있는 모습입니다. 성화벽 두 번째 단에서 본 '표징의 성모'는 손을 어깨 위까지 들지 않고 가슴 높이까지만 들고 있지만, 기본적인 자세는 같다고 볼 수 있습니다.

'표징의 성모'에서 아기 예수가 없는 그림, 즉 성모 마리아가 두 손을 들고 있는 모습만 나타난 그림은 따로 '기도하는 성모'라고 합니다. 마리아의 자세를 두 손을 올리고 기도하는 모습으로 이해하는 것이지요.

이처럼 성모 마리아와 아기 예수를 그린 그림을 보면 동방 교회와 서방 교회의 성화가 어떻게 다른 길을 걸어왔는지 알 수 있습니다. 성모자 그림뿐만 아니라 모든 성화의 표현 양식이 그러하므로 비교하면서 감상하면 좋을 것입니다.

자비의 성모　　　　　　길의 인도자 성모　　　　　　표징의 성모

남쪽과 북쪽 벽의 성화 5

　이제 성화벽의 오른쪽과 왼쪽에 해당하는 남쪽과 북쪽 벽의 성화를 살펴보겠습니다.

　남쪽 벽도 성화벽처럼 네 개의 단으로 나뉘어 있는데, 남쪽 벽 맨 위 단에는 예수가 생전에 만났던 사람들, 혹은 행했던 기적이 그려져 있고, 두 번째 단에는 성모 마리아의 탄생과 관련된 그림들이 있습니다.

　북쪽 벽에는 예수의 수난 과정과 관련된 그림들이 있고, 남쪽 벽과 북쪽 벽 하단에는 일곱 차례에 걸친 세계 공의회를 주제로 한 프레스코 이콘화가 있습니다.

　그리고 붉은 옷을 입고 창을 든 모습의 성 게오르기를 북쪽 문 옆(북쪽 벽의 오른쪽)에 설치된 액자에서 볼 수 있습니다.

예수가 만난 사람들과
예수가 행한 기적

마리아의 탄생과
관련된 그림

세계 공의회
프레스코화

남쪽 벽에 그려진 성화

예수의 수난과
관련된 그림

세계 공의회
프레스코화

성 게오르기 이콘화

북쪽 벽에 그려진 성화

마리아의 탄생과 관련된 그림

남쪽 벽 두 번째 단에 그려진 성모 마리아의 탄생과 관련된 그림들을 살펴보기 전에, 그녀의 탄생에 관한 이야기를 알아봅시다.

다윗의 가문에서 태어난 요아킴Joachim은 부유하고 덕망 높은 사람이었습니다. 부인 안나Anne와 금슬이 좋았지만, 불행히도 늙도록 슬하에 혈육을 두지 못했습니다.

한번은 예루살렘의 성전에 제물을 바치려 하는데, 사제가 "당신은 자녀를 두지 못했으므로 제물을 바칠 자격이 없소." 하며 거부하는 것이었습니다. 이에 크게 상심한 요아킴은 홀로 광야로 나가 40일간 단식기도하며 신에게 자신의 처지를 하소연했습니다.

안나 또한 자녀를 낳지 못한 일로 남편에게 심히 미안하여 근심에 빠져 있었습니다.

하느님은 믿음이 깊은 그들 부부가 자식 문제로 고통스러워하는 것을 보고는 안타깝게 여겨, 천사를 보내 곧 아이를 가질 것이라는 사실을 알려주었습니다.

천사로부터 기쁜 소식을 들은 요아킴은 서둘러 예루살렘으로 돌아왔고, 황금 문 앞에서 기다리고 있던 안나와 해후합니다. 그 뒤 하느님의 약속대로 딸을 낳았는데, 그 아기가 바로 예수의 어머니인 마리아입니다. 그러니까 요아킴과 안나는 예수에게 외조부모가 되는 사람들인 것이지요.

남쪽 벽에 그런 내용이 그림으로 표현되어 있습니다.

요아킴과 안나가 성전에 제물을 바치려다가 거부당하는 장면이 맨 왼쪽에 있습니다. 그리고 사막에서 단식기도하던 중에 천사로부터 안나가 임신하게 되리라는 소식을 듣는 요아킴의 모습과 집에서 그 소식을 듣는 안나의 모습이 나란히 나옵니다. 두 사람에게 수태고지 하는 이는 아마도 대천사 가브리엘일 것으로 짐작됩니다. 가브리엘은 성모 마리아에게 수태고지 하였으며, 세례자 요한의 아버지 사가랴에게도 요한이 탄생할 거라는 사실을 알려준 천사입니다.

천사로부터 뜻밖의 기쁜 소식을 들은 요아킴은 서둘러 예루살렘으로 돌아갑니다. 안나 또한 천사가 전한 소식에 맘이 들떠 남편이 돌아오기를 고대하다가 성문 앞에서 해후하는데, 그 장면은 맨 오른쪽에 있습니다.

그렇게 두 사람이 만난 뒤 안나가 임신하여 낳은 딸이 마리아인 것입니다.

성전에서 제물
봉납을 거부당하는
요아킴과 안나

요아킴에게 나타나
안나가 임신하게 되리라는
사실을 전하는 천사

안나에게 수태고지 하는 천사

황금 문 앞에서 해후(邂逅)하는
요아킴과 안나

예수와 관련된 그림

남쪽 벽과 북쪽 벽에는 예수와 관련된 그림도 그려져 있습니다.

먼저, 남쪽 벽 맨 위 단에는 예수가 생전에 만났던 사람들, 혹은 행했던 기적이 그려져 있습니다.

가장 왼쪽에 그려진 '제자들과 대화를 나누는 예수'는 예수가 제자들을 향해 자신의 신념을 설파하는 장면으로 보입니다. 예수의 가르침을 받은 제자들은 스승이 죽은 뒤 각처로 흩어져 스승의 뜻을 전하다가 대부분 순교합니다. 그들의 희생이 있었기에 기독교가 세계적인 종교로 성장할 수 있었지요.

'제자들과 대화를 나누는 예수' 오른쪽에 마르타와 마리아의 집을 방문한 예수가 보입니다.

마르타와 마리아는 예수가 부활시킨 나자로의 누이들입니다. 어느 날 예수는 제자들과 함께 마르타 자매의 집을 방문했는데, 마르타는 예수를 대접하기 위해 분주히 움직이고 마리아는 예수의 말을 듣기 위해 곁을 떠나지 않았다고 하지요.

마르타는 자신을 돕지 않는 동생이 야속하여 원망했는데, 도리어 예수는 자신의 말에 귀 기울이는 마리아의 태도를 더 귀하게 평가했다고 합니다. 마르타로서는 야속한 일이었을 텐데, 그래도 나중에 가정을 돌보는 일에 관여하는 이들(가정주부, 집사, 요리사, 영양사, 가정부, 세탁업자, 여관 주인, 호텔 경영자 등)의 수호성인이 되니 크게 억울하지는 않을 것 같습니다.

제자들과 대화를 나누는 예수　　　마르타와 마리아의 집을 방문한 예수　　　마귀 들린 사람을 치료함

　　마귀 들린 사람을 치료하는 예수를 그린 그림은, 남쪽 벽 중앙 아치
문 오른쪽에 있습니다.

　　예수는 죽은 사람을 살린 일을 비롯해 다양한 병자들을 치료한 행적
을 남겼는데, 마귀 들린 사람에게서 마귀를 쫓아낸 일도 그런 일 중의
하나입니다.

　　예수가 제자들과 더불어 갈릴리 호수 건너편에 있는 가다라 지방(혹
은 서라사인의 땅)에 갔을 때의 일입니다. 갑자기 마귀 들린 사람 두 명(혹
은 한 명)이 무덤 밖으로 나와 예수 일행을 가로막았습니다. 그들은 매우
난폭한 존재로 사람들에게 해코지를 했으므로 모두 두려워하고 피하는
지경이었습니다.

　　그런데 그들 속에 들어있던 마귀들이 예수를 보자 도리어 두려워하
며 "하느님의 아들이여, 우리가 당신과 무슨 상관이 있습니까? 정한

때가 되기도 전에 우리를 괴롭히려고 오셨습니까?"라고 외쳤다고 합니다.

예수는 마귀들을 사람의 몸에서 나와 근처에 있는 돼지 떼에게 들어가도록 했는데, 돼지 떼가 갑자기 벼랑 끝으로 내달리더니 호수에 빠져 죽었다고 합니다. 마귀들도 돼지 떼와 운명을 같이 했지요.

사람들이 이 일을 안 뒤 예수에게 그 지방에서 떠나달라고 간청했다는 이야기가 『신약성서』의 〈마태복음〉, 〈마가복음〉, 〈누가복음〉 등에 나옵니다.

북쪽 벽에는 예수의 수난 과정과 관련된 그림들이 있습니다. 여기서 말하는 수난 과정이란, 예수가 제자들과 최후의 만찬을 나누는 일부터 시작하여 십자가에서 사망할 때까지를 일컫습니다.

최후의 만찬

'최후의 만찬The Last Supper'은 예수가 로마 병사들에게 체포되기 전날 저녁에 제자들과 마지막으로 함께 한 저녁 식사를 말하며, 가장 왼쪽에 그려져 있습니다. 사건의 진행 순서로 보아 가장 먼저 일어나는 일이기 때문일 겁니다.

유대인들은 전통적으로 유월절逾越節, Passover이 되면 예루살렘에 모여 모세의 영도 아래 이집트 땅을 탈출해 자유를 얻은 사건을 기리는 풍습이 있었습니다. 예수 당시에도 그런 전통이 살아 있었으므로 예수는 제자들과 함께 예루살렘에 왔지요.

최후의 만찬이 있던 날, 예수는 제자들과 함께 식사하는 자리에서 제자들 중 한 명의 배신으로 자신이 죽게 될 것이라고 말한 뒤 빵과 포도주를 가리키며 "이 빵은 나의 몸이며, 이 포도주는 많은 사람들을 위해서 흘리는 계약의 피다."라고 말했다 합니다. 물론 제자들은 스승의 말이 무슨 의미인지를 그 당시에는 몰랐을 것입니다.

최후의 만찬을 주제로 한 그림 중에서 가장 유명한 작품은 레오나르도 다 빈치가 밀라노의 산타마리아 델레 그라치에 성당 식당 벽에 그린 그림입니다만, 기독교에서 중요하게 여기는 주제이다 보니 그 밖에도 수많은 작품들이 쏟아져 나왔습니다.

겟세마네 동산의 기도

'최후의 만찬'에서 한 칸 건너에 '겟세마네 동산의 기도'가 있습니다.

제자들과의 최후의 만찬을 끝낸 예수는 겟세마네 동산으로 올라갑니다. 제자들을 다 데리고 갔다는 설도 있지만, 대부분의 미술 작품에는 세 명의 제자(베드로, 세베대의 아들 야고보, 요한)만이 나타납니다. 성모 승천 성당의 북쪽 벽에 그려진 그림에는 열한 명의 제자가 보입니다. 배신자인 유다를 제외한 모든 제자들을 데리고 겟세마네 동산에 올랐다는 주장을 따른 것입니다.

'겟세마네 동산의 고뇌The Agony in the Garden'란 주제의 그림은 공통적으로 예수가 간절한 마음으로 기도를 올릴 때 제자들은 곯아떨어져 있고, 오로지 천사만이 예수의 곁을 지키는 것으로 표현됩니다.

중앙 아치문 오른쪽에 그려진 '유다의 키스The Kiss of Judas'는 배신자 유다가 로마 병사들을 이끌고 겟세마네 동산으로 간 뒤의 상황과 관련 있습니다. 유다는 스승을 배신하는 대가로 은화 삼십 냥을 받기로 하고, 로마 병사들을 이끌고 겟세마네 동산으로 갑니다. 그런데 새벽녘이라 사방이 어둑하여 누가 누구인지 분별할 수 없으므로 로마 병사들에게 "내가 입을 맞추는 이가 예수이니 그를 체포하면 된다."고 말한 뒤, 스승에게 다가가 입을 맞추었다는 것입니다.

예수의 비극적 죽음과 관련하여 빼놓을 수 없는 일화이므로 기독교 성화에서 자주 볼 수 있습니다.

유다의 키스

세계 공의회 이콘화

남쪽 벽과 북쪽 벽 하단에는 1642~1643년에 그려진 일곱 차례에 걸친 세계 공의회를 주제로 한 프레스코 이콘화가 있습니다.

제1차 세계 공의회(남쪽 벽)

제1차 세계 공의회(남쪽 벽)

제2차 세계 공의회(남쪽 벽)

제2차 세계 공의회(남쪽 벽)

제3차 세계 공의회(남쪽 벽)

제4차 세계 공의회(남쪽 벽)

제7차 세계 공의회(북쪽 벽)

이 그림들이 표현하고 있는 세계 공의회Ecumenical Council란, 4~8세기에 열렸던 세계 종교지도자들의 회의를 말합니다. 교황이 추기경, 주교, 신학자들을 소집하여 교리나 규율에 관해 토의하고 규정을 정비했는데, 가톨릭 역사에서는 중요한 행사였습니다.

세계 공의회 역사상 가장 의미 있고 중요한 일곱 차례 회의를 '7대 공의회'라고 합니다. 삼위일체에 대한 논란을 다룬 니케아 공의회(325년)와 콘스탄티노플 공의회(381), 예수의 신성神性과 인성人性의 관계를 놓고 토론한 에페소스 공의회(431)와 칼케돈 공의회(451), 제2차 콘스탄티노플 공의회(553)와 제3차 콘스탄티노플 공의회(680-681), 성상聖像 문제를 다룬 제2차 니케아 공의회(787) 등을 7대 공의회라고 하지요.

그런데 7대 공의회가 열린 4~8세기에는 러시아가 아직 국가 형태조차 갖추지 못한 때였고, 블라디미르 대공이 비잔틴 제국의 황녀 안나Anna와 결혼하고 그리스정교를 받아들인 것이 989년 무렵의 일이니, 7대 공의회는 러시아와 관련이 없는데도 왜 이곳에 7대 공의회를 그린 그림이 있는 걸까요?

그것은 모스크바 공국이 비잔틴 제국을 계승하였다는 것을 강조하기 위한 것이었습니다. 그림이 그려진 것은 1642~1643년인데, 이때는 비잔틴 제국이 오스만 제국의 공격을 받아 멸망(1453년)한 뒤였지요. 서로마 제국이 멸망한 뒤로 비잔틴 제국이 기독교의 수호자 역할을 자임했는데, 그마저 멸망하고 난 뒤 종교적 구심점이 흔들리자 모스크바 공국은 자신들이 비잔틴 제국을 계승했다고 주장하고 나선 것입니다. 이것은 종교적 목적뿐만 아니라 문화 선진국이었던 비잔틴 제국의 후계자임을 내세워 정치적으로 자신들의 위상을 드높이고자 하는 목적을 드러낸 행위였습니다.

성 게오르기 이콘화

붉은 옷을 입고 창을 든 모습의 성 게오르기St. George(성 조지)를 북쪽 문 옆(북쪽 벽의 오른쪽)에 설치된 액자에서 볼 수 있습니다. 이 그림은 11세기 말에 제작되어 '블라디미르의 성모' 이콘화와 같이 노브고로드에서 모스크바로 옮겨온 것으로 추정됩니다. 성 게오르기의 그림 뒤에는 '길의 인도자 성모'가 그려져 있으므로, 앞에서 설명한 성모자 이콘화의 유형을 참조해 감상하면 좋을 것입니다.

성 게오르기는 괴수 퇴치 설화 속 영웅이면서 동시에 기독교의 순교 성인입니다. 서로 관련이 없어 보이는 성격을 동시에 가진 그는 기독교 문화권인 유럽에서 폭넓게 사랑받았는데, 특히 모스크바는 그를 수호 성인으로 삼아 숭배했습니다. 성모 승천 성당에 그의 이콘화가 있는 것도 이와 무관하지 않을 것으로 보입니다.

성모 승천 성당의 성 게오르기 이콘화　　　성 게오르기 이콘화의 위치

먼저, 그가 괴수를 퇴치하는 이야기를 알아봅시다.

옛날, 어느 왕국에 사나운 악룡이 나타나 처녀를 제물로 바치라고 요구했습니다. 말을 듣지 않으면 나라를 쑥대밭으로 만들겠다고 협박하는 악룡에 굴복하여 왕은 울며 겨자 먹기로 해마다 처녀를 제물로 바쳤습니다.

그러다 보니 나라 안에는 처녀가 남지 않았고, 결국엔 왕의 외동딸을 제물로 바칠 수밖에 없는 상황이 되었지요.

공주가 악룡의 먹잇감으로 바쳐진 날, 지평선 너머에서 흰 말을 타고 달려오는 기사가 한 사람 있었습니다. 그의 이름이 바로 게오르기로, 영어권에서는 조지라고 합니다.

게오르기는 용감하게 악룡과 맞서 싸운 끝에 승리를 거두고 공주를 구합니다. 이 이야기는 서양의 동화 유형 중, 괴수를 퇴치하고 공주(혹은 처녀)를 구하는 이야기의 원형이 됩니다. 흥미진진하고 매혹적인 이

Raffaello Sanzio, '악룡과 싸우는 성 조지'   Peter Paul Rubens, '악룡과 싸우는 성 조지'

이야기는 화가들도 즐겨 다루었으므로, 게오르기가 악룡과 싸우는 장면을 그린 그림은 무수히 많습니다.

악룡을 무찌르고 공주를 구한 게오르기가 기독교의 순교 성인이 되는 까닭은 이러합니다.

카파도키아 출신의 게오르기는 로마 제국의 군인이 되어 당시 황제였던 디오클레티아누스의 경호원이 될 정도로 실력을 인정받았습니다. 그런데 디오클레티아누스는 역사상 기독교를 가장 가혹하게 탄압한 황제이지요.

그는 303년에 로마의 신들에게 바치는 제사에 로마 시민들이 의무적으로 참여하도록 하는 칙령을 내렸습니다. 로마 제국은 그리스 신화를 받아들여 다양한 신들을 숭배하는 다신교 국가였습니다. 반면 기독교는 '여호와 하느님 이외의 다른 신을 섬기지 말라.'는 계명을 엄격하게 고수하는 유일신교이지요. 로마 제국의 신앙 체계와 기독교의 신앙 체계는 절충하거나 화합할 수 없을 정도로 거리가 멀었습니다. 기독교가 로마 제국 시대에 탄압을 받은 중요한 이유가 바로 거기에 있었던 것입니다.

기독교 신앙을 받아들인 상태였던 게오르기는 황제의 측근이었음에도 불구하고, 황제의 칙령을 따르기를 거부합니다. 오히려 공개적으로 자신이 기독교 신자임을 밝히니, 곤란해진 것은 황제였습니다. 그는 게오르기를 아꼈기 때문에 제사에 참여하면 원하는 것들을 상으로 주겠다며 회유했지만 소용없었습니다.

결국 게오르기는 기독교 신자라는 이유로 사형을 선고받고, 잔인한 고문을 당한 끝에 참수형에 처해졌다고 합니다. 디오클레티아누스 황제 때 순교한 수많은 기독교 신자 중의 한 명으로, 나중에 성인의 반열

Orazio Borgianni, '성 에라스무스의 순교'

Andrea Mantegna,
'성 세바스찬'

흰 말을 타고 악룡을 무찌르는
성 게오르기

에 오르게 되는 것입니다.

참수형을 당한 성 게오르기뿐만 아니라, 배를 갈라 내장을 꺼내는 처형을 당한 성 에라스무스, 수많은 화살을 맞고 순교한 성 세바스찬도 디오클레티아누스의 기독교 박해 당시 목숨을 잃은 사람들입니다. 당시의 분위기를 짐작할 수 있는 사례이므로 소개합니다.

성 게오르기는 가톨릭과 동방정교회에서 함께 공경하는 성인이므로, 정교회 이콘화에서도 흔하게 볼 수 있습니다. 그는 대개 흰 말을 타고 창으로 악룡을 무찌르는 모습으로 나타나지만, 때로는 검은 말을 타고 있거나 말을 타지 않은 모습으로 나타나기도 합니다. 그가 목숨을 구해주는 공주는 함께 그려지기도 하고, 그렇지 않기도 하지요.

악룡을 무찌른 용맹한 기사인 데다가 독실한 신앙심까지 지녔던 성

검은 말을 타고 악룡을 무찌르는 성 게오르기　　　　　말을 타지 않은 채 악룡을 무찌르는 성 게오르기

게오르기를 모스크바는 수호성인으로 삼
았으므로 지금도 모스크바를 여행하다 보
면 그의 모습이 들어간 모스크바시 문장
을 종종 볼 수 있습니다.

　참고로, 성 게오르기는 잉글랜드와 조
지아의 수호성인이면서 기사, 사수, 검술
사, 군인 등의 수호성인이기도 합니다.

성 게오르기가 그려진 모스크바시 문장

서쪽 벽의 프레스코화 ⑥

성당 안으로 들어가는 문이 있는 서쪽 벽의 안쪽에는 최후의 심판을 주제로 한 그림이 있습니다. 벽면 전체가 최후의 심판과 관련 있는 프레스코화로 가득 채워져 있는데, 벽을 바라보는 위치에서 왼쪽(예수의 입장에서는 오른쪽)은 천국이, 오른쪽은 지옥이 묘사되어 있습니다.

출입문 위 오른쪽에 죄인들을 지옥으로 내쫓는 천사의 모습이 보입니다. 대천사 미카엘입니다. 그는 천상군대의 지휘자로 반역 천사(악천사)들을 무찌르는 무사의 이미지를 갖고 있으며, 최후의 심판의 날에 인간의 죄를 저울에 달아 판별한 뒤 죄인들을 지옥으로 보내는 역할도 겸합니다. 아담과 이브를 에덴동산에서 추방한 것도 미카엘이었습니다.

미카엘에게 쫓겨 아래로 내려가는 인물들의 표정을 보면 겁에 질려 있고, 그 아래에는 기둥에 묶인 채 벌을 받거나 벌거벗은 몸으로 황량한 곳에 앉아 있는 걸 볼 수 있습니다. 지옥의 모습을 그렇게 표현한 것입니다.

반면, 출입문 위 왼쪽에는 두 명의 천사와 함께 앉아 있는 성모 마리아가 있습니다. 그녀는 최후의 심판의 날에 아들 예수에게 인류의 구원을 청원하는 존재입니다. 그녀의 청원으로 구원받은 영혼들이 왼쪽의 천국으로 들어가는 것이지요.

옥좌에 앉아 심판을 주재하는 예수

성모 마리아

세례 요한

아담

이브

천국, 후광이 빛나는 사람들

대천사 미카엘

두 명의 천사와 앉아 있는 성모 마리아

지옥으로 가는 죄인들

최후의 심판이 그려진 서쪽 벽과 데이시스(중앙)

왼쪽에 있는 사람들의 머리 위로 후광이 빛나는 반면, 오른쪽에 있는
사람들의 머리에는 후광이 없습니다.

옥좌에 앉아 최후의 심판을 주재하는 예수와 그 옆에서 간곡히 죄인을 용서해주기를 청원하는 성모 마리아와 세례자 요한을 그린 부분이 '최후의 심판'의 핵심이라고 할 수 있으며, 전형적인 데이시스 구도입니다. 마리아와 세례자 요한의 뒤로 보이는 인물들은 천사와 사도, 성인들입니다.

예수 앞에 무릎 꿇고 앉아 죄를 용서해 달라고 비는 남녀는 아담과 이브입니다. 그리고 아담의 발 쪽에 커다란 뱀이 보이는데, 인류의 원죄原罪, original sin를 설명하기 위한 장치이지요. 성서에서는 아담과 이브가 뱀의 유혹에 넘어가 하느님의 당부를 어기고 선악과를 따먹었기 때문에 그들의 후손인 인류는 태어날 때부터 이미 죄를 지은 악한 존재라고 봅니다. 그것이 바로 원죄이며, 예수는 하느님의 특별한 뜻에 따라 원죄 없이 태어난 마리아에게서 태어났으므로 선한 존재라고 믿습니다.

성모 승천 성당의 지붕을 밖에서 보면 중앙에 다소 높은 쿠폴(양파 모양의 돔 지붕)이 있고, 그것을 네 개의 쿠폴이 둘러싸고 있는 형태입니다. 중앙의 쿠폴은 예수를, 나머지 네 개의 쿠폴은 4대 복음서 저자인 마태, 마가, 누가, 요한을 의미한다고 합니다.

크렘린 안의 성당 건물들은 황금빛 찬란한 쿠폴이 인상적이지만, 여러 개의 쿠폴로 이루어진 지붕은 러시아 정교회 건축물에서 비교적 흔하게 볼 수 있습니다.

외부에서 보았을 때 둥근 형태를 보이는 지붕을 안에서 올려다보면 대부분 반원형의 천장에 성화가 그려져 있습니다. 주로 예수를 그리지

성모 승천 성당의 쿠폴   성모 승천 성당 평면도

천장 돔과 볼트에 그려진 '성화들'

중앙 돔 '판토크라토르인 예수'

남서쪽 돔
'만군의 주인 하느님'

북서쪽 돔
'인간의 손으로 그려진 것이
아닌 구세주'

중앙 볼트 '예수의 승천'

만, 때로는 성모 마리아나 세례자 요한 같이 기독교에서 중요하게 여기
는 인물이 그려지기도 합니다.

　성모 승천 성당의 중앙 돔 천장에는 '판토크라토르인 예수Christ
Pantocrator'가, 남서쪽 돔 천장에는 '만군의 주인 하느님Lord of Sabaoth'이, 북
서쪽 돔 천장에는 '인간의 손으로 만든 것이 아닌 구세주Saviour not made
by hands'가 그려져 있습니다.
　그리고 중앙 볼트vault(아치에서 발달한 반원형 천장)에는 예수의 승천The

Ascension of Christ을 주제로 한 그림이 있습니다. 이것은 기독교에서 매우 중요하게 여기는 주제이니 성모 승천 성당의 천장 중앙에 자리 잡을 만한 자격이 충분히 있는 그림이라고 할 수 있습니다.

이 그림 속의 예수는 어머니 마리아와 제자들이 지켜보는 가운데 천사들을 거느리고 승천해 있습니다. 예수는 신의 아들이자 그 자신이 신이었으므로 스스로 승천할 수 있었습니다.

서쪽 볼트에 그려진 '예수의 변용Transfiguration of Jesus Christ'은 성화벽에서 이미 설명한 내용이므로 같은 주제를 다룬 라파엘로의 작품과 비교 감상하는 것으로 대신하겠습니다. 성모 승천 성당 천장에 그려진 그림은 산 위에서 일어나고 있는 일만을 다루고 있는 데 비해 라파엘로의 작품은 화면 상단에 예수의 변용變容이 일어나고 있는 산 위의 일을 담고 있고, 화면 하단에는 변용이 일어난 예수를 통해 기적을 이루고자 하는 인간들의 염원이 담겨 있군요.

서쪽 볼트 '예수의 변용'   Raphael, '예수의 변용'

남동쪽 볼트 '예수의 탄생'   북동쪽 볼트 '아기 예수의 성전 봉헌'   북서쪽 볼트 '나자로의 부활'

　남동쪽 볼트에 그려진 주제인 예수의 탄생에 관해서는 잘 알려져 있으므로 설명을 생략하고, 그림을 감상하는 것으로 대신하겠습니다. 베들레헴의 마구간에서 태어난 아기 예수에게 동방박사 세 사람이 찾아와 예물을 드리는 장면이 왼쪽(성모 마리아의 앞쪽)에 그려져 있고, 오른쪽에는 근처에서 양을 치던 목동들이 메시아의 탄생을 알게 되는 장면이 그려져 있습니다.

　북동쪽 볼트에는 태어난 지 40일째 되는 날 성전에 봉헌되는 아기 예수의 모습을 그렸습니다. 이는 성화벽에서 보았던 '아기 예수의 성전 봉헌'과 동일한 주제입니다.

　북서쪽 볼트에는 나자로를 살려내는 예수의 모습이, 남서쪽 볼트에는 죄인들을 구원하기 위해 지옥으로 내려간 예수의 모습이 그려졌습니다. 이것도 성화벽에서 본 것과 같은 주제입니다.

남서쪽 볼트 '지옥으로 내려감' 남쪽 벽 중앙 루네트 '예수의 상처를 확인하는 도마'

상처를 확인하는 도마

둥근 지붕이 벽과 접촉되는 곳에 생기는 반원형의 공간을 루네트 lunette라고 합니다. 성모 승천 성당의 루네트에는 특이한 주제의 그림들 이 그려져 있으니 함께 살펴보기로 합시다.

예수의 열두 제자 중 한 명인 도마는 예수가 부활한 것을 맨 마지막 으로 믿은 사람입니다. 그가 부활한 예수를 보고도 믿을 수 없어 예수 의 옆구리에 난 상처(십자가에 못 박혔을 때 죽었는지 확인하기 위해 로마의 백 부장 롱기누스가 창으로 찔러 생긴 상처)를 확인하는 이야기는 널리 알려져 있습니다. 서양 회화 중에 '의심하는 도마The Incredulity of Saint Thomas, 혹은 Doubting Thomas'라는 장르가 따로 있을 정도입니다. 남쪽 벽 중앙의 루네 트에 그려진 그림 속 도마도 예수의 옆구리에 난 상처를 확인하고 있습 니다.

남쪽 벽 오른쪽 루네트 '중풍 환자를 치료함'　　북쪽 벽 왼쪽 루네트 '바리새인과 세리의 비유'

바리새인

세리

　　남쪽 벽 오른쪽 루네트에 그려진 '중풍 환자를 치료함'은 예수가 행한
여러 가지 기적 중, 오랫동안 중풍을 앓아 거동하지 못하는 환자를 일
으켜 세운 일화를 표현한 것입니다.

　　예수가 환자들의 고질병을 고쳐준다는 소문이 나자, 중풍 환자 한 사
람이 가족의 도움을 받아 예수를 찾아왔습니다. 그러나 소문을 듣고 구
름처럼 몰려든 사람들이 이미 집 안팎을 에워싸고 있었으므로 중풍 환
자는 예수가 있는 집 안으로 들어갈 수조차 없었습니다. 할 수 없이 가
족들이 지붕을 뚫고 환자를 예수에게 내려보냈다고 합니다. 예수가 그
의 믿음을 보고 "네가 죄 사함을 받았으니 일어나 집으로 가라."고 하
자 실제로 멀쩡하게 걸어서 집으로 돌아갔다는 이야기가 〈마태복음〉에
실려 있습니다.

　　세리와 바리새인에 관한 비유가 북쪽 벽 왼쪽 루네트에 그려져 있습
니다.

　　예수는 성전에서 기도하는 두 사람, 즉 세리와 바리새인을 예로 들어

북쪽 벽 중앙 루네트 '재산을 탕진한 아들에 대한 비유'

겸손함과 독선적인 태도에 관해 설교한 적이 있습니다. 바리새인은 자신이 세리(세금을 거두어들이는 사람, 유대인들이 싫어한 직업)를 포함한 죄인들과 달리 신앙심이 돈독하고 훌륭한 인품을 가졌다고 자화자찬했습니다. 반면에 세리는 "하느님이시여, 불쌍히 여기소서. 나는 죄인이로소이다."라며 겸손하게 자신을 낮추었습니다.

예수는 바리새인의 독선과 오만을 질타하고 세리의 겸손을 칭찬하면서, "무릇 자기를 높이는 자는 낮아지고 자기를 낮추는 자는 높아지리라."라는 유명한 교훈을 남겼습니다. 그림 속에서 왼쪽에 오만한 자세로 서 있는 이가 바리새인이고, 오른쪽에 겸허한 태도로 허리를 숙이고 있는 이가 세리입니다.

〈누가복음〉에 실려 있는 돌아온 탕자에 대한 이야기가 북쪽 벽 중앙 루네트에 그려져 있습니다.

부자인 아버지로부터 유산을 미리 물려받은 아들이 있었습니다. 그는 막대한 재물을 챙겨 집을 떠난 뒤 방탕한 생활을 계속했습니다. 결국 그는 재산을 탕진한 뒤 빈털터리가 되었고, 그제야 아버지의 집을 그리워하게 되었지요.

거지가 된 아들이 돌아온다는 소식을 들은 아버지는 맨발로 달려나가 맞으며, 죽었다가 살아 돌아온 사람을 대하듯 기뻐했다고 합니다.

이 비유에는 아무리 잘못을 저질렀다고 해도 진심으로 회개하면 용서받을 수 있다는 예수의 가르침이 담겨 있습니다.

황제와 황후, 총대주교의 기도석 8

성모 승천 성당은 러시아의 역대 황제들이 대관식을 올린 곳이고, 또한 대주교의 서임식 등 국가 차원의 중요한 예식이 열리던 곳입니다. 당연히 황제와 황후가 참석하는 행사가 종종 있었을 테고, 그런 행사를 주관하는 총대주교의 역할이 막중했을 것입니다. 따라서 행사 중 그들이 앉아 있을 자리가 필요했으리라 생각됩니다.

성화벽을 바라보고 섰을 때 왼쪽 기둥 옆에 있는 것이 황후의 기도석(36쪽 **G**)이고, 오른쪽 기둥 옆에 있는 것이 총대주교의 기도석(**F**)이며, 오른쪽 끝, 즉 남쪽 벽 가까이에 놓여 있는 것이 차르(황제)의 기도석(**E**)입니다.

차르의 기도석   모노마흐 관련 부조

러시아 황제들이 대관식 때
쓰던 왕관인 '모노마흐의 모자'를
연상시키는 지붕

황후의 기도석

총대주교의 기도석

차르의 기도석은 1551년에 최초의 러시아 차르인 이반 4세를 위해 만들었습니다. 이것을 '모노마흐의 옥좌Monomach's Throne'라고도 하는데, 기도석의 조각 장식에 키예프 공국의 대공이었던 블라디미르 모노마흐가 비잔틴 제국의 황제로부터 왕권의 표상들을 하사받는 내용이 들어 있기 때문입니다. 꼭대기에 러시아 제국의 상징인 쌍두독수리가 조각된 이 의자는 지상의 네 왕국을 상징하는 동물 모양으로 만들어진 다리 받침대 위에 세워졌으며, 지붕의 형태는 러시아 황제들이 대관식 때 쓰던 왕관인 '모노마흐의 모자'를 연상시킵니다.

황후가 예배 보던 자리는 차르 알렉세이 미하일로비치의 첫째 부인을 위해 만든 것으로 알려져 있습니다. 지붕 위에는 성탄을 주제로 한 세 개의 성화가 그려져 있는데, 각각 마리아, 예수, 세례자 요한의 탄생이 묘사되어 있지요. 이는 황후가 후계자 탄생을 위해 기도해야 한다는 것을 상기시키는 것으로 보입니다.

총대주교의 예배 자리는 1479년 성모 승천 성당이 건립된 해에 제작되었으며, 다른 성직자가 예배를 주관할 때 대주교 또는 총대주교가 이 자리에 앉아서 기도하였습니다. 총대주교 자리 근처에 성당을 처음 건축한 표트르 대주교의 지팡이가 있었는데, 이 지팡이를 대주교와 총대주교에게 대대로 물려주었다고 합니다.

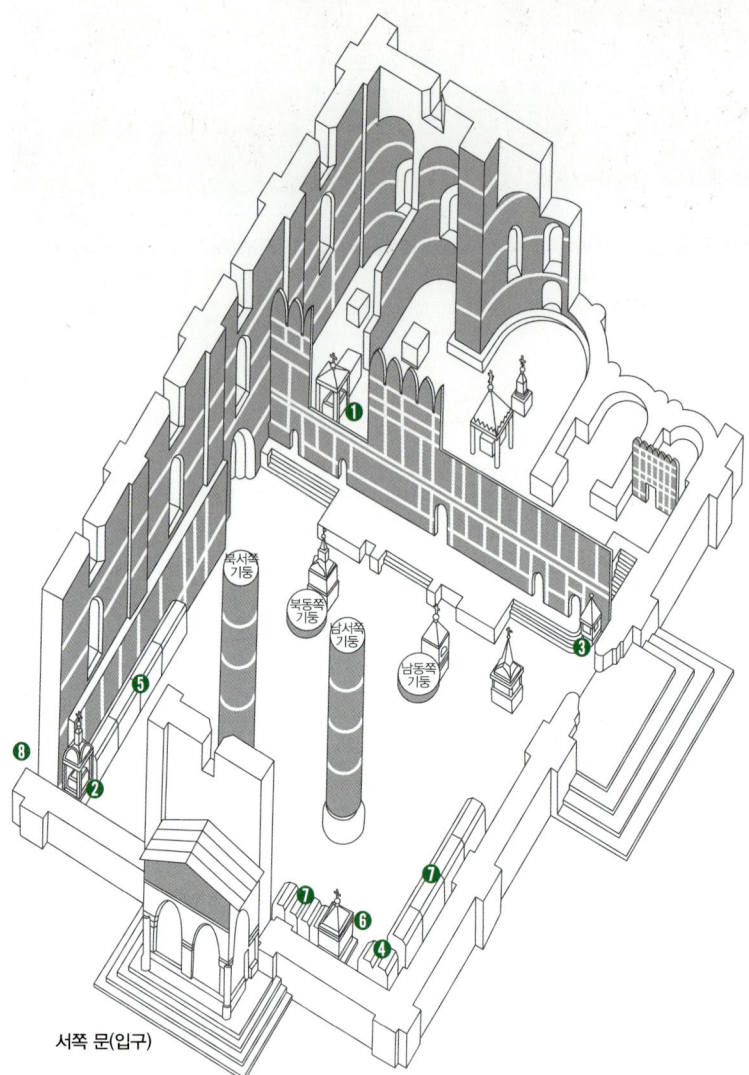

서쪽 문(입구)

① 표트르 대주교의 무덤   ⑤ 대주교의 무덤 위에 만든 묘비

② 요나 대주교의 유골이 들어 있는 관   ⑥ 헤르모제네 총대주교의 유골이 든 관

③ 필립 대주교의 유골이 들어 있는 관   ⑦ 총대주교들의 무덤 위에 만든 묘비

④ 포티오스와 치프리안 대주교들의 묘비   ⑧ 요나 대주교 추도 십자가

- Patriarch(총대주교, 總大主敎) : 로마, 콘스탄티노플, 알렉산드리아, 안디옥, 예루살렘 등 5개 주요 교구들의 최고권자를 가리키는 말. 동방정교회에서 사실상 교황에 준하는 권위를 가지고 있다. 모스크바 · 전 러시아 총대주교는 러시아 정교회의 수장이다.
- Metropolitan(수도대주교) : 관구(여러 교구를 관할하는 교회 단위)를 관할하는 주교를 대주교라 하며, 그중에서 수도를 관할하는 주교의 경우는 특별히 수도대주교라 한다.

러시아 정교회 총대주교와 대주교의 묘지와 무덤 ❾

성모 승천 성당은 러시아 제국의 황제들이 대관식을 올린 곳으로도 중요하지만, 러시아 정교회의 총대주교와 대주교들의 무덤이 있는 곳으로도 유명합니다. 1326년에 표트르 대주교의 유해가 성당 안에 안치된 뒤로 러시아 정교회 대주교들은 성모 승천 성당에서 영면을 취하게 되었습니다. 그리고 16세기 말부터 1700년까지는 총대주교들의 유해도 안치되었지요.

성모 승천 성당 안에는 모두 19명의 묘가 있고, 관들은 벽을 따라 놓여 있습니다. 그중 몇 명의 무덤과 묘비를 찾아보면서 그들의 업적과 일생에 대해 알아보겠습니다.

표트르 대주교의 무덤

가장 먼저 성모 승천 성당에 묻힌 러시아 정교회 대주교는 표트르 Metropolitan Peter입니다. 그는 자신의 관을 둘 자리를 생전에 미리 정해 두었다고 하는데, 유감스럽게도 성화벽 안쪽에 놓여 있어 볼 수는 없습니다. 표트르 대주교의 유골이 담긴 관은 여러 차례 도굴당했고, 현재의 은관은 1819년에 제작한 것이라고 합니다.

비록 관은 볼 수 없지만, 러시아 정교회의 역사에서 중요한 위치를 차지하는 표트르 대주교에 대해 간단히 알아봅시다.

키예프 대주교였던 그는 1325년에 이반 1세의 요청을 받고 모스크바 대주교에 취임합니다. 이 일로 모스크바는 러시아의 종교적 중심지로 떠오르게 되니 모스크바 입장에서는 이반 1세의 업적을 높이 평가할 수밖에 없습니다.

표트르 대주교는 이반 1세의 비호를 받으며 러시아 정교회의 위상 강화에 노력하였으므로 모스크바 및 러시아 전체 영토의 수호자로 숭배되었으며, 1339년에는 러시아 정교회의 성인으로 시성되었지요. 성모 승천 성당에 안치된 그의 무덤에는 중요한 의미가 담겨 있는 것입니다.

그의 일생을 묘사한 그림이 성모 승천 성당 남쪽 벽 아래에 있으며, 초상화에 해당하는 이콘화는 트레티야코프 미술관에 소장되어 있습니다.

표트르
대주교의 무덤

Dionisius, '표트르 대주교와 그의 일생'
(성모 승천 성당 남쪽 벽)

표트르 대주교의 이콘화
(트레티야코프 미술관 59번 방)

요나 대주교의 유골이 들어 있는 관

북쪽 벽 가장 왼쪽에 요나 대주교Metropolitan Jonah의 유골이 들어 있는 관이 놓여 있습니다. 성당 밖의 북서쪽 벽 모서리에는 십자가 기념비가 하나 있는데, 바로 요나 대주교에게 바쳐진 것입니다. 무덤과 기념비가 건물 안팎의 같은 위치에 있는 것이지요.

요나 대주교의 관은 1585년 차르인 표도르 이바노비치의 명으로 만들어졌고, 관을 보호하는 지붕(캐노피)은 1803년에 제작된 것입니다. 1812년 모스크바 대화재 때 성모 승천 성당도 큰 피해를 입었는데, 요나 대주교의 관은 유일하게 훼손되지 않아 원래의 모습을 보존할 수 있었다고 합니다.

요나 대주교는 콘스탄티노플의 허가를 받지 않고 모스크바 주교회의에서 자체 선출한 최초의 대주교입니다. 1448년에 있었던 이 일은 러시아 정교회 역사에서 중요한 분기점이 되는 사건이지요.

요나 대주교의 관

요나 대주교를
추모하기 위해 세운 십자가

요나 대주교의 이콘화

당시 기독교는 5대 교구 체제를 갖고 있었습니다. 총대주교좌(동방정교회 최고위 성직자인 총대주교가 있는 교회가 있는 곳)가 있는 5대 도시인 로마, 콘스탄티노플, 예루살렘, 안디옥, 알렉산드리아를 5대 교구라고 했으며, 이들이 주변 국가와 도시를 관할했습니다. 그중 러시아는 콘스탄티노플 교구에 속했는데, 자체적으로 대주교를 선출함으로써 독자적인 길을 걷게 된 것입니다.

비잔틴 제국이 1453년에 멸망하니, 아마도 1448년 즈음이면 콘스탄티노플의 종교적 권위도 많이 추락한 상태였던 듯합니다. 콘스탄티노플을 통해 기독교를 받아들였으므로 러시아 입장에서는 비잔틴 제국이 종교적 종주국에 해당했을 텐데, 상대방의 국력이 약해지자 종속적 관계에서 벗어나고자 독자적으로 대주교를 선출한 것입니다.

아무튼 러시아 정교회 입장에서는 요나 대주교가 중요한 인물이므로 성모 승천 성당에 안장했을 테고, 그를 추모하는 십자가를 성당 밖 북서쪽 벽에 세웠을 겁니다.

필립 대주교의 유골이 든 관

성모 승천 성당에 안치된 여러 개의 무덤들 중에서도 필립 대주교 Metropolitan Philip II의 무덤은 관심을 갖고 살펴볼 만합니다. 성화벽 오른쪽 끝과 남쪽 벽이 만나는 곳에 위치해 있지요.

필립 대주교는 16세기 사람으로, 이반 4세에게 발탁되어 모스크바 대주교가 되었다가 그의 명령으로 2년 만에 처형당한(대주교 재위 1566~1568년) 불운한 인물입니다. 그 당시 상황을 알아보면 이러합니다.

현명한 부인 아나스타샤가 죽은 뒤, 이반 4세는 점점 폭군으로 변합니다. 측근들을 불신하여 내쫓거나 죽였고, 사소한 일로 사람을 처형하

필립 대주교의 무덤   필립 대주교의 이콘화

기 일쑤였지요. 나중에는 후계자인 장남까지 죽일 정도로 이성을 잃는 일이 잦았으므로 그의 치세 후반기는 암흑과 공포의 시대가 되었습니다. 필립 대주교가 목숨을 잃은 것도 그 무렵의 일입니다.

　필립 대주교는 어떤 비판도 용납하지 않는 이반 4세에게 목숨을 걸고 간언하였다가 밉보여 대주교 지위를 박탈당했고, 수도원에 유폐되었다가 교살絞殺당한 것으로 알려졌습니다.

　필립 대주교의 유골이 담긴 은관은 1806년에 제작되었으며, 청동에 은으로 도금한 캐노피 아래에 놓여 있습니다. 현재 우리가 보는 그의 관은 1806년에 제작되었지만, 필립 대주교의 유물들은 1652년에 니콘 총대주교가 성모 승천 성당으로 옮겼다고 합니다. 1584년에 이반 4세가 죽은 뒤, 필립 대주교는 순교자로서 러시아 정교회로부터 적절한 예우를 받았던 것으로 보입니다.

지식충전
지식충전
지식충전
지식충전
지식충전

성모 승천 성당에서 이루어진 제왕들의 대관식

성모 승천 성당에서 이루어진 행사 중 가장 중요한 것은 러시아 왕조 제왕들의 대관식일 겁니다. 러시아 제국 시절 수도를 상트페테르부르크로 옮긴 뒤에도 황제의 대관식만큼은 이곳에서 거행했습니다. 그러나 성모 승천 성당은 대관식 말고도 국가 차원의 경축 행사와 황실 가족의 중요 예식이 행해진 곳이기도 합니다. 예를 들면 황실 가족의 결혼식과 세례식, 러시아 정교회 사제들의 선출과 장례식, 전쟁 관련 의식이나 승전 경축 행사 등이 이곳에서 열리곤 했습니다. 성모 승천 성당이 러시아 사람들에게 얼마나 중요한 의미를 갖는 곳인지 이로써 미루어 짐작할 수 있습니다.

결혼식의 경우 바실리 3세와 엘레나 글린스카야Elena Glinskaya의 결혼식이 성모 승천 성당에서 있었다고 합니다. 바실리 3세는 첫 번째 부인이었던 솔로모니야 사부로바Solomonia Saburova가 아들을 낳지 못하자 이혼하고 엘레나 글린스카야와 재혼했습니다. 러시아 정교회 측에서는 바실리 3세의 이혼과 재혼을 반대했지만, 결국 성모 승천 성당에서 결혼식을 올렸다는 것은 당시 왕실 가족들의 결혼식 장소가 성모 승천 성당이었다는 점을 말해주는 것입니다.

바실리 3세와 엘레나 글린스카야의 결혼

바실리 3세와 엘레나 글린스카야 사이에서 태어난 이반 4세도 부인 아나스타샤 로마노프와 같은 장소에서 결혼식을 올린 것으로 알려졌습니다. 아마도 대부분의 황실 가족이 성모 승천 성당에서 결혼식을 올리지 않았을까 짐작됩니다.

알렉세이 미하일로비치는 자녀들의 세례식을 성모 승천 성당에서 거행하였고, 독일 출신이었던 예카테리나 여제는 장차 러시아 제국의 황제가 될 표트르 3세와 약혼하면서 성모 승천 성당에서 러시아 정교회 세례를 받았다고 합니다. 개종을 통해 러시아 국민들의 호감을 얻으려 한 것이지요.

1812년에는 알렉산드르 1세가 성자들의 유골에 손을 얹고 나폴레옹의 프랑스 군대를 격퇴할 것을 맹세하였다고 합니다.

이처럼 성모 승천 성당은 러시아 역사에서 중요한 행사들이 거행된 곳이지만, 가장 중요한 역할은 역시 황제들의 대관식 장소로 사용된 것입니다.

대관식은 러시아의 국가적 대사로 성모 승천 성당에서 거행한 최초의 대관식은 이반 3세가 손자인 드미트리(이반 3세의 요절한 장남 이반의 아들)에게 왕위를 넘긴 1498년에 있었고(그러나 이반 3세의 두 번째 부인 소피아가 반발하여 양위는 취소되었고, 1502년에 다시 소피아의 아들인 바실리를 후계자로 발표함), 마지막 대관식은 러시아 제국의 마지막 황제인 니콜라이 2세 때인 1896년에 있었습니다. 초기에 대관식을 주관한 사람은 대주교였으나, 나중에는 총대주교가 주관하였다고 합니다.

성모 승천 성당에서 이루어진 러시아 제국 황제들의 대관식coronation 관련 그림들을 소개하면 다음과 같습니다. 그림 속 배경이 성모 승천 성당임을 쉽게 알아볼 수 있습니다.

Georges Becker, '알렉산드르 3세의 대관식(에르미타주 미술관 소장)

Mihály Zichy, '알렉산드르 2세의 대관식(에르미타주 미술관 소장)

Stefano Torelli, '예카테리나 2세의 대관식'(트레티야코프 미술관 2번 방)

Laurits Tuxen, 1896년 니콜라이 2세와 알렉산드라 표도로바의 대관식

Mihály Zichy, '성모 승천 성당으로 들어가는 행렬', '알렉산드르 2세의 대관식에 대한 발표'
(Coronation Book of Alexander II, 1856)

알렉산드르 2세의 대관식을 기록한 그림을 보면 성모 승천 성당 앞에 대관식을 축하하는 인파
가 몰려든 것을 알 수 있으며, 붉은 광장까지도 환영 인파로 가득 찬 것을 알 수 있습니다. 러시
아 국민들에게 가장 중요한 행사가 바로 황제의 대관식이었던 것이지요.

2장

수태고지 성당
The Annunciation Cathedral
Благовещенский Собор

황실 가족의 예배 장소, 수태고지 성당 ①

　크렘린의 3대 성당 중 하나인 수태고지 성당The Annunciation Cathedral은 오밀조밀한 황금빛 쿠폴이 매력적인 건물입니다. 그러나 다른 성당에 비해 예배실(회중석) 규모가 작기 때문에 안에 들어가면 비좁다고 여겨집니다.

　성모 승천 성당이 차르와 황제의 대관식 장소로 이용되고, 대천사 성당이 그들의 영묘로 쓰였다면, 수태고지 성당은 황실 가족의 예배 및 결혼식 장소로 이용되었습니다.

　이 성당의 건축을 명한 이는 이반 3세입니다. 그는 14세기에 지어진 수태고지 성당을 철거한 다음, 그 자리에 새로운 성당을 신축하도록 합니다. 1484년에 주춧돌을 놓았고, 5년 뒤인 1489년에 완공되었다고 하지요.

　제론시오 대주교가 새로 지은 성당을 대천사 가브리엘이 마리아에게 수태고지 한 것을 기념하여 봉헌했으므로 수태고지 성당이 되었습니다. '수태고지'를 뜻하는 러시아어 블라고베시첸스키에서 이름을 가져와 '블라고베시첸스키 성당Blagoveschensky Sobor, Благовещенский Собор'이라고도 합니다. 성모 승천 성당을 '우스펜스키 성당'이라고 하는 것과 같은 예입니다.

이반 3세가 수태고지 성당을 세웠다면, 그의 손자인 이반 4세는 수태고지 성당의 규모를 키웠습니다. 원래 수태고지 성당은 쿠폴이 세 개였는데, 이반 4세는 네 귀퉁이에 예배당을 하나씩 증축하고 쿠폴을 올렸으며, 이후 별도 쿠폴 둘을 올려 현재와 같이 크렘린 안에서 제일 많은 쿠폴을 가진 성당이 되도록 했습니다. 그리고 구리 지붕에 금을 입혀 찬란하게 빛나도록 했으므로, 그때부터 수태고지 성당은 '금 지붕 성당'이라는 별칭을 갖게 되었지요.

1697년에 성당 내부 벽화를 복원하고 1895년에는 제단 및 성화벽을 다시 제작하여 현재의 모습을 갖게 되었습니다.

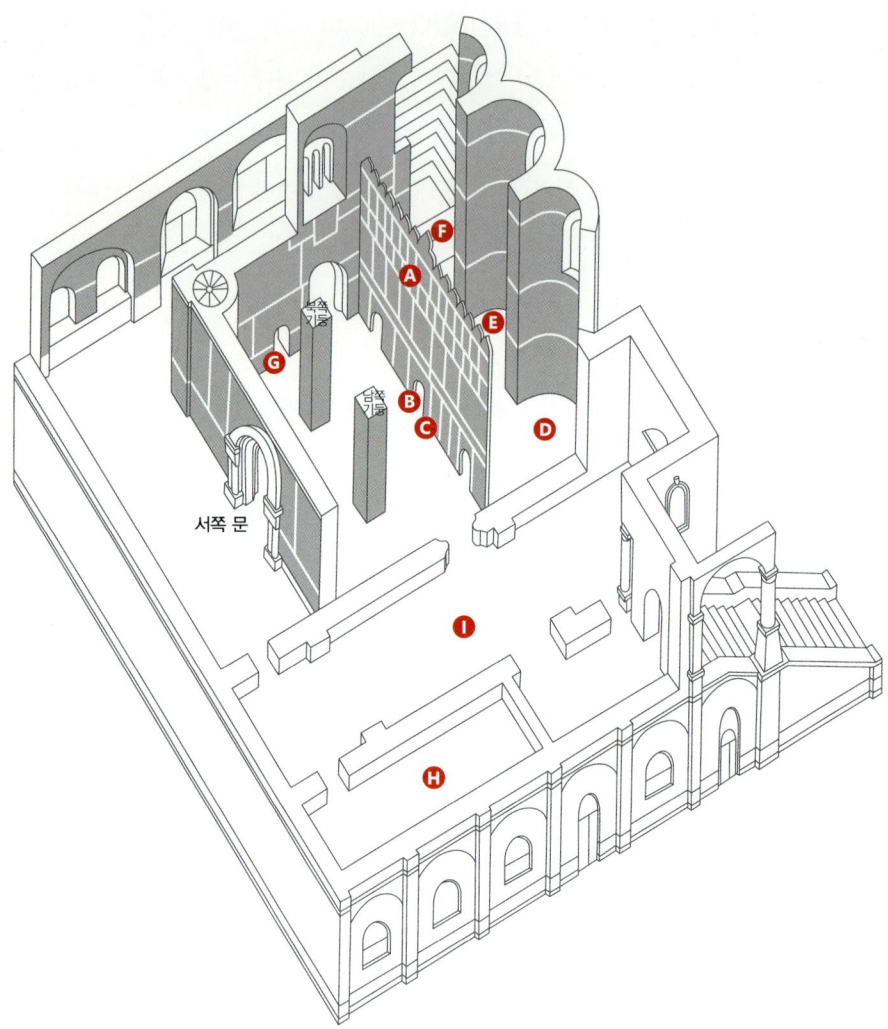

북쪽 기둥

서쪽 문

남쪽 기둥

Ⓐ 성화벽
Ⓑ 왕의 문
Ⓒ 주제 성화 '수태고지'
Ⓓ 성물 보관실
Ⓔ 주 제단

Ⓕ 성찬 준비실
Ⓖ 묵시록
Ⓗ 예배 의식용 기물 보관실
Ⓘ 성화 전시관

수태고지 성당의 성화벽 ②

　수태고지 성당도 다른 러시아 정교회 성당과 마찬가지로 동쪽 방향
에 성화벽(Ⓐ)이 세워져 있고, 성화벽 너머의 공간은 지성소입니다. 평
소에는 지성소로 통하는 문이 닫혀 있으므로 내부 모습을 보기는 어렵
지요.

　수태고지 성당 성화벽의 꼭대기 반원형의 공간부터 왕의 문이 있는
마지막 단 이콘화까지 순서대로 살펴보겠습니다.

구약성서 속 인물들

성모자 및 예언자들

예수의 일생

데이시스

러시아 사람들이
숭배하는 이콘화

중앙 성화벽

『구약성서』 속 인물들, 성모자와 예언자들

　지성소 앞에 세워진 성화벽의 맨 꼭대기 반원형 공간에는 『구약성서』 속 인물들이 그려져 있습니다. 중앙에 예수가 자리 잡고 양옆으로 일곱 명씩 배치되었는데, 크기가 작고 높은 곳에 위치해 있어 알아보기 어렵습니다. 그중 이름을 알 수 있는 몇 명에 대해 설명하겠습니다.

　아브라함Abraham은 『구약성서』에 기록된 이스라엘 민족의 조상이자 '믿음의 조상'으로 여겨지는 인물입니다. 86세에 이집트 출신의 여종 하갈에게서 이스마일을 낳았고, 100세에 부인 사라에게서 이삭을 낳았습니다. 늦게 얻은 귀한 아들을 제물로 바치라는 하느님의 명령에 순종하여 믿음을 인정받았지요. 그가 이삭을 제물로 바치려 하는 긴박한 순간을 예술가들이 즐겨 표현했기 때문에 수많은 작품이 쏟아져 나왔습니다.

성화벽 꼭대기의 『구약성서』 속 인물들

Michelangelo Merisi da Caravaggio, '이삭의 희생' ❶

Rembrandt, '아브라함과 세 천사' ❷

Jusepe de Ribera, '야곱을 축복하는 이삭' ❸

❶ 하느님의 명령을 좇아 아들을 제물로 바치려는 아브라함을 천사가 만류하고 있다. 그들 곁에 대신 제물로 바칠 양이 준비되어 있다.

❷ 세 천사로 모습을 바꾼 삼위일체의 방문을 받고 극진한 대접을 한 아브라함은 그들로부터 장차 아들을 얻게 될 것이라는 말을 듣는다. 문 뒤쪽에 있던 사라가 그 말을 듣고 믿을 수 없어 웃었기 때문에 그들의 아들은 '이삭(웃음)'이라는 이름을 갖게 되었다.

❸ 늙어서 시력을 잃은 이삭은 사냥 나간 큰아들 에서 대신 작은아들 야곱에게 장자에게 내릴 축복을 내리고 만다. 작은아들을 더 사랑한 부인 리브가의 농간에 속아 넘어간 것이다.

이삭Isaac은 '웃음'이라는 의미인데, 하느님이 그의 어머니 사라에게 아들을 낳게 될 것이라고 알려주었을 때 믿을 수 없는 말이라고 생각한 그녀가 웃었기 때문에 그런 이름을 갖게 되었습니다.

아버지 아브라함에 의해 제물이 될 뻔한 장면이 미술 작품에 빈번하게 나오고, 훗날 부인 리브가의 농간에 속아 큰아들 에서에게 내릴 축복을 작은아들 야곱에게 잘못 내리는 장면도 화가들이 즐겨 다루었습니다.

Aert de Gelder, '찬미가를 부르는 시메온' ❶

Santiago Rebull, '아벨의 죽음' ❷

❶ 아기 예수를 보는 순간 메시아임을 알아본 시메온이 감사의 노래를 부르고 있다.
❷ 아벨이 제물로 바친 새끼 양에서는 흰 연기가 뭉게뭉게 피어오르고, 카인이 바친 곡식에서는 연기가 제대로 피
  어오르지 않고 있다. 하느님이 아벨만 사랑한다고 생각하여 질투심에 사로잡힌 카인은 동생을 죽이고 만다.

시메온Simeon은 아기 예수의 성전 봉헌 장면에 단골로 등장하는 바로 그 인물로 보입니다.

유대인들은 모세의 율법에 따라 사내아이를 낳으면 40일 째 되는 날에 성전에 봉헌하는 관습이 있었습니다. 요셉과 마리아도 그들의 첫아들인 예수를 40일째 되는 날 예루살렘의 성전으로 데리고 가지요.

그때 성전을 지키고 있던 제사장이 바로 시메온이란 노인이었어요. 그는 하느님으로부터 죽기 전에 메시아를 만나리라는 약속을 받았는데, 아기 예수를 보는 순간 그 약속이 지켜진 것을 깨달았다고 합니다.

기독교에서는 제사장 시메온이 아기 예수를 메시아로 인식한 사건을 중요하게 여겨 그날을 축일로 기립니다.

아벨Abel은 아담과 이브의 둘째 아들입니다. 하느님에 대한 믿음이 깊어 자신이 키우는 양의 첫 새끼를 경건한 마음으로 바쳤다고 합니다. 하느님은 그것을 기쁘게 받아들였고요. 그러나 그의 형 카인Cain은 농업을 생업으로 삼아 자신이 거둔 곡식을 제물로 바쳤는데, 무슨 까닭인지 하느님이 거부했다고 하는군요.

이 일로 동생에게 앙심을 품은 카인은 아벨을 죽임으로써 인류 최초의 살인자로 이름이 남았습니다. 예수는 아벨을 최초의 순교자로 인정했고, 사도 요한은 아벨을 의로운 사람이라고 말했다 합니다. 그런 이유로 수태고지 성당의 성화벽에 그의 모습이 그려진 게 아닐까 합니다.

여호수아Joshua는 모세의 뒤를 이어 유대인들을 가나안 땅으로 인도한 지도자였습니다. 그에 대해서는 대천사 성당에서 '여리고 성의 함락'을 설명(190쪽)할 때 이야기할 예정이므로 생략합니다.

Colin Nouailher, '멜키세덱과 아브라함'

전쟁을 승리로 이끌고 돌아오는 아브라함을 맞아
축복하는 멜키세덱. 아브라함은 그 답례로
전리품의 1/10을 바쳤다고 한다.

멜키세덱Melchizedek은 그 출신 배경이나 가족 관계 등에 대해 명확하게 밝혀진 게 없지만, 대개 예루살렘의 왕(혹은 제사장)이었다고 봅니다. 〈창세기〉에 의하면, 아브라함이 싸움을 이기고 돌아왔을 때 하느님의 이름으로 축복했고, 그에 대한 답례로 아브라함은 그에게 전리품의 1/10을 바쳤다고 합니다. 그를 나중에 올 예수의 존재를 미리 알려주기 위해 왔던 인물로 보는 이도 있습니다.

두 번째 단은 예수를 안고 있는 성모 마리아를 그린 이콘화가 중앙에, 그 양쪽에 각각 『구약성서』속의 예언자 일곱 명씩이 있습니다. 성모자 이콘화는 '길의 인도자 성모' 유형이고, 예언자들은 다른 성당에서 보게 되는 인물들과 대개 중복(기드온, 즈가리야, 다윗, 솔로몬, 미가 등)되므로 여기서는 설명을 생략합니다.

예수의 일생

세 번째 단에는 예수의 일생을 주제로 한 15점의 그림이 그려져 있습니다. 왼쪽부터 예수의 생애에서 있었던 일이 순서대로 배치되고 있으며, 성모 승천 성당과 대천사 성당 성화벽의 그림과 거의 비슷한 내용입니다.

'아기 예수의 성전 봉헌', '나자로를 살림', '예수의 변용', '십자가에서 내림', '지옥으로 내려감'은 성모 승천 성당에서 설명(42~43쪽)했고, '예수 탄생', '예수의 세례', '예루살렘 입성', '십자가에서의 죽음', '예수의 승천', '성령이 내림'은 대천사 성당에서 설명(173~178쪽)할 예정입니다. 그리고 '수태고지'는 잠시 뒤 '지식 충전'에서 설명할 예정이고, '성모의 승천'은 성모 승천 성당에서 따로 설명했습니다. 그래서 여기서는 설명에서 빠진 '성전에서 토론하는 예수'와 '최후의 만찬'만 설명하도록 하겠습니다.

예수의 일생에 관해 알려진 이야기들을 종합해 보면, 탄생 전후의 일과 공생애公生涯(예수가 세례자 요한으로부터 세례를 받은 때로부터 시작하여 제자들과 최후의 만찬을 가질 때까지) 기간 중에 있었던 일은 비교적 소상하게 알려져 있습니다. 겟세마네 동산에서 로마 병사들에게 체포된 후 십자가에서 죽을 때까지의 일, 혹은 죽은 뒤 부활하여 승천했다는 이야기도 널리 알려진 편입니다.

그에 비하면 어린 시절, 소년 시절, 청년 시절의 이야기는 상대적으로 알려진 게 없는데, 그가 열두 살 때 예루살렘의 성전에서 사제들과 토론한 이야기가 성서에 기록되어 있어 소년 예수의 모습을 짐작할 수

수태고지

예수 탄생

아기 예수의 성전 봉헌

성전에서 토론하는 어린 예수

예수의 세례

예수의 변용

나자로를 살림

예수의 예루살렘 입성

최후의 만찬

십자가에서의 죽음

십자가에서 내림

지옥으로 내려감

예수의 승천

성령이 내림

성모의 승천

있게 합니다.

유대인들은 유월절을 가장 중요한 명절로 여겨 그때가 되면 예루살렘을 방문하는 전통이 있었습니다. 예수가 열두 살 되던 해 유월절에도 요셉과 마리아는 해마다 그랬던 것처럼 예수를 데리고 예루살렘을 방문합니다. 며칠 동안 예루살렘에 머물며 축제에 참여한 다음, 그들은 고향으로 돌아가기로 하지요. 그런데 한참 가다 보니 예수가 안 보이는 겁니다. 아들을 잃어버린 줄 알고 놀란 요셉과 마리아가 다시 예루살렘으로 돌아가 찾고 보니 예수는 성전 안에서 사제들과 토론을 하고 있었다고 합니다. 어찌나 논리정연하게 자신의 주장을 펴는지 사제들이 다 감탄했다는 이야기가 〈누가복음〉에 기록되어 있습니다.

'최후의 만찬' 또한 유월절에 있었던 일입니다. 이때는 예수가 공생애를 시작한 지 삼 년째 되는 해였지요.

예수는 유월절을 맞아 제자들과 함께 예루살렘으로 가서 여러 가지 일을 겪은 뒤, 어느 이층 다락방에 모여 제자들과 저녁 식사를 합니다. 결과적으로 그 식사가 그들이 함께 한 마지막 만찬이었으므로 '최후의 만찬Last Supper'이라고 합니다.

이날 식사 때 예수는 제자들에게 빵 조각을 떼어 주며 "이는 너희들을 위한 내 몸이다."라고 말하고, 포도주를 권하며 "이 잔은 내 피로 맺는 계약이니, 너희들은 이 잔을 들 때마다 나를 기억하라."고 했다 합니다. 자신의 죽음을 예감한 예수로서는 제자들에게 남기는 유언이었지만, 제자들로서는 이해하기 어려운 말이었을 겁니다.

그런 다음 예수는 제자들을 향해 뜻밖의 이야기를 합니다.

"너희들 중에서 한 명이 나를 배신할 것이다."

Leonardo da Vinci, '최후의 만찬'

　제자들은 스승의 뜬금없는 말에 깜짝 놀라며, 누구를 향해 하는 말인지 알고자 소란스러워집니다. 그 순간을 포착한 그림으로 가장 유명한 작품이 바로 레오나르도 다 빈치의 '최후의 만찬'이지요.

　제자들은 다투어 자신은 절대로 스승을 배신하지 않겠노라고 다짐했지만, 이튿날 새벽 유다가 이끌고 온 로마 병사들에게 예수가 체포될 때에는 두려움에 사로잡힌 나머지 모두 스승 곁을 떠났다고 합니다. 특히 수제자였던 베드로는 예수와 한 패거리가 아니냐고 묻는 사람들의 질문에 세 번씩이나 "나는 저 사람을 모른다."고 대답했다고 하지요. 최후의 만찬 당시 예수가 그를 향해 "너는 내일 새벽닭이 울기 전에 세 번 나를 모른다고 부인하리라."라고 말한 대로 이루어진 것이지요.

　최후의 만찬은 예수의 수난(체포된 뒤 십자가에서 사망할 때까지의 일련의 과정)이 시작되기 전 마지막 활동이었습니다.

데이시스

　네 번째 단은 데이시스입니다. 중앙에 심판자인 예수가 앉아 있는데, 판토크라토르의 자세입니다. 판토크라토르에 대해서는 맨 아랫단의 그림 '옥좌에 앉은 예수'를 보며 설명하겠습니다. 만물의 지배자이자 심판자인 예수가 중앙에 앉아 있고, 좌우에 성모 마리아와 세례자 요한, 그리고 대천사 미카엘과 가브리엘이 서 있는 구도는 성모 승천 성당이나 대천사 성당의 경우와 마찬가지입니다. 미카엘 옆에 베드로가, 가브리엘 옆에 바울이 서 있는 것도 같지요. 그것이 데이시스의 기본 구성이기 때문입니다. 다만 그들 옆에 배치되는 인물들은 약간씩 변화를 주었는데, 이곳에서는 처음 보는 이들이 등장합니다.

　사도 베드로 옆에 서 있는 이는 대 바실Basil the Great이고, 사도 바울 옆에 서 있는 이는 요한 크리소스톰John Chrysostom입니다. 이들은 자주 보는 인물이 아니니 설명하겠습니다.

대 바실　　　베드로　　　대천사 미카엘　　　성모 마리아　　　심판자 예수

대 바실은 4세기에 카파도키아 지역에서 활동한 3대 교부敎父(초기 교회 발달에 공헌한 저술가 및 교리학자) 중의 한 사람이며, 카이사리아 지역의 주교로 재직했습니다. 그래서 그를 다른 이름으로는 '카이사리아의 바실Basil of Caesarea'이라고도 하지요.

교회에서 그가 차지하는 비중이 큰 이유는, 아마도 예수의 신성을 인정하지 않던 아리우스파(아리우스의 주장에 대해서는 210쪽 참조)에 대항하여 정통 교리를 지켜냈기 때문으로 보입니다. 특히 그는 아리우스파를 적극 옹호하며 정통파 그리스도교를 탄압하던 발렌스 황제와 대립하면서 삼위일체의 교리를 지키기 위해 노력했다고 합니다. 그가 죽은 뒤인 381~382년에 콘스탄티노플 공의회에서 아리우스 논쟁이 종식된 것은 그의 주장이 인정을 받은 것이라고 할 수 있습니다.

그는 많은 저술을 남겼으며, 수도원의 조직과 운영 관습을 확립한 공로도 크다고 평가됩니다.

세례자 요한　　대천사 가브리엘　　바울　　요한 크리소스톰

Francisco Herrera the Elder,
'교리를 구술하는 성 바실'

Jean-Paul Laurens, '요한 크리소스톰과 아엘리아 에우독시아'
에우독시아에게 설교하는 요한 크리소스톰

　요하네스 크리소스토무스Johannes Chrisostomus라고도 하는 요한 크리소
스톰은 4세기 무렵에 활동한 대표적 교부이자 콘스탄티노플의 37대 총
대주교였습니다. 본명은 요한이지만, 워낙 설교에 설득력이 있어 '황금
의 입'이라는 뜻으로 '크리소스톰'이라고 불렸다 합니다.

　청렴하고 강직한 성품을 지녔던 그는 명쾌한 성서 해석과 설득력 있
는 전달로 명성을 얻었지만, 당시 동로마 제국의 황후였던 에우독시아
(아르카디우스 황제의 부인)와 갈등을 빚은 후 총대주교직에서 밀려났으
며, 유배지에서 세상을 떠났습니다.

　불경죄와 이단의 누명을 쓴 채 407년에 사망한 그는 438년에 유해가
콘스탄티노플로 옮겨지면서 명예를 회복했고, 현재는 로마 가톨릭과
동방정교회, 성공회에서 모두 성인으로 추앙하고 있습니다.

러시아 사람들이 숭배하는 이콘화

성화벽의 마지막 단에는 황금색의 왕의 문을 중심으로 좌우에 러시아 사람들이 특히 사랑하고 숭배하는 이콘화들을 배치하였습니다. 이것도 다른 성당과 마찬가지로 오랜 전통을 따른 것입니다. 왼쪽의 작품부터 차례로 살펴봅시다.

티흐빈의 성모

수태고지 성당 홈페이지의 설명에 따르면, 맨 왼쪽에 걸려 있는 이 작품의 제목은 'Theotokos of Tikhvin'입니다. Theotokos는 '신의 어머니'란 뜻이니, 여기서는 예수의 어머니인 성모 마리아를 의미하지요. 즉, 이 그림의 제목은 '티흐빈의 성모'라는 뜻입니다. 참고로, 티흐빈은 러시아 레닌그라드 주에 있는 도시입니다.

이 그림은 일단 '길의 인도자 성모' 유형의 이콘화입니다. 왼팔에 예수를 안고 있는 마리아가 오른손으로 예수를 가리키는 자세를 취하고 있는데, 이 모습이 신앙의 길을 찾지 못한 사람들에게 길을 인도하는

성화벽 마지막 단(왕의 문을 중심으로 좌우에 성모와 예수 관련 이콘화가 배치되어 있다.)

'티흐빈의 성모'   '티흐빈의 성모' 원본

것 같다고 하여 그렇게 부릅니다.

그런데 먼저 밝혀둘 것은, 이 그림의 정확한 명칭은 '티흐빈의 성모'가 아니라 '티흐빈의 성모 유형의 이콘'이라는 점입니다. '티흐빈의 성모' 원본은 티흐빈 수도원의 성모안식 대성당에 있습니다.

전하는 이야기에 따르면, 〈누가복음〉의 저자인 누가는 성모 마리아와 아기 예수를 모델로 여러 점의 그림을 그렸다고 합니다. 그래서 그는 화가들의 수호성인으로 여겨집니다.

그가 그린 여러 점의 그림 중 한 점이 5세기에 예루살렘에서 콘스탄티노플로 옮겨졌고, 14세기경에 무슨 까닭인지 티흐빈 근처에서 발견되었습니다. 사람들은 콘스탄티노플이 이슬람교도들에게 함락당하기 전에 성모 마리아가 스스로 그 도시를 떠난 것이라고 생각합니다.

티흐빈은 이 귀한 이콘화를 안치하기 위해 성당을 지었고, 그 뒤로 여러 차례 기적적인 일이 일어났습니다. 주로 외적이 침략했을 때 이 이콘화를 앞세우고 기도하여 승리했다는 내용이지요. 그것이 러시아 사람들에게 '티흐빈의 성모'가 각별한 의미를 갖는 이유이며, 그림을 보호하기 위해 귀한 보석으로 장식한 이유이기도 합니다.

공산주의 정권 하에서 종교가 탄압받을 때 당연히 이 성모상도 사라질 위기에 놓였지만, 한 주교의 노력으로 미국으로 빼돌릴 수 있었다고 합니다. 그래서 보존될 수 있었다는 것이지요.

그 뒤 시카코 성 삼위일체 대성당에 안치되어 있던 이 그림은 2004년 6월 23일에 러시아로 반환되어 현재 자신의 이름에 걸맞게 티흐빈의 대성당에서 안식을 취하게 된 것입니다.

수태고지 성당의 '티흐빈의 성모'를 원본과 비교하며 보면 좋을 것 같아 소개했습니다.

대천사 우리엘

'티흐빈의 성모' 오른쪽에 지성소로 통하는 문이 나 있고, 거기에 대천사 우리엘Uriel the Archangel이 그려져 있습니다.

대개 대천사를 이야기할 때 미카엘과 가브리엘을 먼저 꼽습니다. 어떤 경우에는 라파엘도 함께 언급하지요. 그러나 우리엘은

대천사 우리엘

잘 알려지지 않아서 그와 관련된 자료를 찾는 것이 쉽지 않습니다.

우리엘이란 이름은 '신의 불꽃'이라는 뜻이라고 합니다. 그래서인지 그의 성격은 온화하고 친절하기보다는 엄격하고 단호한 편입니다. 최후의 심판 때 죄인들을 지옥으로 끌고 가 벌주는 역할을 맡았다고 하니 가브리엘이나 라파엘보다는 미카엘에 가까운 천사인 듯합니다.

에덴동산에 침입한 사탄의 정체를 알아차린 것도 우리엘이라고 하여, 그를 통찰력이 뛰어난 천사로 보기도 합니다.

수태고지 성당에 그의 모습을 그려놓은 까닭은, 사악한 존재가 지성소 안으로 침입하지 못하도록 막아주길 바라는 마음에서가 아닐까 합니다.

데이시스

데이시스

대천사 우리엘이 그려진 문의 오른쪽에 옥좌에 앉은 예수 옆에 성모 마리아와 세례자 요한이 서 있는 그림이 있습니다. 이것이 데이시스의 가장 기본적인 형태입니다. 우리는 앞에서 이들 외에 대천사 미카엘과 가브리엘, 그리고 사도 베드로와 바울이 함께 그려진 작품들을 본 것입니다.

자비의 성모

데이시스 옆에 'Panagia Eleousa'라는 제목의 그림이 있습니다. 'Panagia'는 동방정교회에서 성모 마리아를 가리키며, 'Eleousa'는 '자비, 부드러움'을 뜻하니, '자비의 성모'라고 번역하면 되겠습니다. 대개 '자비의 성모'는 성모 마리아와 아기 예수가 볼을 맞대고 있는 모습으로 표현됩니다. 모자간의 애정이 듬뿍 담긴 분위기를 풍기며, 어머니의 자애로움이 강조되는 그림이지요.

그러나 이 그림은 일반적인 '자비의 성모'와는 자세가 다소 다릅니다. 볼을 맞대는 대신, 어머니인 마리아가 자애로운 표정으로 아들 예수를 바라보고 있습니다. 자비의 성모 유형인 '돈의 성모'도 참고삼아 함께 보여드립니다. 원래의 이 이콘은 돈 지방에 있었으나 1380년 드미트리 돈스코이가 모스크바로 가져와 타타르인들과의 전투에서 러시아를 승리로 이끌었다고 전해집니다.

자비의 성모　　　　　　　　　　　Theophanes the Greek, '돈의 성모 이콘'

데이시스 옆 자비의 성모 이콘화는 사방을 『구약성서』 속의 여인 18명이 감싸고 있는 형태로 그린 것이 특이한데, 다른 곳에서는 접하기 힘든 인물들이므로 간략히 소개하겠습니다.

- 아비가일Abigail : 원래 나발의 아내였으나 위기에 빠진 다윗을 지혜로운 판단으로 구했으므로 훗날 다윗의 부인이 됨
- 아비삭Abishag : 다윗의 후궁. 다윗이 죽은 뒤 다윗의 아들 아도니야가 계모 밧세바를 찾아가 아비삭을 자신에게 달라고 요구했으며, 그로 인해 아도니야는 솔로몬에게 죽임을 당함
- 한나Hanna : 예언자 사무엘의 어머니로 신앙심이 깊었음
- 한나Hanna : 아기 예수의 성전 봉헌 때 시메온 옆에 있었던 여인
- 드보라Deborah : 이스라엘 유일의 여자 사사
- 이브Eve : 인류 최초의 여인
- 유디트Judith : 유대인을 괴롭히던 아시리아의 장수 홀로페르네스를 살해하여 유대인의 영웅으로 여겨지는 여인
- 야엘Jael : 이스라엘을 괴롭히던 시스라를 죽인 여인
- 레아Leah : 야곱의 첫 번째 부인
- 미리암Miriam : 모세의 누나
- 리브가Rebekah : 이삭의 아내
- 라헬Rachel : 레아의 동생이자 야곱의 두 번째 아내
- 라합Rahab : 여리고 성의 매춘부로 여호수아가 보낸 척후병을 도와줌
- 룻Ruth : 다윗의 증조모
- 술람미Shulammite : 솔로몬의 부인 중 하나
- 수산나Susanna : 용모가 아름답고 정숙했던 여인. 두 장로의 음해에 휘말려 사형당할 위기에 빠지지만 다니엘의 현명한 판결로 결백이 밝혀짐
- 사라Sarah : 아브라함의 아내이자 이삭의 어머니
- 에스더Esther : 유대인으로 페르시아의 왕비가 되었으며, 유대인이 몰살당할 위기에 처했을 때 왕에게 호소하여 그 명령을 취소하도록 함

왕의 문

왕의 문은 앞서 설명했듯이 매우 공들여 만들었고, 수태고지 중인 대천사 가브리엘과 그를 맞고 있는 마리아, 그리고 4대 복음서 저자를 그리거나 새겨놓았다는 특징이 있습니다. 수태고지 성당의 경우도 마찬가지입니다. 다만, 수태고지 성당은 문 위에 데이시스를 그려놓은 점이 눈에 띕니다.

왕의 문

옥좌에 앉은 예수

자, 이제 왕의 문 오른쪽을 살펴봅시다.

'옥좌에 앉은 예수Christ Enthroned'라는 제목의 그림이 문 오른쪽에 있습니다. 이런 구도의 그림은 정교회 성당에서 매우 흔하게 볼 수 있지요.

중년의 예수가 옥좌에 앉아 있는 구도의 그림 중 가장 흔하게 볼 수 있는 유형은 '판토크라토르Pantokrator'입니다. 이 말은 '만물의 지배자'라는 뜻으로, 예수를 우주 만물의 지배자인 왕으로 보는 것입니다.

옥좌에 앉은 예수

판토크라토르의 가장 기본적인 자세는 의자에 앉은 예수가 왼손에는 복음을 나타내는 책을 들고 있고, 오른손은 축복을 내리는 의미로 들고 있는 것입니다. 인간에게 축복을 내린다는 것은, 예수가 신의 대리자(혹은 신 그 자체)로서 인간의 운명을 지배하는 절대적 힘을 가진 존재라는 뜻입니다. 그렇기 때문에 판토크라토르는 인간적이고 자비로운 모습이 아닌, 엄격하고 권위적인 예수의 모습으로 표현됩니다.

그런 면에서 보면 수태고지 성당의 '옥좌에 앉은 예수'는 자세가 일반적인 판토크라토르와 다소 다르다는 점을 알 수 있습니다. 오른손을 들어서 축복을 내리는 대신 책의 내용을 가리키고 있기 때문입니다.

Elias Moskos, '판토크라토르 그리스도'   작자 미상, '옥좌에 앉은 그리스도'

그렇다면 예수를 옥좌에 앉은 왕의 모습으로 그리는 것은 무슨 이유에서일까요? 우선, 그를 하느님의 아들이자 하느님 그 자체로 보는 시각(삼위일체)이 반영된 것으로 볼 수 있습니다. 우주만물의 창조자인 전지전능한 하느님이 당당한 태도로 옥좌에 앉는 것은 당연한 일일 것입니다.

예수를 가리키는 'Christ'가 본래 '기름 부음을 받은 자'를 의미한다는 데서 이유를 찾을 수도 있습니다.『구약성서』시대의 이스라엘은 예언자들이 머리에 기름을 부어주는 이가 왕이 되는 관습이 있었습니다. 사울과 다윗이 그런 절차를 거쳐 왕이 되었지요. '기름 부음을 받은 자'라는 뜻의 이름을 가진 그리스도(즉, 예수)가 왕으로 여겨진 것 또한 당연한 일이었겠지요.

수태고지

'옥좌에 앉은 예수' 오른쪽에 걸린 작품이 수태고지 성당의 주제 성화입니다. 마리아가 대천사 가브리엘로부터 수태고지를 받는 장면을 그린 작품이기 때문입니다. 그림의 테두리를 장식하고 있는 작은 그림들은 성모 마리아의 일생을 그린 것입니다.

성모 승천 성당의 '성모 승천' 성화, 대천사 성당의 '대천사 미

수태고지

카엘과 천사들의 행진'이 걸려 있는 위치를 생각한다면, 이 세 성당은 주제 성화가 같은 위치에 걸려 있음을 알 수 있습니다. 왕의 문 왼쪽에 성모 관련 그림이, 오른쪽에 예수 관련 그림이 있고, 예수 그림 옆에 주제 성화가 있다는 공통점이 있는 것입니다.

베드로, 요한, 알렉세이

'수태고지' 성화 옆에는 'Peter, John and Alexis'라는 제목의 그림이 있습니다. 표도르 주보프Fyodor Zubov와 조력자들이 그린 것이라고 합니다.

이 그림에서 신분을 제일 분명하게 알 수 있는 이는 세례자 요한John the Baptist입니다. 그는 사막에서 수행하는 동안 짐승 가죽으로 만든 옷을 입고 살았다고 합니다. 그래서 그를 표현한 미술품을 보면 대개 짐승 가죽을 걸친 모습을 하고 있습니다. 그러므로 이 그림에서도 맨 앞에 서 있는 이를 세례자 요한으로 보면 될 것입니다.

제목에 나오는 'Peter'는 예수의 수제자인 베드로Apostles Peter일 것으로 추측됩니다. 그는 스승인 예수로부터 천국의 열쇠를 받았다고 하여 열쇠를 들고 있거나 십자가에 거꾸로 매달린 채 순교했으므로

베드로, 세례자 요한, 알렉세이

거꾸로 된 십자가와 함께 그려지는 경우가 많습니다. 이 두 가지 중 하나만 지니고 있어도 베드로로 볼 수 있습니다만, 이 그림은 그런 물건이 보이지 않아 누가 베드로인지를 명확히 알기 어렵습니다. 맨 오른쪽 인물의 머리 위에 키릴문자로 'петро'라고 적어놓은 것으로 보아 그가 바로 베드로가 아닐까 추측할 뿐입니다.

Alexis라는 인물에 대해서는 단정적으로 설명하기 어렵습니다. 누구를 말하는지 알 수 없기 때문입니다. 필자의 생각으로는 알렉세이 미하일로비치Alexei Mikhailovich(1629~1676년)가 아닐까 합니다. 로마노프 왕조의 2대 차르인 그는 '가장 온화한 자'라는 별칭으로 불렸고, 니콘 총대주교를 발탁해 교회 개혁을 추진했던 인물이기 때문입니다. 크렘린 안에 있는 성화벽의 전반적 양식을 규정한 인물이 니콘 총대주교라는 점을 감안하면, 그가 성화 속에 자신을 중용해준 차르의 모습을 남길 수도 있겠다는 생각이 듭니다. 더구나 알렉세이가 사망한 것이 1676년이고 이 그림이 완성된 것이 1682년이니, 시기적으로도 가능한 일이라고 봅니다.

그의 초상화를 보면 대개 검은색 수염이 덥수룩하게 그려져 있는데, 그런 신체적 특징으로 미루어 볼 때 맨 뒤에 서 있는 이가 알렉세이가 아닐까 짐작해 봅니다.

대천사 라파엘

대천사 우리엘이 그려진 문과 대칭적인 위치에 또 다른 문이 있습니다. 성물 보관실로 통하는 문인데, 여기에는 대천사 라파엘이 그려져 있습니다. 우리엘을 그린 이가 함께 작업한 것으로 여겨질 만큼 비슷한 분위기의 그림입니다.

라파엘에 대해서는 대천사 성당에서 설명(213쪽)하겠습니다.

대천사 라파엘

스몰렌스크의 구세주 그리스도

마지막으로, 좀 긴 제목의 그림을 감상하겠습니다. 'Christ the Saviour of Smolensk with kneeling Sergius of Radonezh and Barlaam of Khutyn and Evangelic parables'라는 제목입니다.

'스몰렌스크의 구세주 그리스도' 이콘은 예수가 왼손에 복음서를 펼쳐 든 채 서 있고, 그 앞에 라도네즈의 세르기우스와 쿠틴의 발람이 무릎을 꿇고 있는 그림입니다. 수태고지 성당의 그림은 작은 그림들이 테두리를 장식하는 양식으로 되어 있습니다.

전하는 이야기에 따르면, 스몰렌스크의 구세주 그리스도 이콘은 이반 대제의 아들인 바실리 3세가 16세기 초에 폴란드−리투아니아 연합군과 전쟁을 할 때 나타났다고 합니다. 러시아 군대가 적의 수중에 떨어졌던 스몰렌스크를 탈환했는데, 그때 이 이콘화가 나타났다는 것입니다. 그래서 이름이 '스몰렌스크의 구세주 그리스도'인 것입니다.

스몰렌스크의 구세주 그리스도(수태고지 성당)　　　　스몰렌스크의 구세주 그리스도(스파스카야 탑)

　　그 뒤 카잔 칸국의 공격으로 모스크바가 초토화되었을 때 이 그림이
또다시 크렘린의 성벽에 나타났다고 합니다. 러시아 정교회에서는 이
일을 신의 발현이며 기적의 실현이라고 여겨 '스몰렌스크의 구세구 그
리스도' 이콘을 신성하게 생각합니다.

　　크렘린의 출구로 이용되는 스파스카야 탑 문 위에 이 그림이 있는데,
탑 이름이 '구세주 탑'인 것은 바로 이 이콘화 때문이지요.

　　그림에 등장하는 라도네즈의 세르기우스에 대해서는 트레티야코프
미술관의 '어린 바르톨로뮤의 환상' 편(387쪽)에서 설명하고, 쿠틴의 발
람은 성 바실리 성당의 '쿠틴의 성 발람에게 봉헌된 교회' 편(301쪽)에서
설명할 예정입니다.

수태고지 성당의 천장화와 벽화 ❸

수태고지 성당에 들어서 천장을 올려다보면 맨 먼저 중앙 돔에 그려진 판토크라토르가 눈에 들어옵니다. 앞에서 여러 차례 나온 용어인데, 정교회 성당에서 특히 자주 눈에 띄는 성화입니다.

그리고 돔을 둘러싼 네 방향의 펜던티브pendentive(정사각형의 평면 위에 놓이는 원형의 돔을 지지하기 위해 사용한 삼각형의 공간)에는 4대 복음서의 저자가 그려져 있습니다. 그림 상태가 선명하지 않아 누가 누구인지 분별하기는 어렵지만, 그 위치에 복음서 저자를 그려 넣은 사례는 흔히 찾아볼 수 있습니다. 바티칸의 성 베드로 대성당이 대표적인 경우이며, 상트페테르부르크의 카잔 대성당, 성 이삭 성당, 그리스도 부활 성당에서도 같은 예를 찾아볼 수 있습니다. 특히 그리스도 부활 성당의 경우

중앙 돔의 판토크라토르와 4대 복음서 저자　　　그리스도 부활 성당의 판토크라토르와 4대 복음서 저자

묵시록의 그림들

서쪽 문

묵시록의 그림이 있는 위치

는 돔 지붕에 판토크라토르를 그리고 네 군데 펜던티브에 복음서 저자를 그려 넣은 방식이 쌍둥이처럼 닮았습니다.

수태고지 성당 측에서 '묵시록 시리즈Apocalypse Series'라고 소개하는 그림들이 서쪽 문 근처 볼트vault(아치에서 발달한 반원형 천장)에 그려져 있습니다. 서쪽 문을 통해 성당 안으로 들어선 다음 왼쪽을 바라보면 아치가 보이는데, 그 안쪽 천장에 그려져 있으니 찾아보시기 바랍니다. 그림 상태가 좋지 않지만, 다른 곳에서 보기 어려운 내용이므로 설명하고자 합니다.

〈요한계시록〉이라고도 하는 '묵시록'은 사도 요한이 썼을 거라고 추정되는 『신약성서』 중의 예언서로, 세상의 종말에 관한 이야기입니다. 내용은 비유적이고 상징적인 표현들 때문에 난해하지만, 주된 메시지는 세속의 권력이 가하는 무시무시한 박해를 견뎌낸 성인들이 천상 세계에서는 행복하게 산다는 것입니다. 성인들을 박해한 사악한 존재들은 지옥의 불구덩이에 떨어지겠지요.

에페소스의 잠자는 일곱 명   불구덩이에 던져진 세 젊은이

묵시록의 삽화는 16세기 이전에는 러시아 정교회 성당에서 거의 다뤄지지 않았다고 합니다. 수태고지 성당의 벽화가 예외적인 경우인 것이지요. 그래서 특별한 의미가 있다고 생각합니다.

천장을 바라보는 위치에서 가장 왼쪽에 '에페소스의 잠자는 일곱 명 The Seven Sleepers of Ephesus'이란 제목의 그림이 있습니다.

로마 제국 데키우스 황제Decius(249~251년 재위) 때의 일입니다. 그는 황제로 추대되자마자 로마의 신들에 대해 제사 지내도록 명령했으며, 지시에 따르지 않는 기독교도들을 심하게 탄압했습니다.

그때 터키 에페소스 지역에 살던 일곱 명의 기독교도 청년들이 박해를 피해 동굴 속으로 들어갔다고 하지요. 그들을 추적하던 로마 병사들이 동굴을 봉쇄하고 돌아갔는데, 그 안에 있던 청년들은 깊은 잠에 빠져들었다가 기독교를 국교로 정한 테오도시우스 1세Theodosius I(379~395년 재위) 때 잠에서 깨어 동굴 밖으로 나왔다는 것입니다. 두 황제의 재위 기간을 고려하면 150년 가까운 세월 동안 동굴 속에서 잠들어 있었다는 이야기이니 신비한 일이 아닐 수 없습니다.

일곱 명의 청년들은 자신들에게 일어난 일을 알고 모든 것이 하느님의 은총이라고 찬양한 뒤 다시 동굴로 들어가 영원히 잠들었다고 합니다.

중앙에 있는 그림에는 '불구덩이에 던져진 세 젊은이The Three Young Men in the Fiery Furnace'란 제목이 붙어 있습니다.

신新바빌로니아 왕국 제2대 왕인 네부카드네자르 2세Nebuchadnezzar II 때의 일입니다. 그는 성서에서 느부갓네살이라고 하는 인물로, 예루살렘을 함락시킨 다음 유대인들을 강제로 바빌로니아로 이주시켰지요. 그 사건을 '바빌론 유수Babylonian Captivity'라고 합니다.

바로 그 네부카드네자르 2세 때 사드락, 메삭, 아벳느고라는 이름의 세 젊은이가 왕 앞에 끌려왔습니다. 왕은 그들에게 "내가 만든 신상神像에게 절을 한다면 살려줄 것이고, 그러지 않는다면 너희들을 불구덩이에 던져버리겠다."라고 위협했습니다.

세 젊은이는 그 말을 듣고, "왕께서 저희를 불구덩이에 던진다 하더라도 하느님이 구해줄 것입니다. 설령 그렇지 않다 해도 저희는 결코 우상에게 절을 하지는 않을 것입니다."라며 거절했다고 합니다.

화가 난 왕이 그들을 불구덩이에 던지고 평소보다 일곱 배나 더 강하게 불을 때라고 했다 하는데, 그들을 하느님이 구해주었다는 기록이 없는 것으로 보아 죽임을 당한 것 같습니다. 이 그림에서 천사가 그들의 손을 잡아 이끄는 것은 천국으로 데려갔다는 의미로 보입니다.

세바스테의 40명의 순교자

　'불구덩이에 던져진 세 젊은이'의 오른쪽에 있는 그림은 '세바스테의 40명의 순교자The Forty Martyrs of Sebaste'입니다.

　로마 제국 리키니우스 황제 때의 일입니다. 그는 콘스탄티누스 1세와 함께 밀라노 칙령을 발표한 인물로, 초기에는 기독교에 대해 우호적인 입장이었습니다. 직전 황제인 디오클레티아누스와 막시미아누스 때 기독교에 대한 박해가 최고조에 달했던 것에 비하면, 밀라노 칙령 발표 후는 기독교도 입장에서는 태평성대였을 것입니다.

　그러나 콘스탄티누스 1세와 리키니우스의 동맹 관계는 오래가지 못합니다. 로마 제국의 1인자가 되기 위해 대립하던 두 사람의 관계는 리키니우스가 반란을 획책했다는 죄목으로 처형당하면서 끝나게 되지요.

　리키니우스는 기독교에 대한 입장도 명확하지 않았던 것 같습니다. 밀라노 칙령 발표 당시는 콘스탄티누스 1세와 협력했지만 그 후 기독교에 대해 적극적인 보호 정책을 실시하지 않았고, 통치 후반기에는 다시 기독교를 탄압했기 때문입니다.

세바스테에서 40명의 순교자가 발생한 것도 그의 통치 후반기에 일어난 일입니다.

320년경, 세바스테(현재의 터키 소아르메니아 지역에 있는 도시)에서는 로마 제국 군인 40명이 우상 숭배를 거부했다는 죄명으로 끌려 왔습니다. 기독교도였던 그들은 발가벗겨진 채 꽁꽁 언 얼음판에 서 있어야 하는 벌을 받았습니다. 그들 중 추위를 못 견딘 병사가 배교背敎하자 다른 이교도 병사가 자발적으로 개종한 뒤 순교자의 대열에 섰다고 합니다.

40명의 병사는 모두 순교했으며, 동방 교회와 서방 교회에서 모두 이들을 성인으로 추앙합니다.

성 삼위일체

데이시스

서쪽 벽

출입구가 있는 서쪽 벽에는 정교회 성당의 일반적인 규칙대로 최후의 심판을 주제로 한 그림이 그려져 있습니다. 다만 작은 성당이다 보니 벽의 면적도 좁아 그림 내용이 단순합니다. 문 위에는 데이시스가, 그 위의 성가대석 아래 천장에는 삼위일체와 그들을 둘러싼 성인들의 모습이 보입니다.

남쪽 벽과 북쪽 벽, 그리고 기둥에도 빼곡히 그림이 그려져 있기는 하지만, 내용을 알아보기 어려울 정도로 퇴락해 있기 때문에 설명을 생략합니다. 대개 성서 속 일화나 성인들을 그린 것일 거라고 추측됩니다.

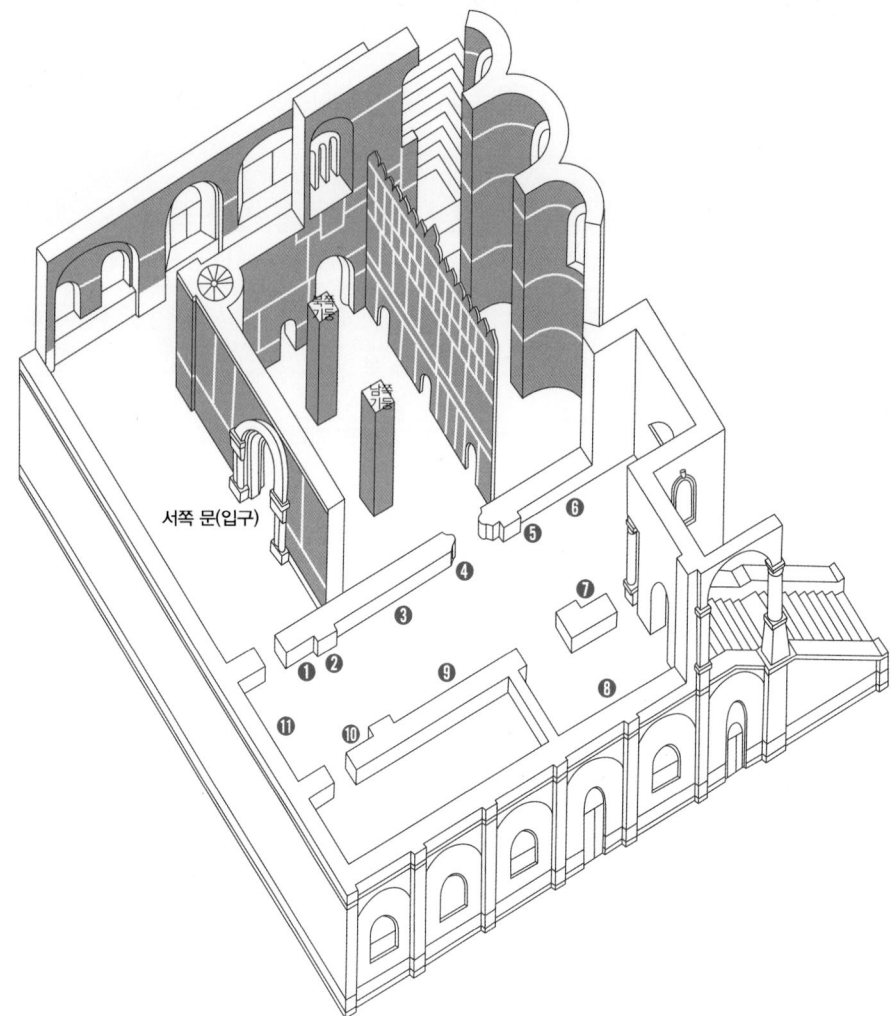

서쪽 문(입구)

① 예수의 부활을 의심하는 성 도마
② 자비의 성모, 길의 인도자 성모, 블라디미르의 자비로운 성모, 세바스테의 40명의 순교자
③ 아기 예수 탄생 성화 및 아기 예수 탄생 축하 성화
④ 성모 승천 성당 제단의 단상 뒤에 있었던 십자가
⑤ 수태고지 성당 제단의 단상 뒤에 있었던 십자가
⑥ 피멘의 성모화, 스몰렌스크의 성모화, 수유하는 성모
⑦ 세례자 요한, 예루살렘 입성
⑧ 유물 및 유골함을 담은 관
⑨ 대천사 가브리엘 예배당의 성화벽
⑩ 십자가에 못 박힌 예수와 두 명의 강도
⑪ 주상 성인 다니엘, 위대한 순교자 게오르기, 테살로니키의 성 드미트리우스, 주상 성인 시메온

성화 전시관에
소장된 작품들 ④

수태고지 성당에는 성화들을 전시하는 공간이 따로 있습니다. 여기에 보관 중인 작품들은 나름대로 중요한 가치를 갖는 것들이므로 따로 살펴보도록 하겠습니다.

성화 전시관에는 모두 11개의 진열장이 있습니다. 진열장의 번호 순서대로 작품을 감상하여 봅시다.

1번 진열장에는 '예수의 부활을 의심하는 성 도마Doubting Saint Thomas'라는 제목의 그림이 있습니다. 성모 승천 성당의 루네트에도 같은 주제의 그림이 있었지요.

성화 전시관

예수의 부활을 의심하는 성 도마

도마Thomas는 예수의 열두 제자 중 하나였습니다. 예수가 로마 병사에게 체포될 때 다른 제자들이 그랬듯이 스승을 버리고 달아났고, 예수의 장례 장면에도 등장하지 않습니다.

죽은 지 사흘 만에 부활한 예수를 제일 먼저 만난 것은 마리아 막달레나라는 여인이었고, 그 뒤 제자들이 있는 곳에 부활한 예수가 나타남으로써 제자들도 스승의 부활 사실을 알 수 있었습니다. 그런데 도마는 제자들 앞에 부활한 예수가 나타났을 때 그 자리에 없었다고 합니다. 그래서 동료들로부터 스승이 부활했다는 말을 듣고도 믿지 않았지요. "내 눈으로 직접 보기 전에는 믿을 수 없다."라고 말했다 합니다.

드디어 도마 앞에 예수가 나타났을 때, 도마는 자신의 눈을 의심하지요. 그는 예수의 옆구리에 난 상처를 확인한 다음에야 스승의 부활을 믿었다고 합니다. 그 후 도마는 다른 제자들과 마찬가지로 선교 활동에 나서 인도 지방에 가서 복음을 전하다가 순교합니다.

2번 진열장에는 '자비의 성모(14세기 말 제작)', '길의 인도자 성모(14세기 제작)', '블라디미르의 자비로운 성모(14세기 말~15세기 초 제작)' 등 다양한 유형의 성모상과 '세바스테의 40명의 순교자(3단 구성의 16세기 작품)' 그림이 있습니다. 동방정교회의 성모화 이콘에 대한 설명은 성모승천 성당에서 이미 했고, 세바스테의 40명의 순교자가 순교하는 이야기는 앞에서 했으므로 설명을 생략하고, 작품을 감상하는 것으로 대신하겠습니다.

3번 진열장에 보관된 그림들은 예수의 탄생과 관련 있습니다. 아기 예수의 탄생 장면을 그린 작품은 15세기에 제작되었고, 예수의 탄생을

자비의 성모 | 길의 인도자 성모 | 블라디미르의 성모 | 세바스테의 40명의 순교자

아기 예수 탄생 성화 | 아기 예수 탄생 축하 성화 | 4번과 5번 진열장의 십자가

축하하는 이들을 그린 작품은 16세기에 제작되었습니다.

4번 진열장과 5번 진열장에는 동방정교회 양식의 십자가가 보관되어 있습니다. 그중 4번 진열장에 있는 것은 성모 승천 성당의 제단 단상 뒤에 있던 것을 가져온 것이라고 합니다. 이 십자가는 종교 예식이 있을 때 밖으로 반출할 수 있었으며, 1570년에 제작된 것으로 추정됩니다. 12가지 종교 명절과 십자가에 못 박힌 예수, 성자들의 모습이 십자가 표면에 새겨져 있습니다.

피멘의 성모화   스몰렌스크의 성모화   수유하는 성모

   5번 진열장에 있는 십자가는 수태고지 성당 제단의 단상 뒤에 있던 것이며, 16세기에 제작된 것입니다. 은으로 문양을 만들고 각종 보석으로 장식하여 귀중하게 다뤄진 성물임을 짐작할 수 있습니다.

   6번 진열장의 성모화는 각각 '피멘의 성모화', '스몰렌스크의 성모화', '수유하는 성모'라는 제목이 붙어 있습니다.
   '피멘의 성모화'는 16세기 작품으로 피멘의 대주교가 콘스탄티노플에서 가져온 것이며, '길의 인도자 성모' 유형입니다.
   '스몰렌스크의 성모화'도 '길의 인도자 성모' 유형이며, 스몰렌스크의 주교좌 성당에 있었기 때문에 그렇게 부릅니다. 블라디미르 공후의 부인인 안나가 러시아로 가져왔다고 전해지는 이 작품은 전형적인 호디기트리아로, 성모의 왼팔에 안겨 있는 예수는 똑바로 앞을 바라보고 있고 성모는 오른손을 들어 예수를 가리키고 있습니다. 안나는 비잔틴 제국의 황녀로 블라디미르와 결혼한 후 러시아에 동방정교회가 뿌리내릴 수 있도록 많은 노력을 기울인 인물입니다.

'수유하는 성모'는 16세기 말에서 17세기 초에 제작된 것으로 보이며, '복 받은 잉태'라고 불리는 성모화의 일종입니다. 17세기까지 러시아에서는 극히 드물게 볼 수 있는 성모화 유형이었다고 합니다.

7번 진열장에 보관된 작품은 짐승 가죽을 걸친 세례자 요한의 상반신을 그린 그림과 예수의 예루살렘 입성 장면을 그린 그림입니다. 세례자 요한의 얼굴이 이반 4세를 닮았다는 이야기가 전하는데, 이반 4세의 세례명이 요한이므로 그를 기리기 위해 그렇게 그렸다는 것입니다. 이반 4세의 초상화와 비교해 보니 인상이 비슷한 것 같기도 합니다.

세례자 요한   이반 4세의 초상화

성자들의 유물 및 유골함을 담은 관

대천사 가브리엘 예배당의 성화벽

8번 진열장은 다소 색다른 유물입니다. 성당 측의 설명에 의하면 유물 및 유골함을 담은 관이라고 합니다. 1894년에 모스크바 대공국의 대공 및 러시아 제국 황제들이 수집한 16~17세기 성자들의 유물 및 유골들을 담아두기 위해 제작했다고 하는군요. 유물의 신성함과 중요성 때문인지 은으로 만들고 금으로 도금해 매우 귀중하게 보입니다.

9번 진열장에는 대천사 가브리엘 예배당의 성화벽이 통째로 전시되고 있습니다. 1560년대에 제작되었다고 하는데, 그림의 보존 상태가 아주 우수한 편입니다. 예배당에 설치되었던 것이다 보니 성당의 성화벽보다는 규모가 작지만, 기본적인 구성 요소는 비슷합니다.

맨 윗단에는 옥좌에 앉은 성모자 옆에 다윗과 솔로몬이 서 있는 그림이 중앙에 있고, 좌우로 네 명씩의 예언자들이 배치되었습니다. 왼쪽에는 하박국, 예레미야, 모세, 다니엘이, 오른쪽에는 이사야, 미가, 요나, 즈가리야가 배치되었습니다.

선한 강도　길의 인도자 성모　　　　　　　　왕의 문　　　　천사들에 둘러싸인 어린 예수
디스마스

　　그리고 두 번째 단과 세 번째 단은 하나의 그림판에 같이 그려져 있
는 점이 독특합니다. 위에 예수의 일생을 표현한 그림이 있고, 아래에
데이시스가 묘사되어 있습니다.

　　맨 윗단과 두 번째, 세 번째 단의 그림을 확인할 수 있도록 다음 페이
지에서 보여드립니다.

　　맨 아랫단에는 4점의 그림과 왕의 문이 있습니다. 왕의 문에는 다른
성화벽과 마찬가지로 수태고지 장면과 4대 복음서 저자가 그려졌는데,
매우 아름답고 보존 상태가 좋습니다.

　　맨 아랫단을 왼쪽부터 차례로 살펴보자면 '선한 강도 디스마스', '길
의 인도자 성모', '왕의 문', '수태고지', '천사들에 둘러싸인 어린 예수'입
니다.

맨 윗단

| 하박국 | 예레미아 | 모세 | 다니엘 | 옥좌에 앉아 있는 성모자와 그 옆에 서 있는 다윗과 솔로몬 |

두 번째, 세 번째 단

① ② ③ ④ ⑤

이사야 미가 요나 즈가리야

⑥ ⑦ ⑧ ⑨

❶ 예수의 탄생, 기적을 만드는 성 니콜라우스 ❷ 아기 예수의 성전 봉헌, 베드로 ❸ 예수의 세례, 대천사 미카엘
❹ 나자로를 살림, 성모 마리아 ❺ 예루살렘 입성, 예수의 변용, 판토크라토르 예수 ❻ 십자가에서 죽음, 세례자 요한
❼ 지옥으로 내려감, 대천사 가브리엘 ❽ 예수의 승천, 바울 ❾ 성령이 내림, 요한 크리소스톰

십자가에 못 박힌 예수와 두 명의 강도

Lucas Cranach the Younger,
'두 도둑과 함께 십자가에 매달린 예수'

10번 진열장에는 십자가에 못 박힌 예수와 두 명의 강도를 그린 그림이 있습니다.

예수가 십자가형을 선고받고 죽임을 당할 때, 그의 곁에는 두 명의 죄인이 더 있었습니다. 그중에서 디스마스Dismas란 강도는 자신의 죄를 뉘우치고 예수에게 구원을 요청했지만, 게스타스Gestas라는 이름의 다른 강도는 끝까지 예수를 조롱하며 자신의 죄를 반성하지 않았다고 합니다.

예수의 십자가형을 그린 그림을 보면 예수만을 그린 작품이 대부분이지만, 더러 예수 옆에 두 명의 사형수가 함께 있는 그림도 찾아볼 수 있습니다.

다니엘

마지막으로 11번 진열장을 살펴봅시다. 왼쪽부터 '주상柱上 성인 다니엘', '위대한 순교자 게오르기', '테살로니키의 성 드미트리우스', '주상柱上 성인 시메온'의 이콘화가 있습니다.

여기서 말하는 위대한 순교자 게오르기는 모스크바의 수호성인인 게오르기를 말하며, 테살로니키의 성 드미트리우스는 기독교가 공인되기 직전인 303년에 순교하여 테살로니키의 수호성인이 된 인물입니다.

주상 성인Stylites, Pillar Saints, 또는 기둥 은수자隱修者란 초대 교회 시대에 기둥 위에서 수행한 수도자를 일컫는 말입니다. 5세기에서 10세기 사이에 시리아, 메소포타미아, 이집트, 그리스 등지에서 이런 수행자가 많이 나왔다고 합니다.

주상 성인의 시조가 바로 11번 진열장에 이콘으로 남아 있는 시메온Simeon Stylite(390?~459)으로, 안디옥 지역에서 살던 그는 원형 기둥 꼭대기에서 40년 동안이나 지냈다고 전해집니다.

주상 성인 다니엘 역시 15년 동안이나 기둥 위에서 생활하며 수행에 전념했는데, 바실리스쿠스Basiliscus가 제노Zeno 황제를 몰아내고 콘스탄티노플의 총대주교직을 폐지하려고 하자 기둥에서 내려왔다고 합니다. 그가 기둥에서 내려왔다는 사실에 당황한 바실리스쿠스가 자신의 뜻을 철회했다는 이야기가 전하는데, 주상 성인들의 권위가 그 정도로 막강했다는 의미일 것입니다.

11번 진열장   주상 성인 다니엘   위대한 순교자 게오르기   테살로니키의   주상 성인 시메온
성 드미트리우스

수태고지란 무엇인가

러시아 정교회의 성당을 돌아보다 보면, 대천사 가브리엘이 마리아에게 수태고지 하는 장면을 숱하게 볼 수 있습니다. 성화벽의 왕의 문에는 거의 예외 없이 수태고지 장면이 새겨져 있으며, 천장이나 벽에도 같은 장면이 그려져 있기 일쑤이기 때문입니다.

그렇다면 '수태고지受胎告知, Annunciation'란 무슨 뜻일까요?

나사렛 마을에 사는 처녀 마리아는 요셉과 정혼한 사이였습니다. 그런데 결혼을 앞둔 어느 날, 그녀는 난데없는 천사의 방문을 받게 됩니다. 대천사 가브리엘이 그녀를 찾아와 "두려워하지 말라, 마리아여! 그대는 하느님의 은총으로 아기를 가져 아들을 낳을 터이니, 이름을 예수라 하여라. 그 아기는 위대한 분이 되어 지극히 높으신 하느님의 아들이라 불릴 것이다."라고 알려주는 것이었습니다.

처녀였던 마리아로서는 납득하기 어려운 말이었고, 또 두려운 말이기도 했습니다. 당시의 관습에 따르면, 처녀가 임신할 경우 행실이 나쁘다 하여 돌로 쳐 죽이게 되어 있었기 때문입니다.

그러나 신심이 깊었던 마리아는 "하느님께서 하시는 일이라면 순종하겠습니다."라고 말한 뒤 순순히 받아들였다고 합니다.

Jacopo Tintoretto, '수태고지'
수태고지 하는 가브리엘의 말을 들으며 놀라는 마리아

Bartolomé Esteban Murillo, '수태고지'
수태고지 하는 가브리엘의 말을 다소곳한 자세로 듣는 마리아

Andrea del Sarto, '수태고지' ❶　　Leonardo da Vinci, '수태고지' ❷

Paris Bordone, '수태고지' ❸　　Peter Paul Rubens, '수태고지' ❹

❶ 우물가로 보이는 곳에 서 있는 마리아에게 가브리엘이 찾아와 수태고지 하는 장면
❷ 실을 잣는 마리아에게 가브리엘이 찾아와 수태고지 하는 장면
❸ 실을 잣는 물레를 옆에 둔 채 책을 읽고 있는 마리아에게 가브리엘이 찾아와 수태고지 하는 장면
❹ 책을 읽고 있는 마리아에게 가브리엘이 찾아와 수태고지 하는 장면

대천사 가브리엘이 마리아를 찾아와 "하느님의 은총으로 임신하게 될 것이다."라고 알린 것을
수태고지라고 합니다. '성모영보聖母領報'라고도 하지요.

이 사건은 기독교에서 매우 중요하게 생각하는 일이므로, 수태고지 하는 장면The Annunciation을
많은 화가들이 작품으로 남겼습니다. '수태고지'가 하나의 독립된 회화 장르가 될 정도입니다.
그런데 수태고지 하는 장면을 보면, 마리아가 순종적인 태도로 가브리엘의 말을 받아들이는 경
우도 있고, 매우 당혹스러운 태도를 보이는 경우도 있습니다. 마리아의 신앙심과 당혹감을 짐작
할 수 있는 일입니다.

마리아에 대한 수태고지는 두 차례에 걸쳐 이루어진 것으로 봅니다. 처음에는 우물가에서 천사
가 말소리만으로 마리아에게 수태 사실을 알리고, 다음에는 집에 돌아가 실을 잣는 마리아에게
가브리엘이 나타나 같은 내용을 알려주었다고 합니다.

말소리만으로 수태고지 하는 것은 그림으로 표현하기 난감했던지, 우물가에서의 수태고지를 표
현한 작품은 드문 편입니다. 그 대신 집 안에서 실을 잣는 마리아에게 가브리엘이 찾아온 장면
을 그린 작품은 더러 찾아볼 수 있는데, 그보다 더 흔한 것은 책을 읽고 있는(혹은 책을 들고 있
는) 마리아에게 가브리엘이 수태고지 하는 장면을 그린 그림입니다.

수태고지 하는 장면을 그린 그림은 삼위일체가 나타나는 경우와 그렇지 않은 경우로 나눌 수도 있습니다. 가브리엘의 뒤(혹은 위)에 하느님과 비둘기(성령을 상징)가 보이고, 마리아의 몸으로 한 줄기 빛이 들어가도록 그린 작품은 삼위일체가 표현된 것으로 봅니다. 왜냐하면 성령이 빛의 형태로 마리아의 몸으로 들어가 성자 예수가 잉태되는 것을 의미하기 때문입니다. 때로는 하느님의 모습은 보이지 않고 비둘기만 보이는 경우도 있는데, 성부와 성자와 성령이 하나의 위격을 갖는다는 점을 고려한다면 그런 경우도 화가가 삼위일체를 표현했다고 볼 수 있을 것입니다.

반면, 하느님이나 비둘기의 모습이 전혀 보이지 않는 작품은 순수하게 가브리엘이 잉태 사실만 알려주는 경우라고 봐야 하겠지요.

수태고지 장면을 그린 그림에서 눈여겨볼 점이 한 가지 더 있습니다. 바로 흰 백합꽃이 함께 그려진다는 점입니다. 가브리엘이 들고 있을 때도 있고, 마리아 곁에 놓여 있을 때도 있지만, 백합꽃은 빼놓을 수 없는 소재입니다. 이때의 백합은 마리아의 순결을 의미하며, 그녀가 동정녀로서 예수를 낳는다는 사실을 암시하는 장치이지요.

마지막으로, 정혼녀가 결혼하기도 전에 임신했다는 사실을 알게 된 요셉의 심정은 어땠을까요? 그는 성품이 온화하고 관대한 사람이었으므로 마리아를 이해하려고 했다 합니다. 사랑하는 남자가 따로 있어서 그의 아이를 임신한 것으로 생각한 나머지, 조용히 파혼하려고 했다는 것이지요. 그러나 천사가 나타나 "마리아는 하느님의 뜻에 따라 성령으로 잉태한 것이니 파혼하지 말라."고 하자 그 뜻을 좇아 마리아와 결혼했으며, 예수의 보호자로서 최선을 다해 양육했다고 합니다.

Alejo Fernández, '수태고지' ❶

Giovanni Bellini and workshop, '성모에게 수태고지 하는 천사' ❷

Alessandro Allori, '수태고지' ❸

Juan Correa de Vivar, '수태고지' ❹

❶ 삼위일체가 표현된 가운데 가브리엘이 수태고지 하는 장면
❷ 가브리엘이 수태고지 하는 상황만이 표현된 장면
❸ 수태고지 하는 가브리엘의 손에 들려 있는 백합꽃
❹ 수태고지를 듣는 마리아 옆에 놓여 있는 백합꽃

3장

대천사 성당
The Archangel Cathedral
Архангельский Собор

왕실 가족이 잠들어 있는 대천사 성당 1

대천사 성당The Archangel Cathedral의 역사를 살펴보면, 1333년에 모스크바 대공이었던 이반 1세가 현재의 자리에 작은 성당을 세운 뒤 자신이 죽으면 거기에 장사지낼 것을 유언한 것이 최초의 기록입니다. 이반 1세는 모스크바를 사실상 러시아의 정치 및 종교 수도로 만든 인물로, 모스크바 역사에서는 중요하게 여겨집니다. 그는 1340년에 사망한 후 소원대로 자신이 세운 성당에 묻혔습니다. 지금도 대천사 성당 남쪽 문 옆에 그의 관이 놓여 있고, 그의 이콘화가 관 옆에 그려져 있는 것을 볼 수 있지요.

자신의 관 옆에 벽화로 그려진 이반 1세(왼쪽)

이반 1세가 세운 작은 성당은 1505년에 새로운 변화를 맞게 됩니다. 이반 3세가 이탈리아 출신의 건축가 알레비시오 노비Alevisio Novi를 불러 웅장한 규모의 새 성당으로 고쳐 짓도록 명령했기 때문입니다.

그는 이탈리아 출신답게 당시 크게 유행하던 르네상스 양

Apollinary Vasnetsov가 그린 이 그림을 보면 르네상스 양식의 조개 문양 다락벽이 보인다. 이것은 대천사 성당에서 볼 수 있는 특이한 건축 요소이다. 성모 승천 성당(1479년)과 수태고지 성당(1489년)이 이미 완공된 것을 볼 수 있다.

식을 건축에 반영했는데, 특히 외관에서 그 점을 확인할 수 있습니다. 그 당시의 공사 장면이 그림으로 남아 있어 상황을 짐작하게 합니다.

현재 우리가 보는 대천사 성당이 완공된 것은 1508년의 일로, 공사를 명령했던 이반 3세는 세상을 떠나고 그의 아들인 바실리 3세가 완공을 지켜보았지요. 이때 여러 곳에 흩어져 있던 러시아 공국 공후들의 유골을 옮겨왔으며, 그 이후로 이 성당은 대공과 차르의 묘지로 사용됩니다. 물론 이반 3세와 바실리 3세도 이곳에 잠들어 있습니다.

1564~1565년 이반 4세는 성당 내부를 프레스코화로 화려하게 장식하도록 합니다. 그리고 1652~1666년에는 시몬 우샤코프Simon Ushakov를 중심으로 한 러시아 성화 화가들이 성화들을 새로 제작했고, 1679~1682년에는 프레임 형식의 새 성화벽을 제작하는 등 현재 대천사 성당의 이콘화는 여러 단계에 걸친 작업을 통해 완성된 것입니다.

대천사 성당의 외관 ②

크렘린 안에 있는 성당들은 정교회 건물 특유의 쿠폴이 눈길을 끄는데, 대천사 성당은 성모 승천 성당과 같이 다섯 개의 쿠폴로 이루어져 있습니다. 다만 성모 승천 성당의 다섯 개 쿠폴이 모두 황금색인 데 비해, 대천사 성당은 4대 복음서 저자에 해당하는 쿠폴은 은색을 띠고 있는 게 다릅니다.

출입문으로 사용되는 서쪽 문 위에는 최후의 심판 프레스코화가 그려져 있습니다. 성모 승천 성당의 서쪽 벽에서 본 것과 흡사한 형태입니다. 위에서부터 데이시스(심판자 예수에게 청원하는 성모 마리아와 세례자 요한 및 천사들), 속죄를 비는 아담과 이브, 죽은 자의 영혼을 저울에 다는 대천사 미카엘의 모습이 차례로 보입니다.

러시아 전통 양식을 충실히 따른 성모 승천 성당이나 수태고지 성당과는 달리 대천사 성당의 외관은 세부적인 장식 요소(예를 들어 서쪽 출입문 위 아치 장식이나 북쪽 문 아치 전체)에서 독특한 분위기를 풍깁니다.

그리고 지붕 쪽 조개 문양의 다락벽은 러시아 정교회 성당에서는 보기 힘든 특이한 형태입니다. 이는 이탈리아 르네상스의 영향을 받은 것으로, 대천사 성당의 독특한 아름다움을 배가시키는 역할을 합니다.

조개 문양 다락벽

대천사 성당의 쿠폴

데이시스

대천사 미카엘

최후의 심판 프레스코화가 그려진 서쪽 문

르네상스 양식의 아치가 있는 북쪽 문

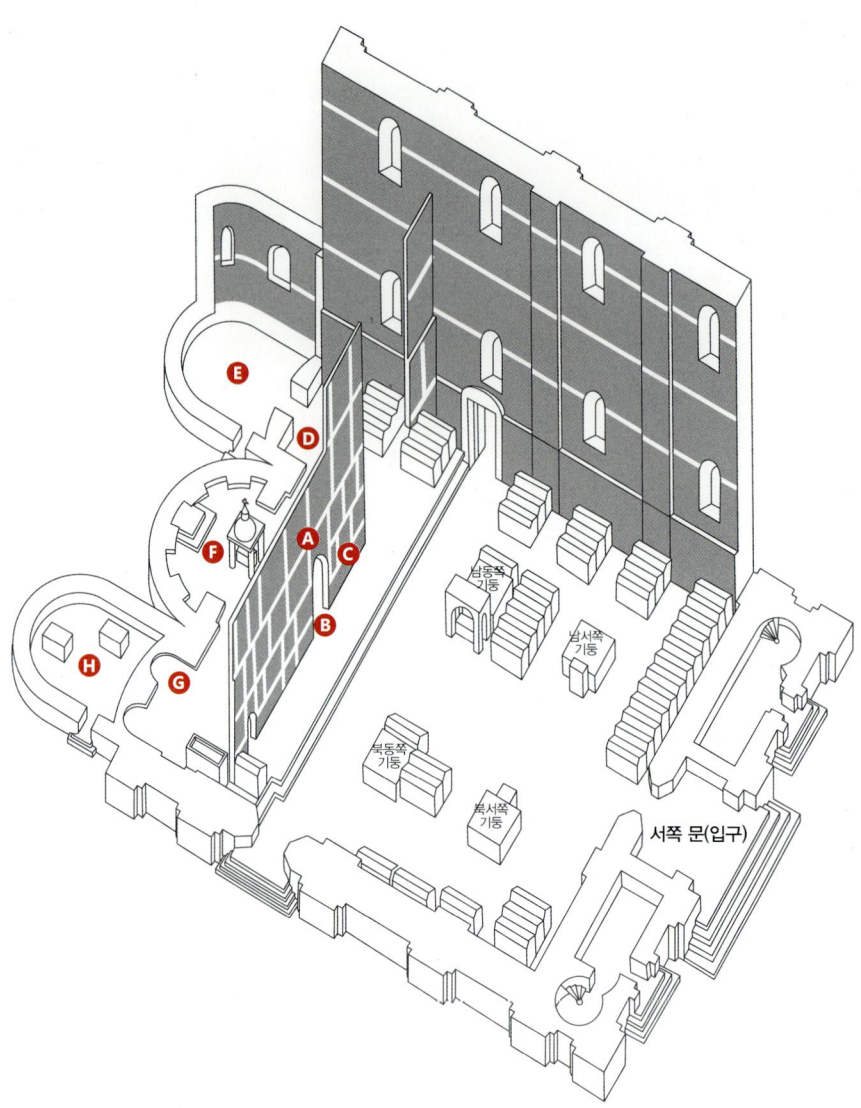

산동쪽
기둥

남서쪽
기둥

북동쪽
기둥

북서쪽
기둥

서쪽 문(입구)

Ⓐ 성화벽
Ⓑ 왕의 문
Ⓒ 주제 성화 '미카엘 천사장과 천사들의 행진'
Ⓓ 성물 보관실

Ⓔ 세례자 요한 예배당
Ⓕ 주 제단
Ⓖ 성찬 준비실
Ⓗ 성 바루스 예배당

대천사 성당의 성화벽 ③

대천사 성당의 외관을 살펴본 다음, 서쪽 문을 통해 안으로 들어서면 정면으로 성화벽이 보입니다. 러시아 정교회 성당의 일반적인 구조를 따른 것이지요.

대천사 성당의 성화벽도 다른 성당들과 비슷한 성화 배치를 보입니다. 첫째 단에 성모자와 예언자들, 둘째 단에 심판자인 예수를 중심으로 한 데이시스, 셋째 단에 예수의 일생을 주제로 한 그림을 배치했으며, 맨 아래에는 러시아 사람들에게 공경받는 이콘화를 배치했습니다.

성모자와 예언자들

데이시스

예수의 일생

러시아 사람들에게 공경받는 이콘화

대천사 성당의 성화벽

성모자, 다윗과 솔로몬, 그리고 예언자들

성화벽 첫 번째 단에는 예언자들이 그려져 있습니다. 옥좌에 앉아 있는 성모자The Mother of God Enthroned 좌우로 다윗(왼쪽)과 솔로몬(오른쪽)이 서 있는데, 두 사람은 부자간父子間이므로 아버지인 다윗은 나이 든 모습으로, 아들인 솔로몬은 젊은 모습으로 묘사되었습니다.

다윗David은 이스라엘의 두 번째 왕이었습니다. 첫 번째 왕이었던 사울 당시, 이스라엘은 이웃 나라 필리스티아Philistia의 거인 장수 골리앗Goliath 때문에 몹시 괴로운 지경이었습니다. 그때 소년 다윗이 돌팔매로 골리앗을 물리치고 일약 민족의 영웅으로 떠올랐으며, 그 일로 민심을 얻어 훗날 사울의 뒤를 이어 이스라엘의 왕이 되지요. 사울이 다윗을 질시하여 죽이려 했을 때 그의 아들 요나단이 꾀를 내어 목숨을 구해주

다윗 왕   옥좌에 앉아 있는 성모자   솔로몬 왕

는 이야기가 『구약성서』의 〈사무엘 상〉편에 실려 있습니다.

다윗보다 나이가 많았던 요나단Jonathan은 다윗을 진심으로 아껴 의형제를 맺었으며, 자신의 아버지가 다윗을 죽이려 하는 것을 눈치채고는 달아날 수 있도록 합니다. 그는 다윗에게 "여호와께서 이 땅 위에서 자네의 원수들을 모조리 끊어 버리시는 날에도 내 집안과의 의리를 끊지 말고 지켜 주게."라고 간곡히 부탁한 뒤, 세 개의 화살을 통한 암시로 다윗이 목숨을 구할 수 있도록 돕습니다.

그는 다윗과 함께 어느 벌판으로 간 다음, "만약 내 아버지가 자네를 죽이려 하는 게 분명하다면 내가 모레 시종을 데리고 이곳에 와서 세 개의 화살을 쏘겠네. 내가 만약 그에게 '네 앞쪽에 있는 화살을 가져오너라.' 하면 자네가 위험하다는 뜻이니 멀리 떠나도록 하게."라고 알려 줍니다. 요나단은 다윗의 목숨을 살려준 일로 인해 사울 왕의 분노를 사게 되지만, 다윗은 안전한 곳으로 몸을 피할 수 있었지요.

훗날 사울과 요나단이 블레셋과의 싸움에서 전사했을 때 다윗은 '활의 노래'를 지어 두 사람의 죽음을 애도했는데, '내 형 요나단이여, 내가 애통해하는 것은, 그대는 내게 심히 아름다운 존재이기 때문임이라. 그대가 나를 사랑함이 기이하여 여인의 사랑보다 더 하였도다.'라는 구절에 요나단을 잃은 다윗의 슬픔이 잘 표현되어 있습니다.

Frederic Leighton, '다윗을 위한 요나단의 암시'

다윗은 왕으로서는 탁월한 업적을 남겼지만, 부하인 우리야Uriah의 아내 밧세바Bathsheba를 보고 한눈에 반한 나머지 우리야를 죽음으로 내모는 악행을 저지릅니다. 우리야가 죽은 뒤 다윗은 밧세바를 아내로 맞았지만, 하느님의 노여움을 사서 첫 번째로 태어난 아들을 잃게 되지요.

자신의 잘못을 깊이 뉘우치고 하느님께 용서를 구한 다음에야 현명한 아들 솔로몬을 얻을 수 있었습니다.

솔로몬Solomon은 다윗과 밧세바 사이에서 태어났습니다. 이스라엘의 세 번째 왕이며, 이스라엘 역사상 가장 강력하면서도 현명했던 왕으로 칭송받고 있습니다. 문학적인 능력도 탁월하여 〈시편〉, 〈잠언〉 등이 그의 작품이라고 합니다.

Franz Caucig, '솔로몬의 판결'

다니엘　이사야　요나　모세　즈가리야

　그의 현명함을 알려주는 가장 대표적인 사례로, 한 아이를 두고 두 여자가 서로 자신의 아기라고 주장할 때 명쾌한 판결로 진짜 엄마를 가려낸 일을 꼽을 수 있습니다.

　하느님으로부터 더없는 축복을 받고 더할 나위 없는 부귀영화를 누렸지만, 말년에 사치와 우상 숭배에 빠졌던 것을 기독교도들은 오점으로 생각합니다.

　다윗 옆에는 왼쪽부터 차례로 예언자들인 다니엘, 이사야, 요나, 모세, 즈가리야가 그려져 있습니다.

　다니엘Daniel은 '바빌론 유수Babylonian Captivity(BC 597~BC 538년에 유대인들이 바빌론으로 포로가 되어 끌려간 사건)' 때 바빌론으로 끌려갔습니다. 그는 네부카드네자르 왕의 궁정에서 일하던 중, 왕의 꿈을 해몽해주고 신임을 얻게 되었으나 이교도의 황금 우상에 절하기를 거부하여 곤욕을 치릅니다.

Peter Paul Rubens, '사자굴의 다니엘'

사자 굴에 던져진 다니엘이 신에게 기도하고 있고, 사자들은
다니엘을 해칠 생각을 포기한 듯하다.

다니엘은 훗날 페르시아 제국의 다리우스 왕으로부터 똑같은 명령을 받았을 때 거부하였다가 사자 굴에 던져지는 벌을 받게 됩니다. 물론 하느님은 신앙심이 깊은 다니엘의 목숨을 구해주는데, 이 장면은 매우 흥미로운 일화이므로 많은 예술가들이 작품의 소재로 삼았습니다.

그는 사자 굴에서 살아난 이야기 외에도 재미있는 일화에 등장하는데, 하나는 바빌로니아 왕 벨사살Belshazzar과 관련 있습니다. 오만한 벨사살이 유대 성전에서 약탈해온 술잔에 술을 따라 마시며 잔치를 벌일 때, 허공에 의미를 알 수 없는 글자가 나타나 두려움에 떨게 됩니다. 그때 불려와 그 뜻을 해석한 것이 바로 다니엘이었지요. 다니엘은 바빌로니아가 페르시아에게 정복당하고 벨사살은 죽음을 맞게 되리라고 예언했는데, 그 날 밤 그대로 이루어졌다고 합니다.

다른 하나는, 정숙한 여인 수산나가 음흉한 장로들의 모함에 빠져 간음죄로 처벌받게 되었을 때 공정한 판결로 수산나의 목숨을 구해준 일화입니다. 수산나가 목욕하는 장면을 보고 음욕을 느낀 장로들이 그녀를 유혹하다가 실패하자 그녀가 간통하는 장면을 보았다고 고발하였는데, 현명한 다니엘이 장로들을 심문한 끝에 그녀의 무죄를 밝혀주었다는 이야기입니다. 이 일화는 여인의 벗은 몸을 그려도 되는 매혹적인 소재였기에 인체의 아름다움을 탐구하던 예술가들이 즐겨 다뤘습니다.

Maarten van Heemskerck,
'이사야의 예언' ❶
Pieter Lastman, '요나와 고래' ❷

❶ 이사야가 유대 백성이 노예 생활에서 풀려나 고향으로 돌아올 거라고 예언하고 있다.
❷ 고래 뱃속에서 다시 살아나오는 요나의 이야기는 부활에 대한 기대감을 갖는 사람들에게 매력적인 주제였다.

이사야Isaiah는 BC 8세기경에 활동한 이스라엘의 예언자로, 그가 쓴 책은 사람들의 부도덕함을 꾸짖고 회개하지 않을 경우 장차 불행이 닥칠 것임을 경고하는 내용으로 가득 차 있습니다.

그는 '처녀가 잉태하여 아들을 낳을 것'이라고 말했는데, 기독교도들은 이 말을 예수의 탄생을 예언한 것이라고 보아 그를 구약 시대의 가장 위대한 예언자로 생각합니다.

BC 8세기 무렵에 활동한 예언자인 요나Jonah는 고래 뱃속에 들어갔다가 살아서 나온 일화로 유명한 인물입니다.

하느님은 요나에게 아시리아의 수도인 니네베로 가서 이교도들을 개종시키라고 명했습니다. 그러나 요나는 겁이 나서 도망치기로 하고 타르시스로 가는 배에 올라탑니다. 그런데 배가 항구를 출발하자마자 폭풍우가 몰아쳐 위험에 빠지게 되고, 뱃사람들은 제물로 바칠 사람을 제비뽑기로 정하자고 합니다. 그때 제비뽑기에 뽑힌 사람이 요나였지요.

바다에 던져진 요나는 고래에게 잡아먹혔지만, 그 안에서 자신의 잘못을 뉘우치고 하느님에게 용서를 빌자 고래가 그를 토해냈다고 합니다. 구사일생으로 목숨을 구한 요나는 하느님의 명을 좇아 니네베로 가서 사람들을 회개시켰다고 하지요.

그가 고래 뱃속에 들어갔다가 되살아난 이야기를 예수의 부활과 연관 지어 생각하는 사람들이 많았고, 부활을 바라는 사람들은 장례 미술에 즐겨 활용하였습니다.

Ferdinand Bol, '십계명을 들고 시나이산을 내려오는 모세'

이스라엘의 종교적 지도자이자 민족적 영웅인 모세Moses는 시나이산에서 하느님으로부터 십계명을 받아온 사람입니다. 십계명은 기독교도에게 가장 중요한 계명이지요.

이집트에서 노예 생활을 하던 유대인 가정에서 태어난 모세는 유대인 사내아이는 모두 죽이라는 파라오의 명령을 피하여 나일강에 버려지는 신세가 되었습니다. 그때 그를 구한 것은 이집트의 공주였지요. 그의 이름 모세는 '물에서 건진 아이'라는 뜻입니다.

공주의 아들로 입양되어 궁에서 자라던 모세는 뒤늦게 자신의 신분을 알게 되었고, 유대인을 학대하는 이집트 관리를 죽인 뒤 사막으로 몸을 피했다고 합니다.

80세 되던 해 호렙산에서 유대 민족을 파라오의 압제에서 해방시켜 가나안 땅으로 가라는 하느님의 명령을 듣고 형 아론과 함께 여러 우여곡절을 겪으며 이집트 땅을 탈출하지만, 가나안 땅으로 가는 여정은 고생의 연속이었습니다. 모세 일행은 40년의 유랑 생활 끝에 가나안이 보이는 곳에 도착했지만 그는 느보산에서 사망하고, 유대인을 이끌고 가나안에 들어간 것은 모세의 후계자인 여호수아였습니다.

성서 속에는 즈가리야Zechariah(혹은 스가랴)란 이름을 가진 여러 인물이 등장합니다. 그중에서 대천사 성당 성화벽에 그려진 즈가리야는 아마도 〈즈가리야〉 서의 저자를 가리키는 것으로 보이는데, 이 책에는 예수의 수난과 관련된 예언으로 해석할 수 있는 구절이 여러 군데 있습니다. 특히 예루살렘이 '겸손하시어 나귀를 타신 왕'을 영접하게 되리라고 예언했는데, 예수가 유월절을 맞아 나귀를 타고 예루살렘에 입성함으로써 그 예언이 실현된 것으로 봅니다. 또한 '은화 30개를 품삯으로 받게 된다.'는 구절은 유다가 예수를 배반한 대가로 받는 은화 30냥과 연관 짓고, '내 목자를 치면 양이 흩어지리라.'라는 구절은 예수가 체포되자 제자들이 흩어진 상황과 연관 짓기도 합니다.

Michelangelo Buonarroti, '예언자 즈가리야'
(바티칸의 시스티나 예배당 천장)

솔로몬 옆으로는 왼쪽부터 오른쪽으로 아론, 엘리야, 엘리사, 예레미야, 하박국이 그려져 있습니다.

아론Aaron은 모세의 형으로, 유대 백성을 이집트에서 탈출시킬 때 함께 행동했습니다. 『구약성서』의 〈출애굽기〉에 따르면, 모세가 말을 더듬기 때문에 하느님의 명령을 파라오에게 전한 건 아론이었다고 합니다. 모세가 시나이산에서 십계명을 받을 때, 사람들의 요구에 따라 황금 송아지를 만들고 거기에 경배하도록 하였으나, 나중에 잘못을 깨닫고 회개했기에 하느님의 용서를 받았다고 하지요. 이스라엘 최초의 제사장이었으며, 그의 자손들이 대대로 제사장을 맡는 영예를 누렸다고 합니다. 이슬람교에서도 그를 하룬Harun이라 부르며 선지자의 한 사람으로 존경하는 것을 보면, 제사장으로서의 그의 역할이 중요했음을 알 수 있습니다.

Nicolas Poussin, '황금 송아지를 숭배함'

모세가 시나이산에 올라 하느님으로부터 십계명을 받을 때, 기다리다 지친
사람들은 황금 송아지를 만들어 숭배한다. 이 일을 승낙한 이가 아론으로,
그림 속의 흰 옷 입은 이가 아론으로 보인다.

Juan de Valdés Leal, '엘리야의 승천'

불말들이 끄는 불마차를 타고 승천하는 엘리야와 그런 스승을
바라보는 제자 엘리사

엘리야Elijah는 바알 신Baal(유대 백성들이 하느님 대신 섬기던 신으로, 우상을
의미함)을 섬기던 아합 왕과 이세벨 왕비와 대결하여 하느님의 권능을
보여준 일로 유명합니다. 오랜 가뭄으로 민심이 흉흉해졌을 때, 수백
명의 바알 신도들과 교리 대결을 벌여 굴복시키고 바알 선지자들을 처
형한 일로 왕의 분노를 사 목숨이 위태로웠지만 황야로 피신하여 위기
를 넘기기도 했습니다.

그의 최후는 매우 극적인데, 죽은 게 아니라 불말들이 끄는 불마차를
타고 하늘나라로 올라갔다고 합니다.

엘리사Elisha는 엘리야의 제자이며, 스승이 하늘나라로 올라간 뒤 제
사장의 역할을 수행했습니다. 하느님은 엘리야에게 엘리사를 후계자로
삼을 것을 명하였고, 엘리야는 밭을 갈던 엘리사에게 자신을 겉옷을 주

Jan Massijs, '엘리사를 선택함'

어 선지자로 선택되었음을 알게 했다고 합니다. 그는 많은 예언과 기적
을 보였으며, 엘리야가 하늘로 올라갈 때 현장에 있었으므로 그 상황을
그린 그림에 함께 나타납니다.

『구약성서』에 등장하는 여러 예언자들 중에서도 특히 위대한 예언자
로 손꼽히는 예레미야Jeremiah는 '흐느끼는 선지자'라는 별칭을 갖고 있
습니다. 유대인이 타락을 멈추지 않으면 파멸하고 말리라는 예언을 전
하며 눈물 흘렸고, 그의 저서 〈애가哀歌〉는 바빌로니아에 의해 파괴되
는 예루살렘의 운명을 슬퍼하는 내용이기 때문입니다.

그의 예언대로 이스라엘은 바빌로니아에게 정복당하고, 유대인들은
이집트로 피난 간 뒤 오랜 세월 동안 노예 상태로 지내게 됩니다. 예레
미야도 이집트로 갔다가 동포들이 던진 돌에 맞아 죽었다고 합니다. 타
락한 삶을 꾸짖으며 하느님의 가르침대로 올바르게 살라고 설교하는
그를 유대인들은 미워했던 것입니다.

미켈란젤로가 바티칸 시스티나 예배당 천장에
그린 그림 속에서도 예레미야는 깊은 고뇌에
빠진 모습을 하고 있다.

천사가 음식을 든 하박국을 인도하여 다니엘이 갇혀 있는
사자 굴로 가고 있다.

하박국Habakkuk은 BC 600년경에 예루살렘 신전에서 제사장이자 예언
자로 활동한 인물로, 『구약성서』〈하박국〉의 저자입니다. 그에 관한 이
야기는 별로 전하는 것이 없는데, 다니엘과 관련된 일화에 인상적으로
등장합니다.

하루는 하박국이 음식을 만들고 있는데 천사가 나타나 바빌론의 사
자 굴에 갇혀 있는 다니엘에게 음식을 가져다주라고 했습니다. 두 장소
는 매우 멀기 때문에 음식을 들고 가기 어려운 상황이었지요. 그러나
천사는 하박국을 단숨에 다니엘이 있는 사자 굴로 옮겨주었고, 음식을
전해주자 다시 순식간에 원래의 자리로 데려다주었다고 합니다.

하박국이 그의 저서를 통해 전하는 메시지는, 악인은 득세하는 것 같
으나 언젠가는 신의 심판을 받을 것이고, 의인은 믿음으로 말미암아 겸
국엔 구원을 받게 되리라는 것이었습니다.

〈하박국〉의 전반부는 갈데아Chaldea(바빌론 제국의 중심 영토)에 의해 주
변 나라들이 정복당하리라는 예언이고, 후반부는 기도와 찬양을 감동
적인 서정시로 표현한 것입니다.

데이시스

데이시스에 관해서는 앞에서 설명했습니다. 최후의 심판의 날에 성모 마리아와 세례자 요한이 심판자인 예수에게 죄인들을 용서해 달라고 간청하는 구도의 성화를 데이시스라고 합니다.

대천사 성당의 성화벽 두 번째 단에 그려진 데이시스는 중앙에 우주의 지배자인 예수Christ in Majesty가 심판자답게 당당한 태도로 앉아 있고, 왼쪽에는 신의 어머니The Mother of God인 마리아와 대천사 미카엘이, 오른쪽에는 선구자 성 요한St. John the Precursor(세례자 요한을 말함)과 대천사 가브리엘이 배치되었습니다.

또한 그들 옆에 예수의 제자들이 배치된 것도 앞서 본 다른 성당들의 성화벽과 같은데, 이는 니콘 총대주교의 뜻에 따라 성화벽의 구성 양식이 통일되었기 때문입니다.

대천사 미카엘 신의 어머니인 마리아   우주의 지배자인 그리스도   선구자 성 요한   대천사 가브리엘

| 시몬 | 안드레아 | 요한 | 베드로 | 바울 | 마태 | 유다 | 야고보 |

대천사 성당 데이시스 칸에는 예수의 열두 제자 중 여덟 명이 그려졌습니다. 맨 왼쪽에는 열성당원이라고 불린 시몬Simon the Zealot, 베드로의 동생이자 예수로부터 첫 번째로 부름을 받은 안드레아St. Andrew the First-Called, 신학자이자 〈요한복음〉의 저자인 요한St. John the Theologian, 예수의 수제자인 베드로The Apostle Peter가 배치되어 있습니다.

그리고 데이시스 오른쪽에는 예수 생전의 열두 제자에 속하지는 않지만 베드로와 함께 순교하여 사도로 불리는 바울The Apostle Paul, 〈마태복음〉의 저자인 마태The Apostle Matthew, 타대오라는 이름으로 더 알려진 유다The Apostle Jude, 사도 요한과 형제간인 큰 야고보The Apostle Jacob가 배치되어 있습니다.

여기서는 여덟 명의 사도들이 어떤 활동을 했으며, 어떻게 순교하였는지 알아봅시다.

예수의 제자 중에는 시몬이라는 이름을 가진 사람이 둘 있었습니다. 수제자인 베드로의 본명이 시몬이었고, 열성당원이라고 불리는 시몬이 있었지요. 대천사 성당 두 번째 단 맨 왼쪽에 자리 잡은 이는 그중에서 후자인 열성당원(혹은 혁명당원) 시몬입니다.

로마 제국으로부터의 독립을 주장하며 과격한 행동도 서슴지 않았던 그는 강력한 힘을 가진 메시아의 등장을 고대하였으므로 예수를 메시아로 인정하는 데 거부감을 가졌다고 합니다. 그러다가 예수의 설교에 감화되고 기적을 목격하면서 예수의 제자가 되었지요.

예수의 죽음 후 유다 타대오와 함께 페르시아 지역으로 가서 선교하다가 이교도들에게 목숨을 잃었는데, 톱으로 몸이 잘려 죽었으므로 그의 상징물은 톱입니다.

안드레아는 베드로의 동생이며, 러시아에 최초로 복음을 전파한 사람이므로 러시아 전역에서 숭배의 대상이 되고 있습니다. 처음에는 세례자 요한의 제자였는데 스승이 예수에게 세례를 베풀며 사람들에게 "이 분은 세상의 죄를 없애기 위해 오신 하느님의 어린 양이십니다."라고 하는 걸 듣고 관심을 가져 제자가 되었다고 합니다.

성령 강림 후 다른 제자들과 마찬가지로 스승의 가르침을 선하기 위해 선교 활동을 하다가 로마 제국의 속주인 마케도니아 지역에서 순교한 것으로 알려졌습니다. 그는 X자 모양의 십자가에 매달려 죽었으므로 그것이 그의 상징물이 되었습니다.

Peter Paul Rubens, '성 시몬'
톱을 들고 있는 시몬

Peter Paul Rubens, '성 안드레아'
X자형 십자가를 갖고 있는 안드레아

Peter Paul Rubens, '성 요한'
술잔을 들고 있는 요한

요한은 큰 야고보의 동생이며, 〈요한복음〉의 저자입니다. 복음서 저자로서는 독수리와 함께 있는 모습으로 표현되며, 술잔을 들고 있는 모습(요한을 죽이려고 독이 든 잔을 주었는데, 요한이 그 잔을 축복하자 독이 뱀으로 변했다는 일화에서 유래함)도 자주 볼 수 있습니다.

예수 생전에 특별한 사랑을 받은 듯 중요한 사건마다 스승의 곁을 지킨 기록이 있으며, 예수가 십자가에서 죽을 때도 그 자리에 있었습니다. 예수는 요한에게 어머니 마리아를 보살펴 달라고 부탁하였고, 요한은 스승의 당부대로 평생 마리아를 모셨다고 합니다.

예수의 제자들 중에서 유일하게 순교하지 않았으며, 〈요한복음〉 외에도 〈요한계시록〉을 남겼습니다.

베드로는 예수의 수제자였으며, 스승으로부터 천국의 열
쇠를 받았다 하여 손에 열쇠를 들고 있는 모습으로 표현되
는 경우가 많습니다. 동생 안드레아의 권유로 예수의 제자
가 되기 전까지는 갈릴리 호수에서 어부 생활을 했다고 합
니다. 그의 본명은 시몬이며, '베드로'라는 이름은 예수가
'반석'이라는 의미로 지어준 것입니다.

예수의 죽음 후 교회의 새로운 지도자가 되었으며, 가톨
릭에서는 그를 초대 교황으로 여깁니다. 사도 바울과 함께
네로 황제 당시 로마에서 순교하였습니다.

Peter Paul Rubens, '성 베드로'
열쇠를 들고 있는 베드로

바울은 예수 생전의 제자는 아니었습니다. 오히려 기독교
도들을 탄압하던 로마 귀족 출신이었다고 합니다. 그런 그가 다마스쿠
스로 가던 길에 강한 빛을 보고 크게 놀란 나머지 회심하여 기독교로
개종하였다는 이야기는 유명합니다.

예수의 열두 제자를 표현해야 할 경우, 스승을 배신한 가리옷 유다를
넣기 곤란하므로 그 자리에 바울을 넣는 경우가 많습니다. 특히 그는
네로 황제 당시 베드로와 함께 로마로 선교하러 갔다가 함께 순교하였
으므로 나란히 표현되는 경우가 많습니다. 기독교도라는 이유로 순교
할 당시, 로마 시민권자가 아니었던 베드로는 십자가형을 선고받았지
만 그는 시민권자였으므로 참수형을 당했습니다. 그래서 베드로는 거
꾸로 된 십자가(감히 스승과 같은 자세로 죽을 수 없다며 본인이 자청하였다 함)
에 매달린 모습으로 순교 장면이 그려지는 반면, 바울은 긴 칼을 들고
있는 모습으로 표현됩니다.

Peter Paul Rubens, '성 바울'
긴 칼을 들고 있는 바울

Peter Paul Rubens, '성 마태'
도끼창을 들고 있는 마태

El Greco, '사도 유다'

마태는 예수의 제자이자 〈마태복음〉의 저자입니다. 복음서 저자로서는 천사와 함께 표현되고, 본디 세리 출신이었기 때문에 돈 상자(혹은 돈주머니)와 함께 표현되기도 합니다.

유대인 사회에서 천한 직업으로 여겨지던 세리 출신으로 재물 모으기에 급급했던 그는 예수의 제자가 된 뒤 개과천선하여 선한 생활을 하려고 노력했으며, 성령 강림을 경험한 후 에티오피아 지역으로 선교하러 갔다가 순교한 것으로 알려졌습니다. 도끼창을 들고 있는 모습으로 표현되는 경우가 많은 것으로 보아 도끼창에 맞아 순교하지 않았는가 짐작됩니다.

유다 타대오는 작은 야고보의 형제이며, 예수를 배신한 가리옷 유다와는 다른 인물입니다. 그의 행적에 관해서는 성서에 별다른 언급이 없으며, 성령 강림 사건 후 시몬과 함께 페르시아 지역에 가서 선교하다가 목숨을 잃은 것으로 기록되어 있습니다. 도끼창과 함께 표현되는 경우가 많아 도끼창에 맞아 순교한 것이 아닐까 짐작하지만 명확하지는 않습니다.

Peter Paul Rubens, '성 야고보'
순례자를 상징하는 지팡이를 들고 있는 큰 야고보

예수의 제자 중에 야고보란 이름을 가진 이가 둘 있습니다. 편의상 그들을 큰 야고보와 작은 야고보로 나누기도 하고, 세베대의 아들 야고보와 알페오의 아들 야고보로 나누기도 합니다. 그 둘 중 예수의 생전 행적에 자주 등장하는 이는 큰 야고보이며, 그는 〈요한복음〉의 저자인 사도 요한과 형제간입니다. 갈릴리 호수에서 어부 생활을 하다가 동생 요한과 함께 예수의 제자가 되었다고 합니다.

성미가 급해 예수로부터 '우뢰의 아들'이라는 별명을 받았던 그는 급한 성미 때문이었는지는 몰라도 예수의 제자들 중에서 가장 먼저 순교합니다. 헤롯왕 때 참수형을 당했으므로 그는 종종 긴 칼을 들고 있는 모습으로 표현됩니다.

그는 순례자들의 수호성인이기도 한데, 걷기 여행의 열풍을 불러온 '산티아고 순례길'은 큰 야고보가 묻혀 있는 산티아고 데 콤포스텔라 Santiago de Compostela에 이르는 약 800km의 길을 말합니다. 그래서 지팡이가 그의 상징물로 쓰이기도 합니다.

예수의 일생

성화벽 세 번째 단에는 예수의 일생과 관련된 그림 12점이 배치되어 있습니다. 성모 승천 성당의 경우와 마찬가지이지요. 왼쪽부터 차례로 '예수 탄생', '아기 예수의 성전 봉헌', '예수의 세례', '나자로의 부활', '예수의 예루살렘 입성', '십자가에서의 죽음' 등이 그려져 있습니다. 그리고 '예수의 변용', '지옥으로 내려감', '예수의 승천', '수태고지', '마리아의 죽음과 승천', '성령이 내림'이 오른쪽 방향으로 차례로 그려져 있습니다.

그중에서 성모 승천 성당에서 다루었던 사건은 사진으로만 소개하고, 그 밖의 사건을 설명하도록 하겠습니다.

'예수 탄생'은 기독교의 시발점이 되는 중요한 사건입니다. 『신약성서』에 따르면 동정녀인 마리아가 성령으로 잉태한 뒤 베들레헴이라는 작은 마을의 마구간에서 예수를 낳았다고 합니다. 그녀가 하필 한겨울에 남의 집 마구간에서 출산할 수밖에 없었던 까닭은, 유대 백성들은 고향으로 돌아가 호적을 정비하라는 명령이 로마 제국으로부터 내려왔기 때문이라고 하지요. 식민지 백성이었던 요셉으로서는 만삭의 아내와 함께 고향

예수 탄생

으로 돌아갈 수밖에 없었던 것입니다. 그런데 한꺼번에 많은 인구가 동

아기 예수의 성전 봉헌　　　　　　　　　　　예수의 세례

시에 움직이다 보니 방을 구할 수 없어 부득이 마구간을 빌어 출산할
수밖에 없었다는 것이지요. 그러나 그 당시의 일은 역사적으로 명확하
게 기록되어 있지 않아 여러 가지 주장이 엇갈립니다.

　'예수의 세례'는 세례자 요한으로부터 예수가 세례받는 장면을 그린
것입니다. 예수의 세례 장면을 보면 거의 공통적으로 하늘에서부터 빛
이 내려오고(혹은 빛 가운데 하느님의 모습이 보이고), 예수의 머리 위에 흰
비둘기가 보입니다. 이는 예수의 세례가 성 삼위일체에 의해 이루어짐
을 의미합니다.

　예수에게 세례를 주는 요한은 대개 짐승 가죽옷을 입고 있는데, 짐승
의 가죽으로 만든 허름한 옷은 세례자 요한의 상징입니다. 그가 사막에
서 고행의 수도 생활을 하며 짐승 가죽옷을 입고 살았다는 이야기에서
비롯된 것입니다.

나자로의 부활   예루살렘 입성

세례자 요한은 성모 마리아의 사촌 언니인 엘리사벳의 아들로, 예수보다 몇 개월 먼저 태어나 장차 예수가 메시아로서의 사명을 다할 수 있도록 준비하는 역할을 맡았다고 합니다. 예수에게 세례를 준 것도 그런 역할 중의 하나였던 것이지요.

'예루살렘 입성'은 유월절을 맞아 예수가 제자들을 데리고 예루살렘으로 들어가는 장면을 담고 있습니다. 이 그림에서는 예수가 어린 나귀를 타고 있다는 점을 유의해 볼 필요가 있습니다.

먼저, 유월절이란 명절에 대해 알아보고 갑시다.

유대 민족이 이집트 땅에서 노예 생활을 할 때의 일입니다. 하느님은 모세에게 유대 민족을 구하는 사명을 맡깁니다. 모세는 자신이 그런 막중한 임무를 감당할 그릇이 못 된다며 거부했지만, 하느님의 명령을 끝내 거역할 수는 없었습니다. 할 수 없이 파라오를 찾아가 유대 백성들을 고향으로 돌려보내라는 하느님의 명을 전하지요. 그러나 이집트 파라오의 입장에서는 그 많은 유대인 노예들을 해방시키면 일손이 부족해 곤란해질 게 뻔하므로 모세의 말을 무시합니다.

그러자 하느님은 이집트 땅에 차례로 재앙을 내려 파라오가 말을 듣지 않을 수 없게 만듭니다. 그때 내린 재앙 중 마지막 재앙이 바로 '이집트 땅에서 태어난 맏자식(사람과 짐승을 포함하여)의 죽음'이었습니다.

하느님의 명령을 완강하게 거부하던 파라오였지만, 자신의 장남이 죽자 마음을 돌려 유대인들이 고향으로 돌아가는 것을 허락했지요.

그때 유대인 가정의 장남들은 목숨을 구할 수 있었는데, 하느님이 미리 모세를 통해 재앙을 피할 수 있는 방법을 알려주었기 때문이었습니다. 즉, 문설주에 어린 양의 피를 발라놓으면 죽음의 사자가 그 집에는 들어가지 않으리라고 약속한 것이지요.

유월절逾越節, 혹은 과월절過越節은 이 일에서 비롯된 유대인의 명절입니다. '유逾', '월越', '과過'는 모두 '지나가다', '넘어가다'라는 의미를 갖는 글자입니다. 죽음의 사자가 유대인의 집에는 들어가지 않고 그냥 지나갔다는 뜻을 담고 있지요.

유대인들로서는 그 사건이 자신들에 대한 하느님의 각별한 사랑을 의미하는 것으로 여겨져 축제로 기념했는데, 그것은 예수 당시에도 마찬가지였습니다. 유월절이 되면 예루살렘에 모여 하느님에게 감사하는 풍습이 있었는데, 예수도 그 축제에 참여하기 위해 제자들과 함께 예루살렘에 왔던 것입니다.

예루살렘에 입성하는 예수를 그린 그림을 보면 어린 나귀를 탄 예수를 사람들이 종려나무 가지를 흔들며 환영하고 있습니다. 이는 성서에 "시온아, 기뻐하여라. 예루살렘 시민들아, 환호성을 울려라, 네 왕께서 네게로 오실 것이다. 그분은 정의롭지만 겸손하시어 어린 나귀를 타고

십자가에서의 죽음

예수의 변용

지옥으로 내려감

오실 것이다."라고 기록된 것과 관련 있습니다. 예수는 자신이 성서에 기록된 메시아임을 드러내고자 어린 나귀를 선택했던 것으로 보입니다.

동방 교회와 서방 교회를 망라하여 기독교 성화에서 '십자가에서의 죽음'만큼 중요하고 비장한 주제는 없을 것입니다. 예수의 탄생도 물론 중요하지만, 예수의 죽음은 기독교 신앙의 근간을 이루기 때문입니다.

로마 제국 당시 십자가형이란 가장 극악한 범죄인에게 내려지던 형벌이었는데, 예수는 십자가형을 받을 만큼 큰 잘못을 저지르지 않았음에도 불구하고 군중들의 요구에 굴복한 총독 빌라도의 판결에 의해 십자가형에 처해집니다. 십자가형에 처해진 뒤 사흘 만에 절명한 것으로 알려졌습니다.

대천사 성당의 성화벽에 그려진 '십자가에서의 죽음'은 1681년에 시몬 우샤코프의 제자이자 황궁화가였던 미하일 밀류틴이 그렸습니다. 시몬 우샤코프는 '최후의 이콘 화가'라는 평을 듣는 유명한 화가이므로, 그의 제자인 미하일 밀류틴 또한 성화 제작 당시 중요한 역할을 했을 것입니다. 밀류틴의 '십자가에서의 죽음'은 대천사 성당 성화벽에 그려진 작품 중에서 유일하게 화가의 서명이 들어 있어 특이합니다.

예수의 승천   수태고지   마리아의 죽음과 승천   성령이 내림

'예수의 승천'은 예수가 죽은 지 사흘 만에 부활하여 하늘나라로 올라 갔다는 이야기를 그린 것입니다. 그는 애초에 하느님의 아들이자 성령 으로 잉태되어 태어났기 때문에 유한한 생명을 가진 인간들처럼 죽음 으로 삶을 마감하지는 않습니다. 아리마테아의 요셉이 빌라도에게 요 청하여 십자가형에 처해진 죄수에게는 허용되지 않는 장례를 치를 수 있었고, 바위 무덤에 안치된 뒤 사흘 만에 부활하여 제자들을 만났으며 곧 승천했다고 전해집니다.

'성령이 내림'은 예수가 오순절에 예루살렘의 다락방에 모여 있던 제 자늘에게 성령을 보냈다는 이야기를 표현하고 있습니다. 대개 성화에 서는 제자들 사이로 흰 비둘기가 빛과 함께 내려오는 방식으로 표현됩 니다. 마리아는 함께 있는 경우도 있고 그렇지 않은 경우도 있지요.

성령이 내린 사건이 기독교에서 중요한 것은, 이 일이 있은 후 제자 들이 본격적으로 선교에 나섰기 때문입니다. 성령강림일이라고도 하는 이날을 기독교에서 '교회의 탄생일'로 보는 것은 그런 까닭에서입니다.

왕의 문

앞서 두 성당에서 왕의 문(지성소와 성소 사이에 난 중앙 문, 성스러운 문 Holy Doors이라고도 함)을 살펴본 바 있습니다. 대천사 성당 또한 같은 규칙을 따랐기 때문에 왕의 문에는 4대 복음서 저자와 수태고지의 주인공인 대천사 가브리엘, 성모 마리아가 등장합니다.

여기서는 4대 복음서 저자에 대해 알아보도록 하겠습니다. 기독교에서 그들은 중요한 위치를 차지하므로, 성당의 중앙 돔 주변, 정면 파사

대천사 성당의 왕의 문

〈마태복음〉의 저자 마태 〈요한복음〉의 저자 요한
(왼쪽 문 맨 위) (오른쪽 문 맨 위)

대천사 가브리엘 성모 마리아
(왼쪽 문 가운데) (오른쪽 문 가운데)

〈마가복음〉의 저자 마가 〈누가복음〉의 저자 누가
(왼쪽 문 맨 아래) (오른쪽 문 맨 아래)

Peter Paul Rubens, 'The Four Evangelists'(상징물이 함께 그려진 경우)

사그라다 파밀리아의 제단 앞 기둥
(상징물로만 표현된 경우)

드, 기둥 등 유럽에서 그들의 모습을 발견하는 것은 어렵지 않습니다. 4대 복음서 저자들은 각자의 상징물이 있는데, 마태는 천사, 마가는 사자, 누가는 소, 요한은 독수리가 그것입니다. 그들은 각자의 상징물과 함께 표현되기도 하고, 때로는 상징물이 그들을 대신하기도 하므로 상징물을 알아두면 구별하기가 쉽지요.

로마 나보나 광장에 있는 성 아그네스 인 아고네Sant'Agnese in Agone 성당 벽에 걸려 있는 그림 중 누가의 경우, 성모자의 이콘화를 들고 있는 천사가 함께 등장하는데, 이는 누가가 최초로 성모자의 초상화를 그린 것으로 알려져 있기 때문입니다. 그리고 요한은 술잔을 들고 있는 천사가 보이는데, 요한의 또 다른 상징물이 술잔이기 때문이지요.

천사와 함께 있는 마태

사자와 함께 있는 마가

소와 함께 있는 누가

독수리와 함께 있는 요한

성 아그네스 인 아고네 성당 벽에 걸려 있는 그림

이처럼 4대 복음서 저자는 기독교에서 중요한 대접을 받는 인물들인데, 그것은 러시아 정교회의 경우도 마찬가지입니다. 러시아 정교회 성당의 왕의 문에 예외 없이 그들의 모습이 등장하는 것을 보면 그런 사실을 이해할 수 있습니다.

러시아 사람들이 숭배하는 성화

성화벽의 마지막 단에는 모스크바에 있는 다른 정교회 성당들처럼 러시아 사람들이 특히 숭배하는 성화들이 모여 있습니다.

왼쪽부터 눈여겨볼 만한 작품을 살펴봅시다.

'우스튜그의 성모 수태고지The Annunciation of Ustyug'라고 불리는 작품은 대천사 가브리엘이 동정녀 마리아를 찾아와 수태고지 하는 장면으로 16세기 중반에 이반 4세의 명으로 제작되었으며, 12세기 무렵에 유행한 노브고로드 성화 기법을 차용한 것으로 봅니다. 이 성화의 가장 큰 특징은 성모의 가슴에 아직 태어나지 않은 예수의 형상이 묘사되어 있다는 점입니다.

우스튜그의 성모 수태고지

'하늘로부터 축복받은 성모The Mother of God 'The Grace-Giving Heaven'를 그린 그림도 눈여겨볼 필요가 있습니다.

1678~1680년에 제작되었으며, 바실리 1세의 아내가 모스크바로 가져왔다고 전해집니다. 이 성화 속 성모는 서유럽에서 흔히 볼 수 있는 성모의 모습과 비슷합니다.

'대제사장인 우리의 구세주Our Saviour High Priest'란 제목의 그림을 보면 예수가 왕의 모습으로 앉아 있

하늘로부터 축복받은 성모

습니다. 1679~1680년에 그려진 것으로 보이며, 왕관을 쓰고 금실로 짠 호화스러운 옷을 입은 예수에게서 세속적인 분위기를 느낄 수 있습니다.

대제사장인 우리의 구세주

태천사 미카엘과 천사들의 행진

그 옆에 대천사 미카엘을 그린 성화가 있는데, 이 성당의 이름이 '대천사 성당'이니 성당의 주제화라고 할 수 있는 그림입니다. 여기에는 '대천사 미카엘과 천사들의 행진 The Archangel Michael, with Acts'이라는 제목이 붙어 있습니다.

전하는 바에 따르면, 이 그림은 드미트리 돈스코이의 부인인 예브도키야 드미트리예브나가 남편을 추모하기 위해 제작하도록 했다고 합니다. 드미트리 돈스코이가 사망한 것이 1389년이고, 예브도키야는 1407년에 사망했으니 이 그림은 14세기 후반에 그려졌을 가능성이 높습니다. 대천사 성당에 소장된 다른 그림들보다 비교적 오래된 성화입니다.

그림의 중앙에는 천상 군대의 우두머리인 대천사 미카엘이 갑옷을 입고 붉은 망토를 두른 채 칼을 짚고 서 있습니다. 매우 당당한 자세의 이런 모습은 악천사들을 제압한 그의 성격을 잘 드러내 줍니다.

중앙의 미카엘을 보좌하듯이 사방에 작은 그림들이 감싸고 있는데, 천사들의 활약상을 그린 것입니다.

대천사 성당의 벽화 ④

대천사 성당 또한 지성소가 있는 동쪽을 제외한 서쪽, 남쪽, 북쪽 면이 벽화로 가득 차 있습니다.

성모 승천 성당 및 수태고지 성당과 마찬가지로 대천사 성당 서쪽 벽에도 최후의 심판을 주제로 한 프레스코 벽화가 그려져 있습니다. 동쪽에 지성소를 두고, 서쪽 벽에는 최후의 심판을 표현하는 것이 러시아 정교회 성당의 전통인 것으로 보입니다.

남쪽 벽과 북쪽 벽에는 이 성당이 대천사 미카엘에게 봉헌된 곳인 만큼 미카엘과 관련 있는 그림들이 그려져 있습니다.

서쪽 벽면   남쪽 벽면   북쪽 벽면

서쪽 벽의 성화, 최후의 심판

'최후의 심판'이 그려진 서쪽 벽을 먼저 살펴봅시다.

기독교에서 말하는 최후의 심판이란, 세상의 종말이 오는 날 하느님(『구약성서』)이나 예수(『신약성서』)에 의해 자신이 지은 죄에 대한 심판을 받게 된다는 교리를 말합니다. 최후의 심판을 그림으로 표현할 때는 대체로 일정한 양식을 따릅니다.

화면 중앙에 심판자인 예수가 앉아 있고, 그 옆에 인류의 죄를 사면해 주기를 청원하는 성모 마리아와 세례자 요한이 배치됩니다. 대천사 미카엘과 가브리엘이 함께 등장하는 경우도 있는데, 이를 데이시스라고 합니다.

예수의 오른쪽(보는 이에게는 왼쪽)은 선한 사람들이 가는 천국이며, 왼쪽은 악한 사람들이 가는 지옥입니다.

천상 법정에는 예수의 제자들이 배심원처럼 앉아 있고, 그 아래에는 나팔을 부는 천사들(오른쪽)과 두루마리를 펼쳐 든 천사들(왼쪽)이 보입니다. 두루마리에는 심판을 받아야 하는 개개인의 행적이 적혀 있을 것입니다.

예수의 아래쪽에는 심판받는 이의 죄의 무게를 저울에 다는 대천사 미카엘의 모습이 보이고, 오른쪽에는 천국으로 인도된 선택받은 영혼들의 행복한 모습이, 왼쪽에는 지옥으로 떨어진 저주받은 영혼들의 고통스러운 모습이 그려집니다.

그림을 그린 화가의 의도에 따라 조금씩 다를 수 있지만, 대부분 최후의 심판을 주제로 한 그림에는 이상과 같은 내용이 표현됩니다. 성모 승천 성당은 이와 같은 공식을 비교적 충실하게 따른 편이었지요. 그러면 대천사 성당은 어떨까요?

먼저 화면 중앙에 천사들까지 포함한 데이시스가 보입니다. 이것은 최후의 심판을 그린 그림에서 빠뜨릴 수 없는 가장 중요한 요소이면서, 뒤에서 설명할 '사도신경'의 일곱 번째 항목(최후의 심판의 날에 예수가 산 자와 죽은 자를 심판하러 올 것을 믿음)에 해당합니다.

벽면 오른쪽으로는 에덴동산에서 원죄를 저지르는 아담과 이브의 모습이 맨 위에 배치되고, 그 아래에 데이시스가 배치되었으며, 다시 그 아래에 최후의 심판의 날에 저울을 가지고 죽은 이의 죄를 판단하는 대천사 미카엘이 배치되었습니다. 미카엘이 있는 부분을 자세히 보면 그와 반대쪽에 날개 달린 왜소한 존재가 있는데, 아마도 사탄으로 여겨집니다. 최후의 심판의 날에 미카엘은 천국으로 갈 영혼을, 그리고 사탄은 지옥으로 갈 영혼을 판별한다는 옛사람들의 의식을 담고 있는 것이지요.

한편, 흰 옷을 입은 두 천사 뒤로 보이는 커다란 뱀은 성모 승천 성당 서쪽 벽에서 보았던 뱀과 같은 의미로 보입니다. 맨 위의 그림과 관련하여 인류를 원죄를 지은 존재로 만든 원흉이 뱀이라는 뜻을 담고 있습니다.

서쪽 면에는 최후의 심판과 관련하여 '사도신경使徒信經, The Apostles' Creed' 내용을 그림으로 표현해 놓았습니다. 성모 승천 성당에는 없는 요소입니다.

사도신경이란 주기도문과 더불어 기독교에서 사용하는 가장 대표적인 기도문으로, 삼위일체와 관련된 신앙 고백이라고 할 수 있습니다. 그 내용은 크게 성부와 성자, 성령에 관한 것으로 나뉘며, 그것은 다시 12가지의 세부적인 항목으로 나뉘는데, 최후의 심판과 부활, 영생을 믿는다는 내용이므로 서쪽 벽에 그려놓은 것으로 보입니다.

에덴동산의 아담과 이브

데이시스

사도신경 9번 항목

데이시스

사도신경 10번 항목   사도신경 11번 항목

죄를 저울에 다는 미카엘

서쪽 면

죄를 저울에 다는 미카엘

서쪽 벽 중앙의 데이시스

최후의 심판(벽면 오른쪽)

이해를 돕기 위해 사도신경의 내용을 소개합니다.

I. 성부

1. 나는 천지의 창조자이신 전능하신 하느님을 믿습니다.

II. 성자

2. 나는 그분의 외아들인 예수 그리스도를 믿습니다.

3. 그는 성령으로 잉태되어 동정녀 마리아에게서 태어나셨고,

4. 본디오 빌라도 치하에서 고난을 당한 뒤 십자가에 못 박혀 죽으시고 장사되어 음부陰府, 죽
   은 이의 영혼이 가는 세상에 내려가셨으며,

5. 죽은 지 사흘 만에 죽은 자들로부터 부활하셨고,

6. 하늘에 올라 전능하신 하느님의 오른편에 앉아 계시다가,

7. 산 자와 죽은 자를 심판하러 오실 것입니다.

9번 항목 '거룩한 교회와 성인들이 서로 소통함을 믿음'

10번 항목 '죄를 용서함을 믿음'

| 모스크바 크렘린

Ⅲ. 성령

8. 나는 성령을 믿습니다.

9. 나는 거룩한 교회와 성인들이 서로 소통하는 것과

10. 죄의 용서와

11. 육신의 부활과

12. 영원한 삶을 믿습니다.

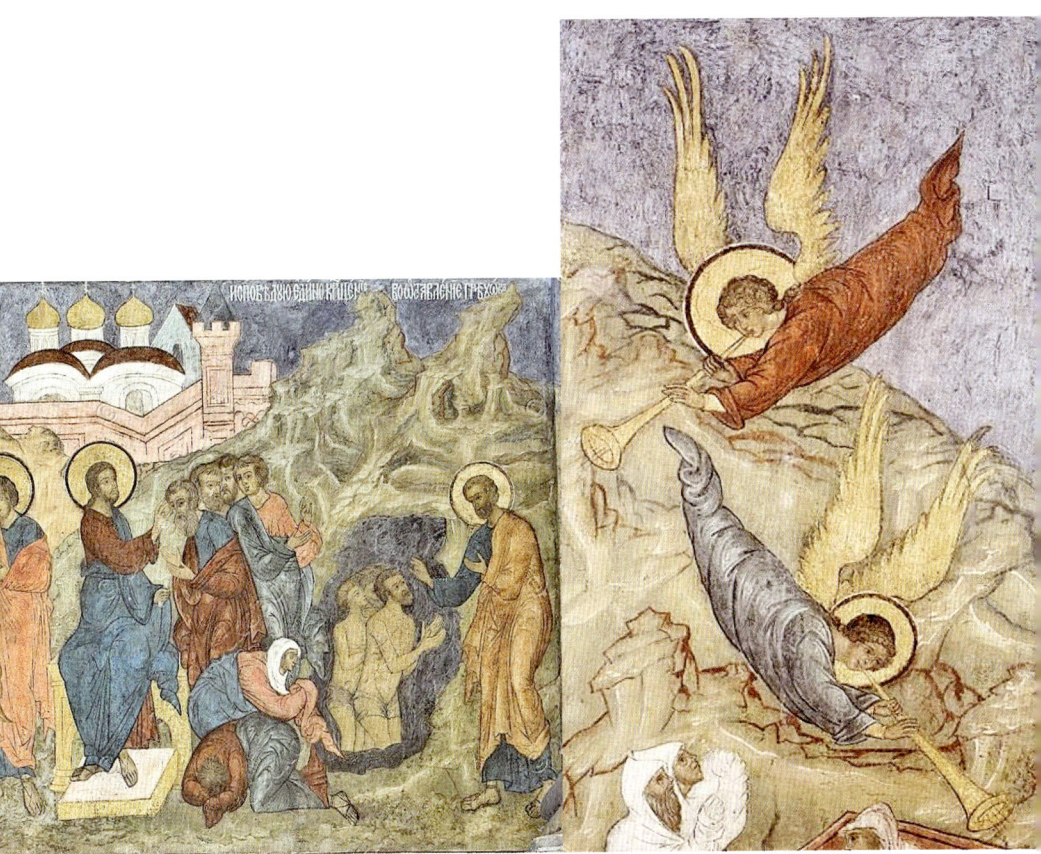

11번 항목 '육신이 부활함을 믿음'

남쪽 벽의 벽화, 전쟁을 승리로 이끄는 미카엘

남쪽 벽 중앙 부분에는 칼을 들고 있는 미카엘의 모습이 두 군데 보입니다.

그중 칼을 든 미카엘 사이에 있는 벽화는 '여리고 성의 함락'을, 오른쪽(기둥 뒷부분)은 '기드온이 이끄는 이스라엘인에 의한 미디안의 패배'를 주제로 한 것입니다.

먼저 '여리고 성의 함락The Fall of Jericho Walls'이라는 주제의 그림을 봅시다. 네 사람이 케루빔cherubim, 아기 천사으로 장식된 황금색 궤를 메고 걷고, 그 뒤를 따르는 사람들은 나팔을 불고 있습니다. 그들 옆에는 함께 나팔을 부는 천사가 있군요. 그런데 뒤쪽을 보니 성벽이 무너져 있습니다. 여리고 성이 무너진 것입니다.

남쪽 벽면

여리고 성의 함락

　케루빔으로 장식된 황금색 궤에 대해 먼저 알아볼까요?

　『구약성서』에 의하면, 모세가 시나이산에서 하느님으로부터 받아온 십계명 판(두 장의 돌판에 열 가지 계명을 새긴 것)을 나무로 만든 상자에 담아 보관했다고 하는데, 그것을 '언약의 궤言約櫃, the ark of the covenant'라고 합니다. 언약의 궤는 장방형의 상자로 순금판을 덧씌웠으며, 케루빔으로 장식했다고 합니다. 궤의 상단에는 운반용 막대를 끼울 수 있는 고리를 달았다고 하지요. 벽화 속 궤는 바로 언약의 궤인 것입니다.

　그러면 언약의 궤를 메고 행진하는 이들은 누구일까요? 이에 관한 이야기도 『구약성서』 속에 있습니다.

　이집트 땅에서 노예 생활을 하던 유대인들은 모세의 인도 아래 이집트를 탈출했지만, 그들이 닿고자 하는 가나안 땅은 멀기만 했습니다. 결국 모세는 가나안에 이르기 전에 죽고 말지요.

모세의 뒤를 이어 지도자가 된 이는 여호수아였습니다. 그는 동족들을 이끌고 가나안 땅을 향해 나아가는데, 그가 제일 먼저 만난 난관은 요르단강이었습니다. 강물이 불어나 건너기 어려운 상태였지만, 언약의 궤를 멘 사람들이 강에 들어서자 상류로부터 물이 멈춰 무사히 건널 수 있었다고 합니다.

그다음으로 만난 난관이 바로 여리고 성입니다. 이 성은 난공불락의 요새였는데, 유대인들이 가나안 땅으로 가자면 반드시 정복해야만 하는 곳이었습니다. 이때 여호수아는 기이한 방법으로 여리고 성을 함락시켰다고 기록되어 있지요. 그 방법이 바로 대천사 성당 남쪽 벽에 그려진 것처럼, 언약의 궤를 메고 나팔을 불면서 여리고 성을 도는 것이었습니다. 7일 동안 그렇게 하자 철옹성이던 여리고 성이 저절로 무너져 내렸다는 것입니다. 현재도 여리고 성의 유적이 남아 있는데, 지진으로 무너졌다는 주장도 있지만 기독교도들은 성서에 기록된 대로 하느님이 기적을 보인 것이라고 믿습니다.

'여리고 성의 함락'에 보이는 나팔 부는 천사는 대천사 미카엘이 분명합니다. 그에게 봉헌된 성당에 그려진 그림이기도 하거니와 전투의 승리를 주제로 한 그림이기 때문입니다.

대천사 성당 측의 실명에 의하면, 이 그림은 쿨리코보 전투Battle of Kulikovo(1380년에 드미트리 돈스코이의 군대가 타타르군에 승리한 전투)의 승리를 표현한 것이라고 합니다. 유대인들이 하느님과 미카엘 대천사의 도움으로 난공불락의 여리고 성을 함락시킨 것처럼, 자신들도 하느님과 미카엘의 도움으로 천하 강적 타타르를 물리쳤다는 주장인 것입니다.

기드온이 이끄는 이스라엘인에 의한 미디안의 패배　　　　　Hendrik Heerschop, '기드온의 제사'

'여리고 성의 함락' 오른쪽에 있는 그림은 '기드온이 이끄는 이스라엘인에 의한 미디안의 패배The Defeat of Madianites by Israelites Headed by Gideon'란 제목이 붙어 있습니다. 이 그림에도 대천사 미카엘이 등장하며, 미카엘 옆의 백마 탄 장수가 기드온일 것입니다.

　기드온은 〈사사기士師記〉에 기록된 열두 명의 사사士師(이스라엘의 초대 왕 사울이 나오기 전까지 이스라엘을 통치한 군사 및 정치 지도자) 중에서도 위대한 6명의 사사에 속하는 인물이었습니다. 벌목꾼 출신이었던 그는 천사를 통해 자신이 사사로 선택받았다는 사실을 듣습니다. 하지만 과연 자신이 선택받은 것인지 쉽게 믿지 못했는데, 제사에 바친 반석 위의 음식에 천사가 지팡이를 대자 그것들이 불탔고, 기드온은 이것을 초자연적인 징표로 여겨 자신이 사사로 선택받았음을 확신했다고 하지요.

기드온은 사사가 된 뒤 당시 사람들이 우상으로 숭배하던 바알 신전의 아세라Asherah(페니키아 등지에서 숭배한 다산과 풍요의 여신) 상을 파괴하였습니다. 그래서 그의 별칭이 여룹바알Jerub-Baal이지요.

사사가 된 후 그는 강력한 적이었던 미디안 부족을 무찌릅니다. 300명의 정예 군사를 이끌고 전투에 나선 기드온은 13만여 명의 미디안 군대를 격파하고 그들의 지도자를 죽입니다. 그 일로 사람들의 신임을 얻은 그는 이후 40년 동안 이스라엘을 통치하였다고 합니다.

대천사 성당 벽에 성서 속 그 전투를 그리면서 대천사 미카엘을 함께 그린 것은, 기드온의 승리가 하느님의 뜻으로 이루어진 것이며, 하느님의 뜻을 받들어 전쟁을 승리로 이끄는 존재가 바로 대천사 미카엘이라는 의미일 것입니다.

기드온이 미디안을 무찌른 이야기를 성당 벽에 그린 까닭은 이반 3세가 타타르의 일파인 카잔Kazan과 아스트라한Astrakhan을 무찌른 것과 관련이 있다고 합니다. 러시아 사람들은 타타르가 성서 속 미디안 종족의 후손이라고 여겼는데, 기드온이 그랬던 것처럼 이반 3세도 하느님과 미카엘의 도움으로 타타르를 물리쳤다고 보는 것입니다.

북쪽 벽의 벽화, 미카엘이 활약한 두 가지 사건

북쪽 벽에서는 대천사 미카엘이 활약한 두 가지 사건을 눈여겨볼 필요가 있습니다. 바로 베드로와 바울이 감옥에서 탈출한 사건과 기독교를 공인한 콘스탄티누스 황제가 꿈에서 십자가를 본 사건이 그것입니다.

먼저, 베드로와 바울이 감옥에서 탈출한 이야기에 대해 알아봅시다.

예수가 죽은 후 수제자였던 베드로는 스승의 가르침을 세상에 널리 알리기 위해 목숨을 걸고 선교 활동에 나섭니다. 그러다가 헤로데 아그리파스 1세(예수가 태어날 당시 유대의 왕이었던 헤롯왕의 손자) 때 체포되어 예루살렘의 감옥에 갇힙니다. 헤로데 아그리파스 1세는 이미 예수의 제자인 세배대의 아들 야고보를 참수한 뒤였으며, 베드로 또한 처형할 계획이었다고 합니다. 그런데 베드로가 처형되기 전날 밤에 천사가 나타나 탈옥을 도왔다고 하지요.

베드로와 바울을 탈출시키는 미카엘

십자가를 보는 콘스탄티누스 황제

북쪽 벽면

그 뒤 베드로는 로마로 가서 선교활동을 계속하다가 기독교를 박해한 네로 황제에 의해 다시 투옥됩니다. 이때도 베드로는 천사의 도움으로 탈출하게 되는데, 이에 관한 그림이 바티칸 박물관 '라파엘의 방 Raphael Rooms' 벽에 그려져 있습니다. 그리고 이때 베드로를 묶었다는 쇠사슬이 산 피에트로 인 빈콜리 성당Basilica di San Pietro in Vincoli에 남아 있습니다.

탈출에 성공한 베드로는 급히 로마를 떠나다가 아피아 가도에서 예수를 만났다고 하지요. 스승을 보고 놀란 베드로가 "Quovadis Domine(주여. 어디로 가시나이까?)"라고 묻자, "네가 내 양들을 버리고 가니 내가 다시 한번 십자가에 못 박히러 간다."고 예수가 대답했다고 합니다. 그 말을 들은 베드로는 자신의 잘못을 깨닫고 다시 로마로 돌아가 체포되었다고 전합니다.

Raphael, '베드로의 탈출'(바티칸 박물관)

산 피에트로 인 빈콜리 성당에 보관 중인
베드로를 묶었던 쇠사슬

바울의 경우는 베드로와 성격이 다릅니다. 그는 예수가 살아있을 때 제자로 삼은 인물이 아니며, 오히려 기독교 박해에 앞장섰다고 합니다. 그러다가 기독교인들을 체포하고자 다마스쿠스로 가던 중에 예수의 음성을 듣고 회심한 뒤 대단한 열정을 갖고 선교에 임했다고 합니다.

베드로와 바울이 같은 감옥에 갇히는 것은 순교하기 직전의 일입니다. 베드로가 다시 로마로 돌아와

Michelangelo Merisi da Caravaggio, '다마스쿠스로 가는 길에 회심함'

다마스쿠스로 가던 중에 예수의 음성을 듣고 크게 놀라 말에서 떨어진 바울

체포되었을 때 바울도 함께 체포된 것이지요.

두 사람은 포로 로마노에 접한 마메르티눔Mamertinum이라는 감옥에 함께 갇혔던 것으로 보입니다. 이곳은 로마 제국 시절 사형수들을 임시로 가두어두던 감옥으로, 베드로와 바울은 이곳에서 대기하는 동안 간수들에게 세례를 주는 등의 선교 활동을 계속하다가 거의 같은 시기(67년)에 처형당한 것으로 알려져 있습니다.

베드로와 바울을 감옥에서 탈출시키는 대천사 미카엘

그런데 대천사 성당 북쪽 벽에 그려진 그림의 제목을 보면, 마치 대천사 미카엘이 베드로와 바울을 함께 탈출시키는 것으로 이해할 수도 있습니다.

성서에 따르면, 베드로는 예루살렘과 로마에서 두 번 천사의 도움을 받아 감옥을 탈출합니다. 그러나 바울의 경우는 로마에서 투옥된 적이 있지만 2년 만에 정상적인 절차를 거쳐 석방된 것으로 보입니다. 빌립보에서 투옥되었을 때 지진이 나서 감옥을 빠져나올 수 있었다는 기록이 있지만, 그때는 베드로가 아닌 실라와 함께였지요. 베드로와 함께 갇힌 것은 로마에서의 일로, 천사의 도움으로 탈출하는 기적은 일어나지 않았습니다.

그러니까 대천사 성당 벽에 그려진 '베드로와 바울을 감옥에서 탈출시키는 대천사 미카엘The Angel Helping the Apostles Peter and Paul out of Dungeon'은 두 개의 사건을 한 장면에 그린 것이라고 이해하는 것이 좋겠습니다. 그렇다면 왼쪽의 감옥 문을 나서는 이는 베드로일 테고, 오른쪽의 무너진 건물을 뒤돌아보며 가는 이는 바울일 것입니다.

'베드로와 바울을 탈출시키는 미카엘' 옆에는 '하늘의 십자가를 보는 콘스탄티누스 황제Emperor Constantine's Vision of a Cross in the Heavens'라는 제목의 그림이 있습니다. 천사가 잠든 이에게 뭔가를 알려주고 있는 구도의 그림입니다. 제목으로 미루어볼 때 잠든 이가 콘스탄

하늘의 십자가를 보는 콘스탄티누스 황제

티누스 황제이고, 그에게 뭔가를 말하는 천사는 미카엘인 모양입니다. 그러나 제목과는 달리 십자가는 보이지 않습니다.

콘스탄티누스 1세는 기독교에서 매우 중요한 위치를 차지하는 인물입니다. 313년에 발표한 밀라노 칙령으로 기독교에 대한 박해를 중단하였기 때문입니다. 그의 장인이자 전임 황제였던 막시미아누스, 그리고 막시미아누스와 공동 황제를 역임한 디오클레티아누스 때 기독교에 대한 박해가 최고조에 달했습니다. 수많은 기독교도들이 이때 순교했지요.

그런 상황에서 콘스탄티누스 1세가 기독교를 종교로 인정하고 박해를 멈추었으니 기독교 입장에서는 은인이 아닐 수 없습니다. 그를 일컬어 '대제Great Emperor'라고 하는 것도 무리가 아닙니다.

그렇다면 기독교를 가혹하게 탄압하는 사회에서 자란 그가 '기독교 공인公認'이라는 파격적인 결단을 내릴 수 있었던 까닭은 무엇일까요. 여러 가지 이유가 있겠지만, 그가 꿈에 십자가를 보고 난 뒤 중요한 전투에서 승리했기 때문이라고 믿는 이들이 많습니다.

School of Raphael, '십자가의 시현'　　Theodor Boeyermans, '전투 전 십자가를 보는 콘스탄티누스 대제'

　312년 10월, 콘스탄티누스는 처남이자 정적政敵인 막센티우스를 상대로 한 절체절명의 전투를 앞두고 있었습니다. 로마 근교 밀비우스 다리Milvian Bridge 근처에서 벌어진 이 전투는 양측에게 매우 중요했는데, 결국 콘스탄티누스 1세가 군사적인 열세에도 불구하고 승리하여 로마 제국의 단독 황제가 되었습니다. 그런데 전하는 바에 따르면, 전투가 있기 전날 밤 꿈에 그가 십자가를 보았고 그 덕분에 승리할 수 있었다고 합니다.

　어쨌든 밀비우스 전투 이후 그는 기독교에 우호적으로 변했고, 1년 뒤 기독교에 대한 박해를 중단하는 내용의 밀라노 칙령을 발표했다고 합니다. 시기적으로 볼 때 가능성이 있는 주장이라고 봅니다. 물론 수많은 기독교도들을 적대시하는 것이 정치적으로 이득이 없다는 판단을 했을 가능성, 어머니 헬레나가 독실한 기독교 신자였던 점 등도 원인으로 꼽히기는 하지만 말입니다.

　대천사 성당 북쪽 벽에 콘스탄티누스 1세가 꿈에 십자가를 보았다는 내용을 그림으로 그리면서 십자가 대신 대천사 미카엘을 그린 것은, 그가 전사의 이미지를 갖는 천사이므로 다음 날 있을 밀비우스 전투를 승리로 이끌어 주리라는 암시를 담은 것이 아닐까 생각합니다.

대천사 성당
네 기둥의 성화 5

    대천사 성당 안에는 네 개의 기둥이 있고, 그 기둥마다 러시아 정교회의 성인, 혹은 러시아 역사에서 중요한 사취를 남긴 위인들이 그려져 있습니다. 모두 60명에 달하기 때문에 모두 다루기는 어렵고, 그 가운데 중요한 인물을 중심으로 소개하겠습니다.

    북서쪽 기둥에 러시아 정교회에서 성녀로 추앙하는 올가 공후의 모습이 보입니다.

    그녀는 류리크 왕조의 세 번째 지배자였던 이고르의 부인이며, 다섯 번째 지배자였던 스뱌토슬라프의 어머니입니다. 곧 류리크 왕조의 네 번째 지배자였으니 여자의 몸으로 나라를 다스린 여장부였던 셈입니다.

    그녀는 남편을 살해한 드레블랴닌 사람들에게 복수하여 '현명한 올가'라는 별명을 갖고 있지만, 그녀의 이콘화가 대천사 성당 기둥에 새겨진 것은 그 때문이 아닙니다. 그녀는 러시아 최초로 기독교 세례를 받은 인물이기 때문에 러시아 정교회에서 성인으로 추앙하는 것입니다.

올가

북동쪽 기둥에는 올가의 손자로 그리스 정교회를 받아들여 러시아의 국교로 삼은 블라디미르 1세의 모습이 보입니다. 그는 러시아 정교회 입장에서는 매우 중요한 일을 한 위인이므로 '루스의 세례자'라고 부르지요.

블라디미르 1세

그는 할머니 올가의 영향으로 기독교를 접한 것으로 보이며, 비잔틴 제국의 황녀와 결혼하기 위해 기독교 세례를 받았다고 합니다. 정교회를 받아들이는 과정에서 이슬람교와 가톨릭도 검토 대상으로 삼았다고 하지만, 비잔틴 제국의 안나와 결혼하면서 기독교를 수용한 것이 역사적 사실입니다.

그는 지나치게 여색을 밝히는 등 인간적으로는 존경하기 어려운 인물이었지만, 러시아 정교회 입장에서는 성인으로 받들 만한 이유가 충분합니다.

블라디미르 1세에게는 몇 명의 아들이 있었습니다. 그중 큰아들인 스뱌토폴크 블라디미로비치가 아버지의 뒤를 이어 키예프 대공이 되었는데, 그는 권력욕이 지나친 나머지 이복동생인 보리스와 글렙을 살해합니다. 그들의 성품이 온후하고 신앙심이 깊어 백성들 사이에 평판이 좋은 게 마음에 걸렸던 것입니다. 보리스와 글렙은 형이 자신들을 죽이려 하는 것을 알았지만, 형제간에 권력 투쟁을 벌이는 것이 나라에 해롭다고 판단해 조용히 죽음을 받아들였다고 합니다. 러시아 정교회에서는

보리스   글렙   안드레이 유리예비치 보골륩스키

그들을 '자발적으로 고난을 받아들인 자'로 여기며 예수에 버금가는 성
인이라고 높이 평가합니다. 형제인 그들은 대개 이콘화에 같이 등장하
는데, 대천사 성당의 경우엔 아버지 블라디미르 1세의 양옆에 그려져
있습니다.

안드레이 유리예비치 보골륩스키Andrei Yurievich Bogoliubski는 모스크바의
창건자로 불리는 유리 돌고루키의 아들입니다. 그의 모습을 드미트리 2
세의 관이 놓여 있는 남동쪽 기둥 안쪽에서 볼 수 있습니다.

안드레이 보골륩스키는 왕성한 정복 활동을 벌여 키예프 공국의 여
러 지역을 점령했고, '신이 사랑하는 곳'이라는 의미의 '보골류보보'라는
도시를 건설했습니다. '보골륩스키'라는 그의 이름은 거기서 유래합니
다.

기존의 중심 도시였던 키예프 대신 블라디미르와 수즈달을 중시했던 그를 대천사 성당의 기둥에 그려 넣은 까닭은, 아마도 그가 많은 성당과 수도원을 설립하였기 때문으로 보입니다.

전하는 이야기에 따르면, 키예프를 점령한 후 수즈달로 돌아가기로 결정한 그는 그리스 상인에게 선물로 받은 성모 이콘을 앞세우고 길을 떠났는데, 블라디미르에 도착하자 말들이 앞으로 나아가질 않는 이상한 일이 생겼다고 합니다. 당혹해하는 안드레이의 꿈에 성모 마리아가 나타나 자신을 위한 성당을 세워달라고 하여 말들이 멈춰선 곳에 성당과 수도원, 궁전 등을 세웠다고 하는군요. 그런 신비스러운 일화도 대천사 성당에 그의 모습이 남아 있는 이유가 될 것 같습니다.

남서쪽 기둥 아래에 모습이 남아 있는 알렉산드르 넵스키는 특히 상트페테르부르크에 자취가 많이 남아 있는데, 그가 그 도시를 가로지르는 네바 강변에서 벌어진 스웨덴과의 전투에서 큰 승리를 거두었기 때문입니다. '넵스키'는 '네바강의'라는 뜻으로, 러시아 역사상 가장 위대한 승리라고 일컬어지는 네바강 전투가 그에게, 그리고 러시아에 얼마나 중요한 사건이었는지를 짐작하게 합니다.

서쪽의 강적인 스웨덴은 전략적으로 접근해 승리를 거둘 수 있었지만, 동쪽의 강적인 타타르는 그로서도 어쩔 수 없었습니다. 할 수 없이 그는 군사적 충돌을 피하기 위해 조공을 바치는 굴욕을 감수하면서 백성들의 생명을 지켰습니다. 이런 업적을 인정해 러시아 정교회에서는 그를 '기적을 행한 자'라고 부르며 성인으로 시성하였습니다.

알렉산드르 야로슬라비치 넵스키   다닐 알렉산드로비치

　북서쪽 기둥 아래에는 다닐 알렉산드로비치가 있습니다. 그는 알렉산드르 넵스키의 아들이자 이반 1세의 아버지입니다. 아버지는 '네바 강의 영웅'으로 상트페테르부르크를 지켜냈고, 아들은 '칼리타(돈주머니)'란 별칭으로 불릴 정도로 행정과 재정 능력이 뛰어나 모스크바를 러시아의 중심지로 키워냈으니 다닐은 더 바랄 게 없었을 것 같습니다.

　알렉산드르 넵스키가 죽으면서 막내아들인 다닐에게 모스크바 공국을 물려주었는데, 당시 모스크바는 노브고로드나 키예프, 혹은 블라디미르와 비교하면 보잘 것 없는 곳이었습니다. 그러나 그는 모스크바 공국을 맡아 30여 년간 무난히 통치한 다음 아들인 이반 1세에게 물려주었고, 이반 1세가 모스크바 대공국의 발판을 마련했으니 다닐의 공로도 적다고 할 수 없습니다. 아마도 그래서 대천사 성당에 그의 모습이 남아 있는 것 같습니다.

블라디미르 대공의 러시아 정교회 수용

Viktor Vasnetsov, '루스의 세례'

트레티야코프 미술관 26번 방에는 '루스의 세례The Baptism of Rus'라는 제목의 그림이 있습니다. 블라디미르 대공의 명령으로 러시아 사람들이 세례를 받는 장면을 묘사한 그림이지요.

블라디미르 대공(블라디미르 스뱌토슬라비치. 러시아 정교회에서는 그를 대공으로 높여 부름)은 러시아 정교회를 국교로 삼은 업적으로, 정교회의 성인으로 추앙받는 인물입니다. 그는 누구이며, 어떤 이유로 정교회를 수용했는지 알아봅시다.

블라디미르는 류리크 왕조의 다섯 번째 공후인 스뱌토슬라프 이고르예비치Sviatoslav Igorevich의 아들로 태어났습니다. 왕조의 개창자인 류리크의 증손자가 되니, 러시아 역사의 초기 인물인 것입니다.

블라디미르의 아버지가 키예프 공국의 공후인 스뱌토슬라프인 것은 분명하나, 그 어머니 말루샤의 신분은 명확하지 않습니다. 블라디미르의 할머니인 올가Olga 공후의 시녀였던 것으로 짐작될 뿐입니다.

어머니의 신분이 천하다는 것은 블라디미르에게 콤플렉스가 되었습니다. 게다가 그에게는 아버지의 정식 부인에서 태어난 이복형들이 있었지요. 당연히 키예프 공국의 공후 자리는 큰형인 야로폴크Yaropolk의 차지가 되었습니다.

권력욕이 강했던 야로폴크는 친동생인 올레그Oleg를 죽이고 그의 영지인 드레블랴닌 지역을 차지했습니다. 그런 상황을 보면서 블라디미르는 큰형이 자신을 해칠지 모른다는 불안감을 가질 수밖에 없었습니다. 결국 형제 사이에 전쟁이 일어났고, 최후의 승자는 블라디미르가 되었습니다.

야로폴크를 죽이고 키예프 공후가 된 블라디미르는 종교의 통일을 통해 강력한 지배력을 갖고자 했습니다. 그 당시만 해도 러시아 사람들은 다양한 토착 종교를 믿고 있었던 것입니다.

블라디미르는 국교를 정하기 전에, 가톨릭, 그리스 정교회, 이슬람교, 유대교 등 다양한 종교를 검토했다고 합니다. 그중에서 그리스 정교회를 받아들인 이유로, 콘스탄티노플(당시의 강대국이

었던 비잔틴 제국의 수도로 현재
의 이스탄불)의 성 소피아 성당을
보고 온 신하가 건물의 화려함과
그 안에서 이루어진 의식의 장엄
함을 설명하자 마음이 끌려 그리
스 정교회를 선택했다는 이야기
가 전합니다.

그러나 더 신빙성이 있는 것은,
그가 비잔틴 제국의 황녀인 안나
Anna of Byzantium와 결혼하기 위해
그리스 정교회를 받아들였다는

Ivan Eggink, '블라디미르가 종교를 선택함'

것입니다. 이에 관한 이야기는 트레티야코프 미술관 47번 방에 있는 '꼬르순을 공격하는 블라디
미르'란 그림을 보면서 자세히 할 예정(392쪽)이므로 생략합니다.

어느 것이 더 중요한 이유였든지, 블라디미르가 그리스 정교회를 받아들여 국교로 정한 것은 러
시아 역사에서 중요한 분수령이 됩니다. 성서의 보급을 위해 키릴문자를 도입했고, 교회 건축을
위해 건축과 예술이 발달했으며, 기독교 사상을 반영하여 법률을 정비하는 등, 러시아 사회는
한 단계 도약의 계기를 맞게 되었기 때문입니다. 단일 종교를 통해 백성들이 하나로 단결해 강
력한 국가를 만든 것도 중요한 성과였지요. 그래서 블라디미르와 그의 아들 야로슬라프 블라디
미로비치Yaroslav Vladimirovich 시대를 '키예르 공국의 황금시대'라고 부르는 것입니다.

그러나 학자에 따라서는 블라디미르가 가톨릭이 아닌 그리스 정교회를 수용함으로써 러시아가
서유럽으로부터 멀어지는 계기가 되었다고 설명합니다. 러시아 제국의 표트르 대제가 서유럽을
닮고자 많은 노력을 기울였음에도 불구하고 여전히 서유럽과 다른 성격을 갖는 중요한 이유 중
의 하나가 러시아 정교회 때문이라는 것입니다.

어쨌든 블라디미르는 세속적인 생활에서는 그리 바람직한 모습을 보여주지 못했지만, 러시아
정교회 입장에서는 중요한 업적을 남긴 인물이므로 성인으로 추앙하고 있습니다. 모스크바를
여행하다 보면 성당에서 종종 그의 모습을 볼 수 있는데, 예를 들면 구세주 그리스도 성당의 북
쪽 파사드 왼쪽 출입문 위에서 할머니 올가와 함께 있는 그의 조각상을 볼 수 있습니다.

돔과 천장의 성화 ⑥

대천사 성당의 천장을 올려다보면 하느님의 무릎에
앉아 있는 어린 예수를 그린 그림이 있습니다. 그리고
비슷한 구도의 그림이 천장 중앙(돔 천장)에도 있는데,
둘 다 '친자 관계The Paternity'라는 제목이 붙어 있습니다.
예수가 하느님의 아들이라는 사실을 강조하려는 의도
로 보입니다.

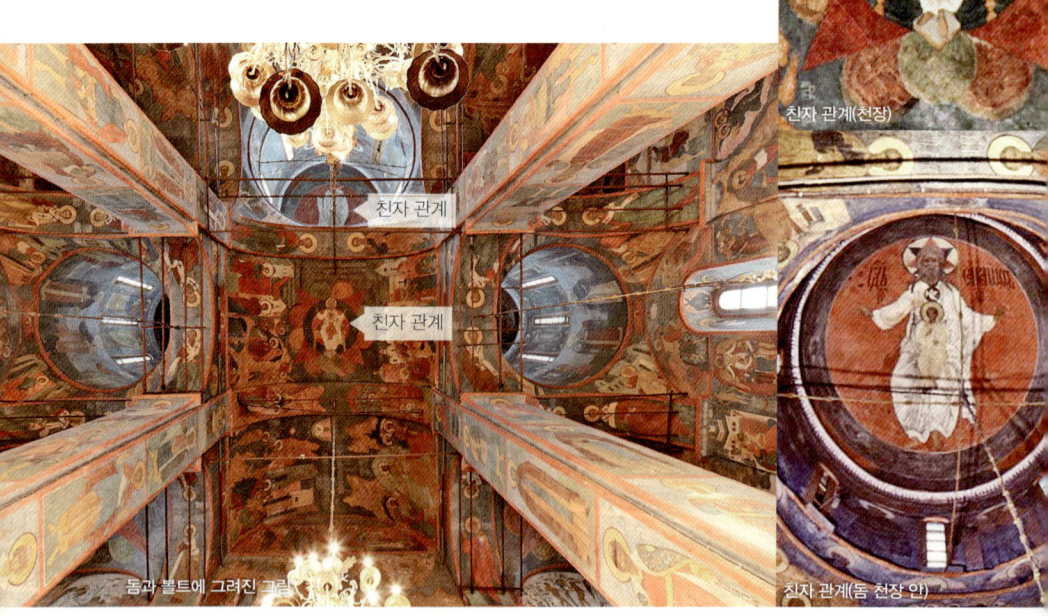

친자 관계(천장)

친자 관계

친자 관계

돔과 볼트에 그려진 그림

친자 관계(돔 천장 안)

친자 관계

1차 니케아 공의회

수태고지(왼쪽)와 예수의 탄생

수태고지와 예수 탄생

천장 볼트의 벽화 확대

1차 니케아 공의회

천장의 '친자 관계' 그림 옆에는 두 종류의 그림이 있는데, 왼쪽은 '수태고지와 예수의 탄생The Annunciation and the Nativity of Christ'을 주제로 하였고 오른쪽은 1차 니케아 공의회The First Ecumenical Council of Nicaea'를 주제로 했습니다.

이 가운데 수태고지나 예수의 탄생은 앞에서 여러 차례 본 장면이니 설명을 생략하고, 1차 니케아 공의회에 대해 알아보겠습니다.

1차 니케아 공의회는 325년에 콘스탄티누스 1세가 소집한 공의회로, 니케아Nicaea(현재의 터키 이즈니크)에서 열렸으므로 그렇게 부릅니다. 각지의 주교들이 한자리에 모여 교리 해석을 놓고 토론했는데, 이는 313년 밀라노 칙령에 의해 기독교가 공인된 후 최초로 열린 대규모 종교회의였습니다.

이때의 회의에서 가장 중요하게 다루어진 문제는 예수의 신성神性에 대한 해석이었지요. 그 당시 아리우스Arius라는 이름의 사제는 "예수는 하느님이 창조한 피조물이고, 하느님으로부터 세상을 구할 임무를 받은 특별한 존재이며, 다른 피조물과 하느님 사이를 중개하는 역할을 한다."고 주장했습니다. 한마디로 요약하자면, 예수는 인간보다는 높지만 신보다는 낮은 존재이므로, 예수 자신이 신은 아니라는 뜻이지요. 이는 삼위일체를 부정하는 주장이었습니다.

이에 대해 아타나시우스Athanasius라는 사제는 "예수는 하느님의 아들이며, 아버지인 하느님과 아들인 예수는 동일한 존재다. 성령 또한 하느님과 동일한 존재다."라고 주장했습니다. 삼위일체를 옹호하는 입장이었던 것입니다.

두 주장을 놓고 참석자들이 치열한 논쟁을 벌인 끝에 아리우스의 주장은 이단으로 배격되고, 아타나시우스의 주장이 채택되었습니다. 그 후로 기독교에서는 성부와 성자와 성령은 동일한 위격을 갖는다는 삼위일체를 믿게 되었지요.

이후로도 여러 차례 공의회가 개최되었지만, 325년에 니케아에서 확립된 삼위일체론은 그대로 유지되어 현재에 이르고 있습니다.

대천사 성당 천장에 마리아가 성령으로 잉태하게 됨을 대천사 가브리엘로부터 전해 듣는 '수태고지'와 어린 예수가 하느님의 무릎에 앉아 있는 '친자 관계', 그리고 삼위일체론을 확립한 1차 니케아 공의회 그림이 동시에 등장하는 것은 내용상 관련이 있기 때문일 것입니다.

돔 천장 중 하나에는 어린 예수가 천사의 모습으로 그려져 있는데, 이것은 '축복받은 침묵의 그리스도Christ the Blessed Silence'를 표현한 것이 아닐까 합니다.

축복받은 침묵의 그리스도

상트페테르부르크 그리스도 부활 성당 돔 천장에
그려진 '축복받은 침묵의 그리스도'

정교회 이콘화 속의 '축복받은 침묵의 '그리스도'

동방정교회에서는 특별히 어린 시절의 예수를 날개 달린 천사의 이
미지로 표현하는 경우가 있는데, 상트페테르부르크의 그리스도 부활
성당 돔 천장에서도 비슷한 그림을 볼 수 있습니다. 서방 교회의 성화
에서는 보기 어려운 주제이지만, 정교회의 이콘화에서는 드물지 않게
볼 수 있습니다.

대천사는 누구인가

크렘린의 대천사 성당은 그 이름으로 미루어 볼 때 기독교에서 말하는 대천사에게 봉헌된 것임이 분명합니다. 그러면 대천사란 무엇을 말하며, 이 성당을 봉헌 받은 대천사는 누구일까요? 그 문제를 한번 알아봅시다.

대천사大天使, archangel란, 하느님의 뜻을 인간에게 전하고 인간을 도와주는 역할을 하는 천사를 말합니다. 대천사는 천사들 중에서 특별히 지위가 높은 존재로 여겨지며, 대개 미카엘과 가브리엘, 그리고 라파엘을 대천사의 핵심으로 봅니다.

미카엘에 대한 설명은 이 책에서 여러 번에 걸쳐 하게 되므로 생략합니다. 그는 악천사의 반란을 제압한 천상 군대의 우두머리이므로 칼이나 창을 휘두르는 전사戰士의 이미지로 그려지는 경우가 많다는 점을 한 번 더 강조합니다.

가브리엘 또한 자주 언급되는 대천사입니다. 대천사들 중에서는 유일하게 여성성을 가진 것으로 보이며, 주로 수태고지와 관련된 일화에 등장합니다.

가브리엘로부터 수태고지를 들은 인물로 대표적인 이는 당연히 예수의 어머니인 마리아입니다. 그녀는 요셉과 정혼한 상태에서 성령으로 잉태하게 됨을 가브리엘로부터 듣습니다. 이 일은 예수의 일생에서 매우 중요한 장면이므로 기독교 성화에서 흔히 볼 수 있지요.

❶ Raffaello Sanzio, '사탄을 무찌르는 성 미카엘', 창으로 사탄을 물리치는 대천사 미카엘
❷ Simon Ushakov '악마를 밟고 있는 대천사 미카엘', 칼로 악마를 제압한 대천사 미카엘
❸ Caravaggio, '수태고지' ❹ El Greco, '수태고지'

그런데 가브리엘로부터 수태고지를 듣는 이는 마리아가 유일하지 않습니다. 세례자 요한의 아버지인 사가랴Zecharias도 가브리엘의 방문을 받고 부인 엘리사벳이 늦둥이 아들을 낳게 되리라는 사실을 전해 듣지요.

예루살렘 성전의 제사장이던 사가랴는 늦도록 슬하에 혈육을 두지 못했습니다. 그러던 어느 날 대천사 가브리엘이 찾아와 아들을 낳을 것이라고 알려줍니다. 자식을 얻기에는 자신이 너무 늙었다고 생각한 사가랴는 그 말을 믿지 않았는데, 그 벌로 아들이 태어날 때까지 일시적으로 말을 하지 못했다는 이야기가 전합니다. 사가랴에게 수태고지 하는 가브리엘의 모습도 그림에서 종종 찾아볼 수 있습니다.

Domenico Ghirlandaio, '사가랴에게 나타난 천사'

Alexander Andreyevich Ivanov, '사가랴를 일시적인 벙어리로 만드는 대천사 가브리엘'

대천사 라파엘의 이름은 '하느님께서 고쳐 주셨다'라는 뜻이며, '치유의 천사', '인간의 영혼을 지키는 천사'라는 별칭을 갖고 있습니다. 인간들의 고통을 치유해 주는 상냥한 마음씨를 가진 천사라고 여겨지지요.

그가 이런 성격을 갖게 된 것은 아마도 『구약성서』에 등장하는 토비야와 관련된 일화 때문으로 보입니다. 이런 내용이지요.

맹인이 된 토비트는 아들 토비야에게 메디아에 가서 지인에게 빌려준 돈을 받아오라고 시킵니다. 메디아에 가는 방법을 몰랐던 토비야는 함께 갈 일행을 구했는데, 천사의 신분을 숨긴 라파엘이 토비야와 동행하기로 약속합니다.

❶ Francisco de Goya, '토비야와 대천사 라파엘'
❷ Pieter Lastman, '물고기를 잡은 토비야와 대천사 라파엘'
❸ Simon Hendricksz, van Amersfoort, '토비야와 맹인 토비트를 치유하는 라파엘'

메디아로 가던 중 토비야는 티그리스강에서 발을 씻으려다가 물고기에게 물리는데, 라파엘은 토비야에게 그 물고기를 잡아서 간과 쓸개와 염통을 잘 간수하라고 이릅니다. 토비야는 라파엘이 시키는 대로 하지요.

메디아에 도착하고 보니, 그곳에는 결혼할 때마다 악마가 나타나 남편을 죽이는 바람에 과부가 된 사라라는 여인이 있었습니다. 모두들 그녀를 두려워하여 더 이상 구혼자가 나타나지 않았는데, 라파엘은 토비야에게 그녀와 결혼하라고 권합니다. 토비야 또한 두려운 마음에 그 제안을 거절하지요. 그러자 라파엘은 티그리스강에서 잡은 물고기에서 얻은 간과 염통을 태워 악마를 물리치라고 일러주고, 그대로 하자 악마는 달아나버렸다고 합니다. 사라와 결혼한 토비야는 장인으로부터 막대한 재물을 물려받았지요.

신부를 데리고 고향으로 돌아온 토비야는 라파엘이 일러준 대로 물고기의 쓸개즙으로 눈먼 아버지를 치료하였다고 합니다. 라파엘이 치유의 천사로 여겨지는 것은 아마도 악마를 물리치고 맹인의 눈을 뜨게 하는 기적을 선보였기 때문으로 보입니다.

그래서인지 라파엘은 물고기를 들고 있는 어린 토비야와 함께 그려지는 경우가 매우 흔합니다.

Francesco Botticini, '토비야와 세 명의 대천사'

세 명의 대천사는 이상에서 설명한 것처럼 각각의 특징이 있습니다. 그 점을 이해한다면 그들이 함께 등장하는 그림에서도 각각을 구별할 수 있지요. 위 그림에서 왼쪽의 천사는 칼을 들고 있으니 미카엘이고, 가운데 천사는 물고기를 든 토비야와 함께 있으니 라파엘이며, 오른쪽의 천사는 마리아의 순결을 상징하는 백합꽃을 들고 있으니 가브리엘인 것입니다.

그렇다면 크렘린에 있는 대천사 성당은 이들 중 누구에게 봉헌한 것일까요? 바로 러시아군의 수호천사인 미카엘이 주인공입니다. 성당 안 성화벽 아래쪽에 전사 이미지의 미카엘을 그린 이콘화가 있는데, 이 성당이 그에게 바쳐진 것이라는 명백한 증거가 되는 그림입니다.

성 조지와 대천사 미카엘

유럽을 여행하다 보면, 미술관이나 성당에서 긴 창을 든 이가 악룡(惡龍)을 찌르는 모습을 자주 발견할 수 있습니다. 악룡은 괴수, 괴물, 악마 등으로 표현되기도 합니다. 그런 작품들은 얼핏 비슷하게 보이지만, 주인공의 모습을 기준으로 크게 두 종류로 구분할 수 있지요. 말을 탄 채 악룡을 무찌르는 기사 복장의 인물과 등에 날개를 달고 괴물(악마)을 무찌르는 천사로 나눌 수 있는 것입니다. 전자의 경우는 '성 조지(러시아에서는 성 게오르기라고 함)'로, 성모 승천 성당의 성 게오르기 이콘화를 보면서 설명했던 바로 그 인물입니다. 그리고 후자의 경우는 대천사 미카엘로, 데이시스에 대천사 가브리엘과 함께 등장하는 인물이지요.

성 조지와 대천사 미카엘은 모스크바를 여행하는 동안 자주 만나게 될 것이므로, 비교하면서 감상하는 시간을 갖도록 하겠습니다.

먼저, 성 조지입니다. 그는 악룡을 무찌르고 공주를 구한 영웅이자 로마 제국 당시 기독교 신앙을 지키기 위해 순교한 사람입니다. 미술 작품 속에서는 순교자의 모습보다는 악룡을 퇴치하는 모습으로 자주 등장합니다. 기독교 국가에서 중요하게 여기는 성인(聖人)이기도 하지만, 영웅 설화의 효시에 해당하는 인물이기 때문에 각별한 사랑을 받는 것으로 보입니다. 괴물을 무찌르는 이가 말을 타고 있으며 날개가 없다면 성 조지로 보아도 무방할 것입니다.

Gustave Moreau,
'성 조지와 용'

국립 러시아박물관 소장 이콘화

웨스트민스터 사원

하이델베르크의 간판

죄를 저울에 다는 미카엘

파리 노트르담 대성당의 정면 파사드

Cornelius van Poelenburgh,
'낙원으로부터의 추방'

파리 생 미셸거리의
대천사 미카엘 상

빈 페스트 기념탑의 대천사 미카엘

대천사 미카엘은 성당 장식, 혹은 성화에서 흔히 볼 수 있습니다. 성서에 등장하는 인물이기 때문입니다. 대개 칼을 휘두르는 모습일 때가 많은데, 이때의 칼은 '불 칼'로 봅니다.

그런가 하면 그의 이름을 딴 거리에서도 악마를 무찌르는 그의 멋진 모습을 볼 수 있지요. 파리의 생 미셸거리는 대표적인 예입니다.

대천사 미카엘은 악천사들이 반란을 일으켰을 때 제압한 천상 군대의 우두머리이지만, 그 밖에도 맡은 역할이 다양합니다.

먼저, 아담과 이브를 에덴동산에서 추방할 때 하느님의 뜻을 전달한 게 미카엘입니다. 낙원으로부터의 추방Expulsion from Eden을 그린 그림을 보면 불 칼을 휘두르는 단호한 태도의 미카엘을 볼 수 있습니다.

최후의 심판의 날에 죽은 자의 죄를 저울에 달아 천국과 지옥으로 보내는 역할을 맡은 것도 미카엘이지요. 동방정교회의 성당 서쪽 벽에는 대개 최후의 심판을 주제로 한 벽화가 그려지므로, 미카엘이 저울을 들고 죄를 판단하는 모습과 죄인들을 지옥으로 쫓아 보내는 모습을 볼 수 있습니다.

유럽에는 흑사병이 유행했을 때 대천사 미카엘이 나타나 병을 퇴치했다는 이야기가 전해지는 지역이 있습니다. 바티칸의 산탄젤로성에 세워진 천사상은 그런 믿음의 산물이고, 빈Wien 그라벤 거리의 페스트 기념탑도 그런 믿음과 관련 있습니다.

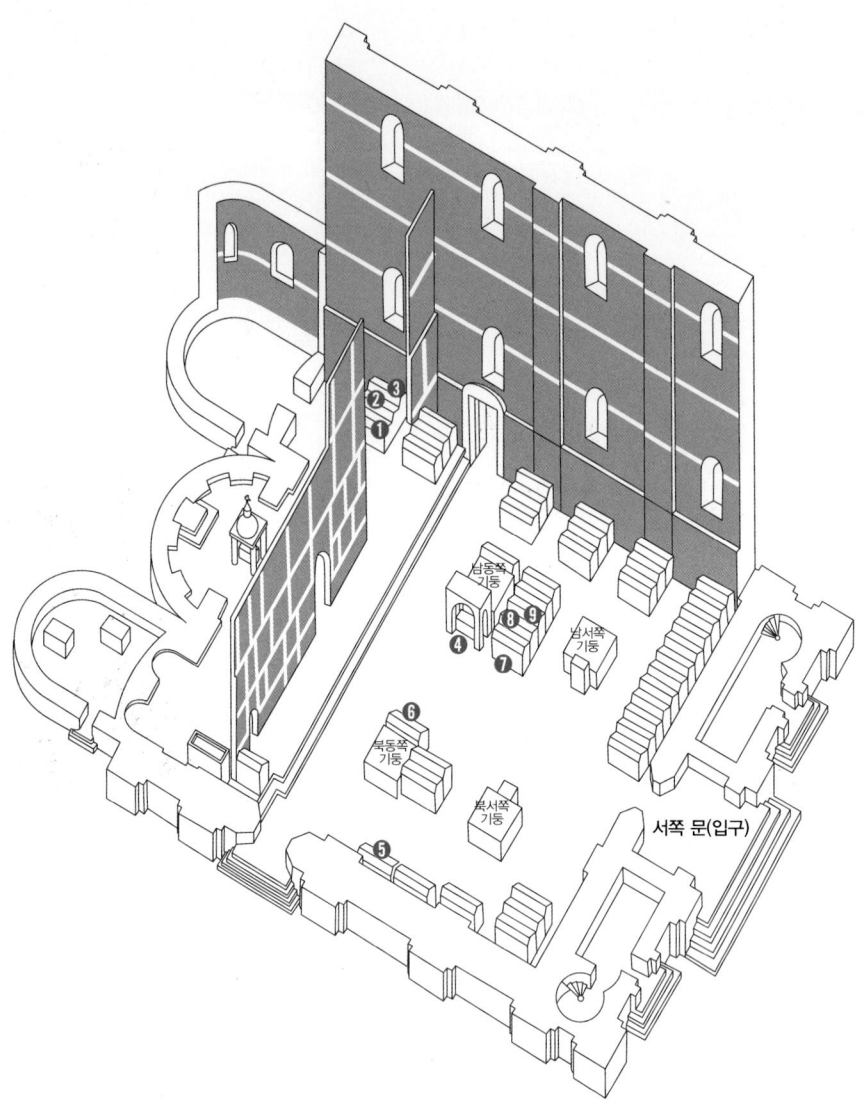

❶ 이반 4세의 관
❷ 이반 왕자의 관
❸ 표도르 1세의 관
❹ 드미트리 2세의 영묘
❺ 미하일 체르니곱스키 공후의 유골이 담긴 관

❻ 표트르 2세의 관
❼ 알렉세이 미하일로비치의 관
❽ 알렉세이 알렉세이비치의 관
❾ 미하일 표도로비치의 관

대천사 성당 안의 무덤들 ⑦

성모 승천 성당이 러시아 제국 황제들의 대관식이 열린 곳으로 중요하다면, 대천사 성당은 류리크 왕조와 로마노프 왕조 사람들이 잠들어 있는 곳으로 중요합니다. 표트르 대제가 새로 건설한 상트페테르부르크로 러시아의 수도를 옮긴 후, 그곳에 지은 페트로파블롭스크 교회에 묻힌 이후로 황제와 황실 가족들은 그곳에서 영면을 취하게 되었지만, 그 전까지는 대천사 성당이 그 역할을 했던 것입니다.

대천사 성당에 묻힌 50여 명 중에서 몇 사람을 골라 설명하도록 하겠습니다.

이반 4세 일가의 관

이반 4세(❶)와 그의 두 아들인 이반 왕자와 표도르 차르의 관(❷,❸)은 지성소의 성물 보관실에 나란히 놓여 있습니다. 성화벽 뒤에 있기 때문에 일반인들은 보기 어렵습니다.

이반 4세처럼 통치 전반기와 후반기의 평가가 극단적으로 나뉘는 경우도 드물 것입니다.

바실리 3세의 장남으로 태어난 이반은 겨우 세 살 때 모스크바 대공에 즉위합니다. 바실리 3세가 독실한 러시아 정교회 신자였던 첫 번째 부인과 이혼한 뒤 주변의 반대를 무릅쓰고 재혼한 엘레나 글린스카야

Viktor Vasnetsov, '폭군 이반'
(트레티야코프 미술관 26번 방)

Ilya Repin, '폭군 이반과 그의 아들 이반'
(트레티야코프 미술관 30번 방)

이반 4세와 그의 두 아들의 석관

아들을 때려 숨지게 한 뒤 그 사실을 깨닫고
경악하는 이반 4세

와의 사이에서 태어났기 때문에, 이반은 어려서부터 주변의 따가운 눈초리에 시달려야 했습니다. 게다가 8살 때 어머니가 귀족들에게 암살당하는 것을 보았기 때문에 정서적으로 불안정할 수밖에 없었습니다.

그래도 그는 권력 기반을 착실히 다진 끝에 1547년 새로 대관식을 치르며 '차르tsar'로 등극합니다. 그동안 모스크바 공국의 지배자를 '대공'이라 부르던 것에서 한 걸음 나아가 '국왕'으로 지위를 승격시킨 것이지요.

통치 전반기는 개혁 정책을 추진하여 국정을 안정시키고 정복 전쟁을 통해 영토를 확장하여 민심을 얻기도 했지만, 부인 아나스타샤 로마노브나가 사망한 후 폭군으로 돌변하고 맙니다.

그의 비이성적이고 광적狂的인 행동은 후계자인 이반을 죽이는 비극적인 사건을 낳습니다. 며느리의 옷차림이 마음에 안 든다고 지팡이로 때려 유산시켰는데, 그 사실을 알고 이반이 아버지에게 항의하자 이성을 잃고 마구 때려 결국 죽음에 이르게 한 것입니다. 이때 죽은 아들 이반이 아버지 옆에 잠들어 있는 것입니다.

Aleksey Kivshenko, '보리스 고두노프에게 황금 목걸이를 선물하는 표도르 이바노비치'

처남인 보리스 고두노프에게 황금 목걸이를 걸어주는 표도르 1세. 차르의 권력을 넘기는 것으로
생각할 수 있을 정도로, 표도르 1세는 무능한 통치자였다.

이반 4세는 4명의 아들을 두었는데, 첫아들인 드미트리는 한 살 때
죽었고(1552~1553년), 둘째 아들인 이반은 아버지의 손에 죽음을 당했
으며(1554~1581년), 막내아들인 드미트리 우글리치는 훗날 석연치 않은
이유로 사망합니다(1582~1591년). 결국 이반 4세의 뒤를 이어 차르에
등극하는 것은 셋째 아들인 표도르 1세이지요. 아버지와 형 곁에서 영
면을 취하고 있는 이가 바로 그입니다.

문제는 표도르 1세가 통치 능력이나 건강 면에서 차르의 역할을 감당
하기에 턱없이 부족했다는 점입니다. 그는 자신의 통치 기간 중 차르로
서 어떠한 업적도 남기지 못하였고, 실질적인 권력은 그의 처남인 보리
스 고두노프 손으로 들어갔습니다. 그러다가 표도르 1세가 후사 없이
사망하였으므로, 류리크 왕조는 맥이 단절됩니다.

표도르 1세가 죽은 뒤 많은 혼란이 일어났고, 결국 그의 외가 쪽 사
람인 미하일 로마노프가 차르에 등극하면서 러시아 땅에 로마노프 왕
조의 새 시대가 열리게 됩니다.

드미트리 2세의 영묘

이반 4세의 막내아들인 드미트리 2세(우글리치의 드미트리)는 1582년 10월 19일에 태어나 1591년 5월 15일에 우글리치Uglich에서 칼로 목이 베인 채 사망합니다. 채 열 살도 되기 전의 어린 나이였지요.

1591년은 이반 4세의 아들이자 드미트리 2세의 형인 표도르 1세가 재위하고 있던 때입니다. 표도르 1세는 명목상 차르이긴 했지만 통치 능력도 부족하고 건강 상태도 좋지 않아 실제로는 그의 처남인 보리스 고두노프가 실권을 장악하고 있는 상태였습니다. 만약 표도르 1세가 사망한다면 그의 유일한 동생인 드미트리 2세가 차르의 자리에 오르게 되어 있었지요.

그런 상황에서 갑작스럽게 왕위 계승권자가 사망하자 의혹이 제기될 수밖에 없었습니다. 그래서 조사위원회가 나서서 죽음의 원인을 조사 했지만, 어린 왕자가 칼을 가지고 놀다가 실수로 자신의 목을 찌른 것 이라고 결론을 내렸기 때문에 민심이 흉흉했다고 합니다. 사람들은 권 력의 실세였던 보리스 고두노프가 자객을 보내 암살한 것이라고 믿었 으며, 어떤 사람들은 자객이 죽인 것은 왕자와 비슷하게 생긴 다른 아 이였고 진짜 드미트리는 살아 있다고 믿기도 했습니다. 이러한 민심은 훗날 가짜 드미트리가 나타나 러시아 사회를 큰 혼란에 빠뜨리는 계기 가 되었지요.

드미트리 왕자는 죽은 지 15년 뒤인 1606년에 러시아 정교회로부터 성인으로 시성됩니다. 신앙심이 두터웠기 때문이라고 하는데, 어린아 이의 신앙심이 깊으면 얼마나 깊었다는 말인지 의구심이 듭니다. 그보 다는 드미트리를 살해했다는 의심을 받던 보리스 고두노프에 대한 반 감이 드미트리의 시성으로 표현된 것이 아닐까 싶습니다. 보리스 고두노프가 차르로 있던 시기는 여러 차례 기근이 발생하여 백성들의 삶이 피폐해졌고, 농노들에 대한 가혹한 처분으로 민중의 불만이 극에 달했기 때문입니다. 가짜 드미트리가 나타나 사람들을 선동할 수 있었던 것은 이와 같은 참혹한 현실이 바탕에 깔려 있었기 때문이었습니다.

보리스 고두노프가 죽은 지 1년 만에 아홉 살의 나이로 죽은 왕자를 러시아 정교회의 성인으로 시성한 것은 어쩌면 그런 사연 때문이 아닐까 하는 생각이 듭니다.

드미트리 2세의 영묘

성인聖人의 품위品位를 받았기 때문인지 드미트리 2세의 영묘(❹)는 차르들의 묘보다 더 꾸밈새가 번듯합니다. 심지어 그의 아버지인 이반 4세의 석관조차 성당 바닥에 놓인 채 별다른 장식이 없는데, 드미트리 2세의 석관은 아름다운 지붕의 보호를 받고 있습니다. 묘만 놓고 보면 대천사 성당에 안치된 고인들 중에서 드미트리 2세가 가장 위대한 영웅 대접을 받는 것 같습니다.

드미트리의 관은 그가 성인으로 시성된 1606년에 대천사 성당에 안치되었고, 1813년에 새로운 관으로 교체했다고 합니다.

미하일 체르니곱스키 공후의 유골이 담긴 관

북쪽 벽에 난 문의 왼쪽에 '미하일 체르니곱스키', 혹은 '체르니고프의 미하일'이라고 불리는 인물의 관(❺)이 안치되어 있습니다.

그의 관이 대천사 성당에 안치된 연유를 설명하기 전에, 먼저 미하일 체르니곱스키란 인물에 대해 알아보겠습니다.

그는 키예프 공국과 체르니고프 공국의 공후로, 1185년에 태어나 1246년 9월 20일에 사망한 것으로 알려졌습니다. 그가 살았던 당시는 러시아가 '타타르의 멍에(1240~1480년에 걸쳐 러시아가 몽골 제국의 지배를 받은 시기)'로 시달림을 받기 시작한 무렵이라 나라 안 사정이 어려울 때였습니다.

그는 그 문제를 해결하기 위해 킵차크 칸국의 바투 칸Batu Khan을 찾아갔다고 합니다. 아마도 외교적으로 문제를 풀어보려는 시도가 아니었을까 합니다.

미하일 체르니곱스키 공후의 유골이 담긴 관

미하일 체르니곱스키 공후와 관 뚜껑에 그려진 그림

미하일 체르니곱스키 공후

그런데 바투 칸의 진영에 도착한 그는 엉뚱한 문제로 난관에 부딪히고 맙니다. 바투 칸이 자신이 섬기는 종교적 상징물에 절을 하라고 요구한 것입니다. 당시 몽골 제국은 이슬람교나 불교 등의 다양한 종교를 허용했는데, 이슬람교는 우상 숭배를 금지하므로 여기서 말하는 종교적 상징물은 아마도 불교의 불상을 말하는 게 아닌가 합니다.

어쨌든 러시아 정교회 신자였던 미하일 체르니곱스키로서는 바투 칸의 요구를 따를 수 없었습니다. 그래서 단호하게 거부하자

Vasiliy Smirnov, '바투 칸의 진영에서 우상 숭배를 거부하는 미하일 체르니곱스키 공후(트레티야코프 미술관 27번 방)'

바투 칸은 그를 처형했다고 합니다. 나라의 어려움을 풀고자 적진을 찾아갔다가 엉뚱한 문제로 목숨을 잃고 만 것입니다.

종교적 신념을 지키기 위해 목숨을 버린 미하일을 러시아 정교회는 성인품에 올렸고, 1570년대에 이반 4세는 체르니고프에 있던 그의 유골을 모스크바로 옮겨 오도록 했습니다. 처음 그의 유골은 동으로 만든 관에 안치되었는데 1688년에 새로 제작한 목관으로 옮겼다고 합니다. 그것을 대천사 성당으로 이전한 것은 1774년이라고 하는군요.

표트르 2세의 관

표트르 대제라고도 불리는 러시아 제국의 초대 황제 표트르 1세에게는 알렉세이라는 장남이 있었습니다. 첫 번째 부인인 예브도키야 로푸히나에게서 낳은 아들이었는데, 황태자로 정해졌지만 반역죄로 몰려 옥중에서 사망합니다. 그는 죽기 전에 표트르라는 어린 아들을 남겼지요.

표트르 대제가 죽은 후, 러시아 제국의 황위는 그의 두 번째 부인인 예카테리나 1세에게 넘어갑니다. 장남의 반역 행위에 실망한 표트르 대제가 장자 우선의 황위 계승 원칙을 버리고 황제가 직접 지명하도록 바꾼 결과였습니다. 예카테리나의 황제 등극은 표트르 대제가 사망한 후 신하들이 결정한 일이지만, 결과적으로는 표트르 대제가 유난히 금슬이 좋았던 두 번째 부인에게 황위를 물려준 셈이 되었습니다.

황제가 된 예카테리나 1세는 세상을 떠나기 직전, 비운의 황태자 알렉세이가 남긴 표트르를 자신의 후계자로 지명합니다.

태어난 지 열흘 만에 어머니가 죽고, 아버지는 반역 죄인으로 몰려 감옥에서 죽은 까닭에 표트르는 체계적인 교육을 받지 못하고 불우하게 자랐습니다. 당연히 제위에 올랐을 때 실질적인 통치를 할 만한 역량을 갖추지 못했지요. 어쩌면 그런 점이 그를 황제의 자리에 오르게 했을지도 모릅니다. 권력을 장악한 귀족들 입장에서는 무능한 황제가 더 편했을 테니까요. 물론 표트르 대제의 유일한 직계 남성 후손이라는 점도 고려되었을 겁니다.

열두 살의 어린 나이에 즉위한 표트르 2세는 황제로서의 뜻을 펴기도 전에 천연두로 사망하고 맙니다. 재위 3년 만인 1730년의 일이었지요.

북동쪽 기둥 옆에 놓여 있는 표트르 2세의 관
(오른쪽 끝)

남동쪽 기둥 옆 왼쪽부터 알렉세이 미하일로비치,
알렉세이 알렉세이비치, 미하일 표도로비치의 관

그는 러시아 제국의 황제로서는 대천사 성당에 묻힌 유일한 인물(❻)입니다. 그의 할아버지인 표트르 대제, 아버지인 알렉세이, 할머니인 예카테리나 1세 등이 새로운 수도 상트페테르부르크에 신축한 페트로 파블롭스크 성당에 묻힌 것을 생각하면, 그의 외로움이 느껴지는 대목입니다.

로마노프 왕조 초기 차르의 관

남동쪽 기둥, 즉 드미트리 2세의 영묘 근처에는 로마노프 왕조 초기 차르의 관들이 놓여 있습니다. 로마노프 왕조의 시조인 미하일 표도로비치(❾)와 그의 아들이자 두 번째 차르인 알렉세이 미하일로비치(❼), 그리고 알렉세이의 아들로 보이는 알렉세이 알렉세이비치(❽)의 관이 그것입니다.

미하일 표도로비치의 대관식

미하일 표도로비치는 로마노프 가문의 일원이었습니다. 그의 아버지가 이반 4세의 부인인 아나스타샤의 조카였으므로 류리크 왕조와도 관련이 있었습니다. 류리크 왕조가 단절되고 난 뒤 가짜 드미트리가 나타나 나라가 어수선하던 시절에 격랑에 휘말려 고난의 시기를 보냈지만, 1613년에 국민회의의 추대를 받아 새로운 차르로 등극하게 됩니다.

미하일의 장남으로 태어나 로마노프 왕조의 2대 차르가 된 알렉세이 미하일로비치는 1645년에 열여섯 살의 나이에 등극해 1676년 사망할 때까지 31년간 통치했으니 비교적 재위 기간이 긴 편입니다. '가장 온화한 자'라는 평을 들을 정도로 성품이 겸손하고 주변 사람들을 배려하는 마음이 깊었다고 전해집니다.

그는 내부적으로는 전제 강화와 국가재정 확충을 위해 노력했고, 대외적으로는 정복 전쟁을 통해 우크라이나, 동시베리아, 극동 지역 등을 병합함으로써 러시아의 영토를 크게 넓혔다는 평가를 받습니다. 그러나 그 과정에서 봉건적 착취와 박해가 심해져 여러 차례 폭동이 일어나기도 했습니다.

알렉세이 미하일로비치의 관 옆에 놓인 관은 그의 아들인 알렉세이 알렉세이비치의 것으로 보입니다. 차르의 여러 아들 중 하나였으므로 그에 대한 자료는 찾기 어렵습니다.

타타르의 멍에

러시아의 역사를 살피다 보면, '타타르의 멍에Tartar Yoke'라는 용어를 자주 만나게 됩니다. 러시아 역사에서 가장 고통스럽고 굴욕스러웠던 약 240년(1240~1480년)의 역사를 일컫는 말입니다.

칭기즈칸의 셋째 아들로 몽골 제국의 2대 칸에 오른 오고타이Ogotai(원 태종)는 조카 바투Batu에게 군대를 주어 몽골 서쪽 지역을 공격하게 합니다. 바투는 칭기즈칸의 장남이었던 주치Juchi, 朮赤의 아들로, 아버지의 영지를 물려받아 통치하던 중 숙부인 오고타이의 부름을 받아 유럽 원정에 나선 것입니다. 이것이 1236년의 일로, 유럽 역사에 공포의 기록으로 남은 '바투의 유럽 원정'입니다.

당시 몽골의 유목민 부대를 막을 수 있는 나라는 없었습니다. 그들을 유럽 사람들은 '타타르Tatar'라고 불렀는데, 이 말은 본디 그들의 부족명이었지만 유럽 사람들은 그리스 신화의 지옥 '타르타로스Tartarus'를 연상하며 두려움에 떨었습니다. 실제로 몽골 부대는 흡사 지옥에서 온 사자使者처럼 잔인했으며, 그들이 지나간 곳은 생지옥으로 변했습니다. 그들이 저지른 살육과 약탈은 소문만으로도 사람들을 공포에 떨게 했지요.

바투의 원정군이 들이닥친 러시아의 공국들은 속수무책이었습니다. 그들은 나름대로 저항했지만, 1237년에 라잔 공국이, 1238년에는 블라디미르-수즈달 공국이 함락되었고, 러시아의 정치적 중심이던 키예프 공국마저 1240년에 항복하고 말았습니다. 키예프 공국은 철저히 파괴되어 찬란했던 문화유산이 거의 남지 않을 정도였다고 합니다.

러시아를 굴복시킨 몽골군은 폴란드와 헝가리, 독일까지 공격하며 전 유럽을 풍전등화의 위기로 몰아가다가 1241년에 오고타이 칸이 죽었다는 소식을 듣고 공격을 멈추었습니다. 바투는 공격을 중단하는 대신, 1243년에 볼가강변의 사라이Sarai에 도읍을 정하고 킵차크 칸국을 세웠습니다. 바로 이 킵차크 칸국이 이후 240년 동안 러시아를 괴롭히는 '타타르의 멍에'가 됩니다.

킵차크 칸국은 '다루가치'라는 칸의 대리인을 파견하여 러시아의 공국들을 감시하고 간섭하였습니다. 감히 타타르에 저항할 의지를 잃은 러시아 사람들은 다루가치의 간섭을 받으며 막대한 공물을 바치고 칸이 요구하는 대로 군사 징집에 응하는 등, 독립 국가로서의 위상을 잃었습니다. 이 시기의 러시아가 입은 피해는 이루 헤아리기 어려울 정도였는데, 대량학살로 인한 인명 피해, 약탈과 파괴로 인한 재산 손실, 노예로 팔려간 포로들의 끔찍한 고통 등이 대표적인 예입니다. 그밖에도 문화재 파괴와 산업 발달의 장애, 땅의 황폐화 등도 러시아의 발달을 더디게 만든 가혹한 시련이었지요.

이민족의 간섭으로 백성들이 고통 받고 있는 와중에도 통치자들은 킵차크 칸국의 칸으로부터 자신의 직위를 인정받기 위해 경쟁하는 추태를 부려 백성들을 더욱 절망스럽게 했습니다. 킵차크 칸국으로서는 이들의 경쟁을 교묘히 이용해 지배를 강화할 수 있었습니다.

키예프 공국이 함락된 1240년부터 시작된 타타르의 멍에가 다소 느슨해진 것은 드미트리 돈스코이가 쿨리코보 전투Battle of Kulikovo에서 타타르군에게 승리를 거둔 이후부터입니다. 그것이 1380년의 일이니, 거의 140년 동안은 러시아 사람들이 타타르의 멍에 아래 극심한 고통을 당했던 것입니다.

킵차크 칸국은 이후 티무르 제국과 전쟁을 치르며 국력이 약해졌고, 15세기에 들어서는 크림 칸국, 카잔 칸국, 아스트라한 칸국으로 분열되면서 러시아를 압박할 만한 힘을 상실했습니다. 자신들의 문제를 해결하기에 급급했던 것입니다.

Aleksey Kivshenko, '칸의 편지를 찢어버리는 이반 대제'

그런 국제 정세를 읽고 있었던 모스크바 대공국의 이반 3세는 킵차크 칸국의 칸이 보낸 편지를 사신이 보는 앞에서 찢어버림으로써 종속적인 관계를 끝내겠다는 뜻을 분명하게 전합니다.

그러자 킵차크 칸국의 아마드 칸은 러시아를 정벌하기로 하고 군대를 동원합니다. 두 나라는 모스크바 남쪽 우그라 강변에 군대를 배치한 채 겨우내 탐색전을 펼칩니다. 본격적인 전투는 없었다고 합니다. 그러다가 봄이 다가오자 킵차크 칸국의 부대가 조용히 철수했다고 하는군요. 기이한 전쟁의 결말이었습니다.

1480년에 있었던 이 전쟁을 끝으로 러시아에게 씌워졌던 타타르의 멍에는 완전히 벗겨졌으며, 이반 3세는 이후 '이반 대제Ivan the Great'라고 불리게 됩니다. 그리고 킵차크 칸국은 이후 점점 쇠퇴의 길을 걷다가 1502년에 멸망하게 되지요.

4장

크렘린의 다른 건축물들

총대주교 궁전과 12사도 성당 ❶

　현재 총대주교 궁전이 있는 자리에는 모스크바 대주교와 총대주교들의 거주 공간이 있었다고 합니다. 그 자리에 니콘 총대주교의 명으로 3층짜리 새 건물을 지은 것이 1656년의 일이며, 처음에는 사도 필립과 대주교 필립의 이름을 따서 필립 성당이라고 했다는군요. 그러다가 1681년에 요아킴 총대주교가 12사도를 주제로 한 성화를 성당에 안치한 뒤 그것을 기념하여 이름을 12사도 성당으로 고쳤다는 것입니다.

　총대주교 궁전과 부속 시설인 12사도 성당은 하나의 건축물로 전체적인 분위기가 비슷합니다. 밖에서 보았을 때 다섯 개의 은색 돔 지붕 부분이 12사도 성당이 있는 곳이고, 그 반대편에 십자가 홀이 있습니다.

　여기서는 러시아 정교회에서의 총대주교란 직위에 대해 알아봅시다.

　총대주교란 초기 기독교 교회에서 로마 · 알렉산드리아 · 안디옥 · 콘스탄티노플 · 예루살렘의 주교에게 준 칭호로, 특별히 중요하게 여겨진 그 교구들의 최고 지도자를 의미했습니다. 그 밖의 교회 지도자는 부주교副主教, 혹은 대주교大主教라고 했지요.

총대주교 궁전과 12사도 성당

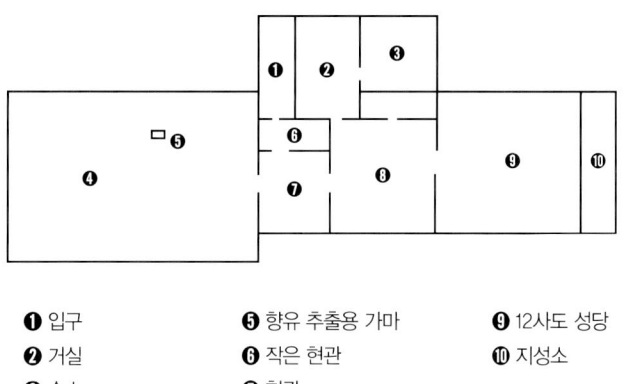

❶ 입구   **❺** 향유 추출용 가마   **❾** 12사도 성당
❷ 거실   **❻** 작은 현관   **❿** 지성소
❸ 숙소   **❼** 현관
❹ 십자가 홀   **❽** 식당

　15세기 중반까지 러시아 정교회는 콘스탄티노플 총대주교에게 소속되어 있었으며, 러시아 정교회의 최고 지도자는 대주교였습니다. 그런데 1448년 요나 대주교가 콘스탄티노플의 승낙 없이 러시아 주교회의에서 러시아 정교회 수장으로 선출되는 일이 발생합니다. 그때까지 콘스탄티노플에 종속되어 있던 처지에서 벗어나 독립하게 된 것이지요.

　그러다가 1589년에 표도르 1세의 명으로 러시아 정교회의 수장을 총대주교라고 부르게 되었고, 최초의 총대주교로 욥Job(1589~1605년 재위)이 선출되었습니다. 성모 승천 성당에서 대관식이 진행되었는데, 러시아 사람들이 모스크바 대주교를 자신들의 결정으로 총대주교로 승격시킨 것은 러시아 정교회의 독립성을 확고하게 만드는 계기가 되었습니다.

　욥 총대주교 이후로 헤르모제네(1606~1612년 재위), 필라레트(1619~1633년 재위), 요아사프 1세(1634~1640년 재위), 요셉(1642~1652년 재위), 니콘(1652~1666년 재위), 요아사프 2세(1667~1672년 재위), 피티림(1672~1673년 재위), 요아킴(1674~1690년 재위), 아드리안(1690~1700년 재위)으로 이어지다가, 아드리안 총대주교가 사망한 뒤로는 총대주교를 선출하지 않게 되었고, 1721년에 총대주교 제도를 폐지했다가 1917년에 복구하였습니다.

총대주교 궁전의 부속 성당인 12사도 성당Twelve Apostles' Church은 러시아 정교회 성당치고는 썰렁한 느낌이 들 정도로 내부 장식이 생략됐습니다. 하지만 17세기 후반에 제작된 성화벽은 정교하게 조각한 뒤 금도금을 하여 매우 귀하고 아름답게 보입니다. 승천 수도원에 있던 것인데 1929년에 수도원이 철거될 때 현재의 자리로 옮겼다고 합니다.

성화벽의 맨 위 단에는 십자가에 매달린 예수가 중앙에 있고, 왼쪽에 마리아 막달레나와 성모 마리아가, 오른쪽에 사도 요한과 롱기누스(로마 군대의 백부장으로, 예수가 죽었는지 알기 위해 창으로 옆구리를 찌른 이. 나중에 기독교의 성인이 됨)로 보이는 창을 든 군인이 있습니다. 이들은 예수가 십자가에서 죽을 때 곁을 지켰던 사람들이지요. 이 성화벽의 백미로 꼽히는 부분입니다.

그 아래인 두 번째 단에는 데이시스가 있습니다. 옥좌에 앉은 예수 좌우로 성모 마리아와 세례자 요한, 대천사 미카엘과 가브리엘, 사도 베드로와 바울이 보입니다.

세 번째 단에는 예수의 일생을 그린 10점의 그림이 있습니다. 왼쪽부터 차례로 수태고지, 예수 탄생, 아기 예수의 성전 봉헌, 예수의 세례, 죄인들을 구하기 위해 지옥으로 내려간 예수, 예수의 예루살렘 입성, 나자로의 부활, 예수의 승천, 예수의 변용, 마리아의 죽음 등입니다.

성화벽의 맨 아래에는 왕의 문 좌우로 러시아 사람들이 사랑하는 이콘화가 그려져 있습니다. 왕의 문 오른쪽에 있는 '옥좌에 앉은 예수'는 1680년대에 제작된 작품이고, 왼쪽에 있는 '테오도르의 성모화'는 로마노프 황실이 숭배한 이콘화라고 합니다.

12사도 성당 성화벽

12사도 성당 벽에 걸린 이콘화들

그리고 나머지 벽에는 이콘화들이 걸려 있습니다. 벽에 그림을 그린 것이 아니라, 다른 곳에서 가져온 이콘화를 걸어둔 것입니다.

12사도 성당의 옥좌 캐노피　　　옥좌 캐노피 지붕 안쪽의 성화

　왕의 문 너머로는 옥좌 캐노피가 보입니다. 캐노피canopy란 지붕 모양의 덮개를 말하며, 기독교에서는 주로 제단이나 설교단의 네 기둥 위에 설치하는 닫집 모양의 시설을 의미합니다. 발다키노baldacchino, 키보륨ciborium, 천개天蓋 등이 비슷한 의미로 쓰이지요.

　캐노피는 원래 귀한 사람이 앉을 자리에 설치하는 것이며, 성당 안의 캐노피는 하느님을 위한 자리나 왕이나 고위 성직자를 위한 자리에만 제한적으로 쓰였습니다. 12사도 성당의 옥좌 캐노피도 지성소 안에 두고 관리하는 것으로 보아 매우 소중한 물건이었을 것입니다. 게다가 1641년에 제작된 것이라니 귀한 유물이 아닐 수 없습니다.

　십자가 홀Cross Chamber은 12사도 성당의 반대편에 위치한 널찍한 방입니다. 지금은 총대주교들의 생활상을 짐작할 수 있는 용품들을 전시하는 공간으로 사용하고 있습니다.

십자가 홀은 러시아 건축 역사에서 특이한 사례라고 합니다. 280㎡의 넓은 공간에 내부 기둥을 세우지 않고 건축했는데, 이는 러시아 역사상 최초의 시도였다는 것입니다. 앞에서 본 크렘린의 성당들이 내부에 2개, 혹은 4개의 기둥을 갖고 있었던 것을 생각하면 이해하기 쉬울 것입니다. 게다가 반원형의 천장에는 식물 문양을 가득 그려 넣었는데, 러시아 건축에서는 보기 힘든 양식입니다. 이곳이 러시아 정교회 총대주교들의 생활공간이었다는 점을 고려한다면, 성서의 내용과 관련 없는 아랍풍(혹은 동양풍)의 천장 장식은 이례적으로 여겨집니다.

이 방을 십자가 홀이라고 하는 이유는, 동쪽에 성화벽을 설치하고 그 옆에 대형 십자가를 세웠기 때문이라고 합니다. 그러나 지금은 성화벽도 십자가도 남아 있지 않고, 다만 방의 이름에만 흔적이 남았을 뿐입니다.

십자가 홀

이 방에서는 종교회의가 열리기도 하고, 주교를 선출한 뒤 발표하기도 했으며, 외국 사절들을 맞이하여 총대주교가 만찬을 베풀기도 했다고 합니다. 평소에는 총대주교의 접견실로 사용하던 공간이라는군요.

십자가 홀에서 눈에 띄는 것은 향유를 추출하기 위해 사용했던 가마입니다. 1763년에 세례식이나 대관식, 성전 봉헌식 등에 쓰이는 향유를 얻기 위해 가마를 설치하고, 3~4년에 한 번씩 만든 향유를 모스크바의 성당들이 나눠 썼다고 합니다. 추출한 향유를 담기 위해 예카테리나 여제 때 만든 커다란 은 항아리가 가마 옆에 놓여 있는데, 러시아 제국의 문장인 쌍두 독수리가 표면에 새겨져 있습니다. 그리고 향유를 나눠 담던 알라바스트로alabastro(향수 보관용 손잡이 없는 병)는 자개와 보석, 진주 등으로 장식해 기독교 의식에 쓰이는 향유가 얼마나 귀한 대접을 받았는지 짐작하게 합니다.

향유를 추출하기 위해 설치한 가마(오른쪽)와 향유를 담은 은 항아리(왼쪽)　　　향유를 나눠 담던 은제 알라바스트로

차르의 대포 2

12사도 성당 근처에 흔히 '황제의 대포'라고 부르는 거대한 대포가 놓여 있습니다. 1586년에 제작된 것인데, 이때는 이반 4세의 아들인 표도르 1세(1584~1598년 재위)가 차르로 재위하고 있던 때입니다. 병약하고 무능하여 실질적인 통치를 하지 못했던 그가 이렇게 큰 대포의 제작을 명령했다는 사실이 의아할 정도입니다. 혹시 이반 4세의 명으로 제작이 시작되어 표도르 1세 때 완성된 것이 아닐까 생각했는데, 포신 앞

차르의 대포

표도르 1세의 기마상 부조

쪽에 표도르 1세가 말을 타고 있는 모습이 부조된 것을 보면 그렇지도 않은 것 같습니다. 아마도 이반 4세의 폭정에 이어 표도르 1세의 무능한 통치로 나라 안팎이 어지러워졌을 때서 이처럼 큰 대포가 필요하다고 생각했던 것은 아닐까 합니다.

어쨌든 표도르 1세 때 제작되었다면 이때는 러시아 차르국(이반 4세가 차르로 등극한 때로부터 표트르 1세가 황제로 등극하기 전까지의 러시아 정치 체제)일 때이니, '황제의 대포'라는 이름보다는 '차르의 대포Tsar Cannon'라는 이름이 더 옳을 듯합니다. 러시아 제국 시대에 만들어진 '황제의 종(246쪽 참조)'은 안나 이바노브나 여제의 명령으로 만들어졌으니 그 이름을 그대로 쓰는 것이 옳을 테고요.

이 대포의 제작자인 안드레이 초코프Andrei Chokhov는 대포와 종 제작에 뛰어난 실력을 가졌던 것 같습니다. 40여 년 넘게 모스크바에서 대포와 종을 만들었는데, 그의 명성을 높여준 대표작이 바로 이 대포입니다. 이것은 무게만도 40톤에 달하며, 길이가 5.34m에 구경은 890㎜라고 합니다. 그러니 '세계에서 제일 큰 대포'라는 자랑스러운 타이틀을 가질 만하지만, 실제로는 단 한 번도 발사된 적이 없다고 하는군요. 앞에 놓인 포탄도 장식용에 불과합니다.

차르의 대포는 1706년에 스파스카야 망루 근처에 방어용으로 배치되었다가 1843년에 무기고 앞으로 이전되었으며, 1960년경에 현재 위치로 옮겨져 이제는 관광객들의 호기심을 끄는 역할을 하고 있습니다.

이반 대제의 종류  ③

러시아 역사에서 '이반Ivan'이란 이름을 갖는 지배자는 여러 명 있습니다.

이반 1세는 모스크바를 러시아의 중심지로 만드는 데 크게 공헌한 인물로 '이반 칼리타'라고도 불리지요. 그의 치세에 모스크바가 종교의 중심지로 부상한 것은 중요한 업적입니다. 성모 승천 성당을 크렘린에 짓고 러시아 정교회의 수좌대주교와 성직자들을 모스크바에 머물도록 한 것입니다. 모스크바 입장에서는 위대한 지배자임이 분명하지만, 그를 일컬어 '대제'라고는 하지 않습니다.

이반 2세는 이반 1세의 아들로 태어나 1353년부터 1359년까지 모스크바 공국을 통치했습니다. '아름다운 자', '관대한 자'라는 별칭을 얻었지만, 그 역시 대제로 불리기에는 부족합니다.

이반 3세는 바실리 2세의 차남으로 태어나 아버지의 뒤를 이어 모스크바 대공에 즉위했습니다. 바실리 2세는 권력 투쟁의 와중에 시력을 잃어 '눈이 먼 공후'라고 불리었는데, 이반 3세는 그런 아버지를 도와 즉위 전부터 통치에 참여했다

이반 3세

Nikolay Shustov, '칸의 편지를 찢어버리는 차르 이반 3세'

고 합니다. 그는 권력욕이 강하고 지혜와 신중함을 겸비한 인물로, 그의 최대 업적은 '타타르의 멍에Tartar Yoke'를 벗어던진 것입니다. 러시아 사람들이 그를 '이반 대제Ivan the Great'라고 부르는 것은 그 때문이며, 이를 통해 우리는 타타르의 지배와 간섭을 러시아 사람들이 얼마나 고통스럽고 치욕스럽게 생각하는지 짐작할 수 있습니다.

전하는 이야기에 따르면 이반 3세는 1478년에 타타르에 대한 조공을 중단하겠다고 선언한 뒤 공물 납부를 독촉하는 킵차크 칸국 칸의 편지를 찢어버렸다고 합니다. 편지를 가져온 사신은 끌어내어 죽였다고 하는군요. 그 장면이 러시아 사람들에게는 몹시 후련했던지, 그림으로 남겼습니다.

그 일로 모스크바 공국과 킵차크 칸국 사이에 전쟁이 일어났지만 이반 3세의 승리로 끝나고, 러시아는 모스크바 공국을 중심으로 통합될 수 있었습니다. 그는 스스로를 '차르'라고 칭했는데(공식적으로 '차르'라는 이름을 갖고 즉위한 것은 그의 손자인 이반 4세임), 이를 통해 우리는 그의 자신감을 엿볼 수 있습니다. 러시아 사람들이 그를 '위대한 이반', '성스러운 이반'이라고 부르는 것은 그런 이유 때문일 것입니다.

크렘린에 있는 이반 대제의 종루Ivan the Great Bell Tower는 이반 3세가 짓도록 명령하였으므로 그렇게 부릅니다. 그는 평야 지대인 모스크바에서 적의 침입에 대비하기 위해서는 망루 역할을 할 수 있는 건물이 필요하다고 생각하여 모스크바의 중심인 크렘린에 높은 종루를 짓도록 했습니다.

이반 대제가 종루를 세울 자리로 선정한 곳은 성 이반 클리마커스St. Ivan Climacus에게 봉헌된 교회가 서 있었던 자리였습니다. 작고 조촐한 규모였던 그 교회는 1329년에 해체되었지요.

성 이반 클리마커스 교회   이반 대제의 종루 기단 공사   완공된 이반 대제의 종루(초기 형태)

이반 대제는 그 자리에 종루를 짓기로 하고 이탈리아 출신의 건축가 본 프리야진Bon Fryazin을 선택합니다. 이반 대제의 명을 받은 그는 1505~1508년에 3층짜리 건물을 짓는데, 8각형의 구조에 높이는 60m였다고 합니다. 당시로서는 꽤 높은 건물이었지요. 붉은 벽돌과 흰 돌로 지어진 그 건물의 1층과 2층은 갤러리로 쓰고, 3층에 종을 매달았으며, 은색 쿠폴을 얹은 형태였던 것으로 전해집니다.

이반 대제의 종루가 처음보다 20여 m나 높은 81m짜리 건물로 증축되면서 '모스크바에서 제일 높은 건물'이라는 타이틀을 갖게 된 것은 이반 대제 때의 일이 아니라 보리스 고두노프 때인 1600년의 일이었습니다. 관련 기록화를 보면 이때 종루의 높이만 높아진 것이 아니라 은색

1600년경의 이반 대제의 종루   1815년에 복원된 이반 대제의 종루

ㅣ모스크바 크렘린

쿠폴이 황금색으로 바뀌었으며, 종루 옆에 새로운 건물이 들어선 것을 알 수 있습니다. 종루 옆의 건물은 나중에 나폴레옹 군대가 퇴각하면서 폭파시키는 바람에 다시 짓게 되지만, 이반 대제 당시의 종루보다 더 웅장해지고 더 복잡해진 것은 분명합니다.

1812년 나폴레옹은 모스크바에서 퇴각하면서 이반 대제의 종루를 폭파하려 했습니다. 그때 종루 옆의 건물은 파괴되었지만 종루의 골격은 보존되어 1814~1815년에 원래의 모습대로 복원할 수 있었습니다. 그러니까 우리가 현재 보는 이반 대제의 종탑은 1508년에 이반 대제의 명으로 완공된 후 보리스 고두노프에 의해 증축되었으며, 1815년에 복원된 것입니다. 300여 년의 세월이 녹아 있는 건물인 셈이지요.

현재 이반 대제의 종루에는 21개의 종이 매달려 있으며, 그중 가장 큰 종은 무게가 무려 65.5톤이라고 합니다. 이반 대제는 러시아의 통합에 반대하는 노브고로드를 함락시킨 뒤 노브고로드의 독립과 자유를 상징하던 베체의 종(노브고로드에서 민회를 소집할 때 쓰던 종)을 모스크바의 크렘린으로 옮겼다고 하는데, 혹시 그 종도 이반 대제의 종루에 걸려있었던 것은 아닐까 궁금합니다.

예전에는 적이 침입하면 이반 대제의 종루에 걸려 있었던 종들이 일제히 울렸다고 히는데, 애초에 이반 대제가 종루를 지으면서 망루의 역할을 겸하도록 하였기 때문입니다. 그 밖에 나라에 경사스러운 일이 있어도 종루의 종을 일제히 울렸다고 하는군요.

현재의 이반 대제의 종루

황제의 종 4

이반 대제의 종루 앞에 '황제의 종Tsar Bell'이라는 이름을 갖고 있는 거대한 종이 놓여 있습니다. 무게가 약 202톤이고 높이는 6.14미터이며 지름이 6.6미터라니 '세계에서 가장 큰 종'이라는 말이 과장은 아니겠습니다만, 단 한 번도 울리지 못한 비운의 종입니다.

이 종의 제작을 명령한 이는 안나 이바노브나Anna Ivanovna 여제로 알려져 있습니다. 그녀의 명을 받은 이반 모토린이 1733년에 제작을 시작하였으며, 그가 죽은 뒤에는 그의 아들인 미하일 모토린이 마무리 작업을 맡았다고 합니다. 제작 과정에 많은 우여곡절이 있었던 것으로 알려졌지만, 어쨌든 작업이 시작된 지 2년 뒤인 1735년 11월에 종이 완성되었습니다.

그러나 워낙 크기 때문

이반 대제의 종루 앞에 놓인 황제의 종

에 종루에 매다는 일이 쉽지 않았습니다. 그 문제를 놓고 고심 중이던 1737년 5월에 황제의 종을 제작하던 공장에 불이 나면서 조각이 떨어지는 불상사가 발생합니다. 불길을 잡고자 물을 쏟아부었는데, 급격한 온도 차이를 이기지 못하고 종이 깨져버린 것입니다. 어떤 이는 '화재가 발생하기 전에 이미 주물공의 실수로 종에 금이 가 있었으며, 책임 추궁을 피하기 위해 화재를 핑계 삼은 것'이라고 주장하기도 합니다. 어쨌거나 한 조각이 떨어져 나오면서 종이 제 기능을 할 수 없는 상태가 된 것은 분명합니다. 그때 떨어져 나온 조각을 지금도 볼 수 있는데, 작은 조각의 무게가 무려 11.5톤이라니 종의 전체 크기와 무게를 능히 짐작할 수 있습니다.

종으로서의 역할을 할 수 없었던 황제의 종은 100년 동안 방치되어 있다가 1836년에야 비로소 현재의 자리로 옮겨져 관람객들을 맞이하는 것입니다.

종의 표면에는 바로크 양식의 꽃무늬와 천사상, 그리고 종의 제작 경위를 적은 글이 새겨져 있습니다. 그리고 러시아의 차르였던 알렉세이 미하일로비치와 안나 이바노브나의 모습도 보이는데, 그들의 모습을 본 김에 그들이 누구인지 잠깐 알아보고 갑시다.

거대하지만 깨진 상태인 황제의 종

황제의 종 표면에 새겨진 문양. 바로크 양식의 꽃무늬와   종의 표면에 새겨진 알렉세이 미하일로비치와 안나 이바노브나의 부조
천사상, 그리고 종의 제작 경위가 담겨 있다.

　알렉세이 미하일로비치는 로마노프 왕조의 두 번째 차르였습니다. 러시아 역사상 최초로 차르로 등극한 이는 이반 4세이지만, 그는 류리크 왕조에 속하는 인물입니다. 류리크 왕조가 문을 닫은 뒤 새롭게 등장한 로마노프 왕조는 미하일 로마노프가 국민회의(젬스키 소보르)의 추대를 받아 차르에 등극하면서 시작됩니다. 알렉세이 미하일로비치(알렉세이 1세)는 로마노프 왕조의 초대 차르인 미하일 로마노프와 두 번째 부인 사이에서 태어난 맏아들이었습니다.

　1645년 열여섯 살의 나이에 차르로 등극해 1676년 사망할 때까지 31년간 그는 나름대로 나라를 안정시키기 위해 노력했지만, 위대한 차르라고 불리기에는 부족합니다. 그가 러시아 역사에 큰 기여를 했다면, 그건 아마도 걸출한 황제 표트르 대제를 낳았다는 점이 아닐까 합니다.

　알렉세이 미하일로비치는 두 번 결혼하여 첫 번째 부인에게서 표도르 3세와 이반 5세를 낳았고, 두 번째 부인에게서 표트르 1세를 낳았는데, 알렉세이 미하일로비치는 첫 번째 부인에게서 낳은 표도르 3세를 후계자로 정합니다.

그러나 표도르 3세는 차르로 등극한 지 6년 만인 20세 때 후사 없이 사망합니다.

표도르 3세가 사망한 후 그의 동복동생인 이반 5세는 병약하고 정치적 역량이 부족하다는 평가를 받았기 때문에 이복동생인 표트르 1세와 공동 차르로 등극하는 것을 감수해야 했습니다. 결국 이반 5세는 30세의 젊은 나이로 세상을 떠나고, 러시아의 권력은 단독 황제가 된 표트르 1세의 손에 들어가게 되지요. 그가 바로 러시아 최초의 황제이자 위대한 지배자인 표트르 대제입니다.

알렉세이 미하일로비치의 초상
(에르미타주 미술관)

D.Stelletskiy, '알렉세이 미하일로비치의 결혼'
알렉세이 미하일로비치가 두 번째 부인이자
표트르 대제의 어머니인 나탈리아와 결혼하는 모습

'황제의 종'을 제작하도록 명령을 내린 안나 이바노브나 여제는 이반 5세의 딸이었습니다. 차르의 딸로 태어났지만, 공동 황제인 표트르 1세가 제위에 있기 때문에 그녀는 부친 사후 왕위 계승권을 주장할 수 없었습니다.

그녀가 차르로 등극할 수 있었던 것은, 표트르 1세의 손자인 표트르 2세가 후사 없이 죽었기 때문이었습니다. 이 무렵 로마노프 왕조는 후계 문제가 좀 복잡해지는데, 표트르 1세가 장남이자 후계자인 알렉세이를 반역 혐의를 씌워 죽였기 때문입니다. 표트르 1세가 죽은 뒤 그의 부인인 예카테리나 1세가 최초의 여성 차르로 등극했고, 그녀가 죽은 뒤에는 알렉세이의 아들(즉 표트르 1세의 손자) 표트르 2세가 즉위했는데 어린 나이에 후사 없이 세상을 떠남으로써 표트르 1세 계열로는 대가 끊기고 말았던 것입니다.

할 수 없이 표트르 1세와 공동 차르였던 이반 5세의 두 딸 중에서 후계자를 물색했는데, 둘째 딸인 안나가 낙점을 받은 것이지요. 그녀로서는 아버지의 뒤를 이어 차르가 되었으니 숙원을 푼 셈이었을 것입니다.

그러나 정치가로서의 역량은 부족했던 듯, 후세의 역사가들로부터 박한 평가를 받는 신세가 되었습니다. 그녀에 대해서는 '에른스트 비론 공작에게 정사를 맡긴 채 유희와 향락으로 시간을 보냈다.', '안나 여제의 재위기에 러시아는 이방인들이 국정을 농단함으로써 쇠퇴일로를 걸었다.'는 등의 혹평이 대부분이기 때문입니다.

종에 새겨진 안나 여제의 부조는 트레티야코프 미술관에 소장된 초상화를 참고한 것으로 보이며, 초상화 속에서 그녀가 쓰고 있는 왕관과 쥐고 있는 보주寶珠는 크렘린 박물관에 소장되어 있습니다.

Louis Caravaque, '안나 여제의 초상'
(트레티야코프 미술관 1번 방)

안나 여제의 왕관과 보주(크렘린 박물관)

Valery Jacobi, '안나 여제의 얼음 궁전'

Valery Jacobi, '안나 여제 궁정의 어릿광대'(트레티야코프 미술관 22번 방)

안나 여제의 냉혹함과 독선적인 태도를 짐작할 수 있는 두 점의 그림이 있기에 소개합니다.

하나는, 그녀가 짓게 했다는 얼음 궁전에 관한 것입니다.

혹독한 강추위가 닥친 1740년에 안나 여제는 얼음으로 궁전을 짓게 합니다. 그것은 자신의 취미 활동도 아니었고, 그렇다고 백성들에게 볼거리를 제공하려는 의도도 아니었습니다. 순전히 자신에게 미움을 받게 된 한 남자를 골탕 먹이기 위한 일이었습니다.

한 신하가 자신의 허락도 받지 않고 가톨릭교도인 여자와 결혼하자 화가 난 안나 여제는 그를 어릿광대로 만들어 사람들의 노리갯감이 되도록 했습니다. 그 뒤 그 신하가 상처喪妻하자, 여전히 화가 난 상태였던 그녀는 몹시 추한 외모를 지닌 여자를 골라 강제로 결혼시키고 얼음 궁전을 지어 신방을 차리게 했다는 것입니다. 그때 지어진 얼음 궁전이 얼음 축제 등에서 볼 수 있는 얼음집의 효시라고 합니다.

얼음 궁전에서 신혼의 첫날밤을 보내야 하는 가엾은 부부와 그들을 구경하는 사람들을 그린 그림에서, 황금색 옷을 입고 즐거워하는 여인이 안나 여제라고 합니다. 그녀의 기괴한 성격을 알 수 있습니다.

귀족 중에서 자신의 마음에 들지 않는 이를 어릿광대로 만들어 망신 주는 일이 잦았던 듯, 그런 상황을 그린 그림도 있습니다. 트레티야코프 미술관에 소장된 그림을 보면, 아무래도 그녀는 기이하고 괴팍한 성격의 통치자였던 것으로 보입니다.

크렘린의 망루들

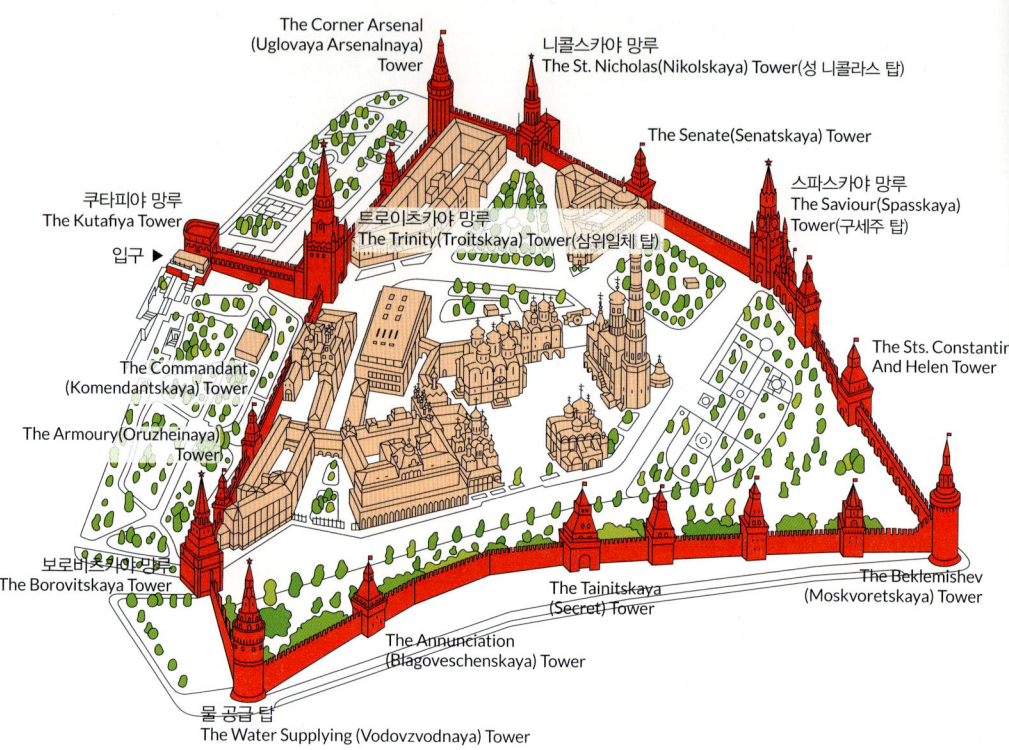

The Corner Arsenal
(Uglovaya Arsenalnaya)
Tower

니콜스카야 망루
The St. Nicholas(Nikolskaya) Tower(성 니콜라스 탑)

The Senate(Senatskaya) Tower

쿠타피야 망루
The Kutafiya Tower

입구 ▶

트로이츠카야 망루
The Trinity(Troitskaya) Tower(삼위일체 탑)

스파스카야 망루
The Saviour(Spasskaya)
Tower(구세주 탑)

The Sts. Constantir
And Helen Tower

The Commandant
(Komendantskaya) Tower

The Armoury (Oruzheinaya)
Tower

보로비츠카야 망루
The Borovitskaya Tower

The Tainitskaya
(Secret) Tower

The Beklemishev
(Moskvoretskaya) Tower

The Annunciation
(Blagoveschenskaya) Tower

물 공급 탑
The Water Supplying (Vodovzvodnaya) Tower

크렘린의 망루들 5

본디 '성벽', '요새' 등의 의미를 갖는 크렘린은 그 이름에 걸맞게 2.23km의 긴 성벽으로 둘러싸여 있습니다. 높고 견고한 붉은 성벽에는 20개의 크고 작은 망루가 설치되어 있는데, 출입이 가능한 문의 형태도 있고 순수하게 망루의 역할만 하도록 설계된 곳도 있습니다.

크렘린 내부를 돌아보기 위해서는 쿠타피야 망루 근처의 매표소에서 입장권을 구입한 다음 쿠타피야 망루 안으로 들어가 보안 검색대를 통과하고, 트로이츠카야 망루로 연결된 길을 따라가 크렘린 안으로 들어가는 것이 일반적입니다. 예전에는 일반인은 보로비츠카야 망루, 대주교는 트로이츠카야 망루, 황제는 스파스카야 망루를 이용했다고 합니다.

모스크바강 쪽에서 본 크렘린의 성벽과 망루들   붉은 광장 쪽에서 본 크렘린의 성벽과 망루들

트로이츠카야 망루

쿠타피야 망루

쿠타피야 망루와 트로이츠카야 망루   해자로 둘러싸인 쿠타피야 망루 주변(1800년대 초기)

　크렘린 답사의 출발점이 되는 쿠타피야 망루The Kutafiya Tower는 크렘린의 20개 망루 중에서 형태가 가장 독특합니다. 1516년에 밀라노 출신의 건축가 알레비즈 프리야신이 바로크 양식으로 설계한 왕관 모양의 지붕 없는 건물인데, 생김새로 보나 위치로 보나 크렘린 성벽의 일부로 보이지 않습니다. 크렘린의 망루가 19개라고 하는 사람은 아마도 쿠타피야 망루를 빼고 계산하는 듯 싶습니다만, 크렘린 측의 소개 자료에는 이곳도 망루에 포함되어 있습니다.

　쿠타피야 망루에서 트로이츠카야 망루로 이어지는 길은 1685년에 만들어졌으며, 이전에는 주변이 해자로 둘러싸여 있었다고 합니다.

　망루의 이름인 '쿠타피야'는 '피난처', '모서리', '반도半島' 등을 의미하는 고대 러시아어 'kut'에서 유래한 것입니다.

　크렘린 안으로 들어가는 실질적인 입구 역할을 하는 것은 트로이츠카야 망루The Trinity(Troitskaya) Tower(삼위일체 탑)입니다. 1495~1499년에 건축되었으며 크렘린의 망루 중에서 가장 높습니다. 망루 꼭대기에 달린 별까지 계산하면 높이가 69.3m라고 하는군요. 예전에는 대주교와 같은 고위 성직자들만이 드나들 수 있었던 문인데, 지금은 세계 각지에서

트로이츠카야 망루

몰려든 여행자들로 북적입니다.

이 망루를 '삼위일체 탑'이라고 하는 것은 종교적인 이유에서가 아니라, 크렘린을 위에서 내려다보면 커다란 삼각형으로 보이기 때문이라고 합니다. 삼각형의 '3'이란 숫자가 기독교의 삼위일체를 연상시켜 그렇게 부르게 되었다는 것입니다.

이 문 아래에는 16~17세기에 감옥으로 사용된 공간이 있고, 1812년에는 나폴레옹의 군대가 모스크바에 입성하여 이 문을 통해 크렘린으로 들어갔다는 기록이 있습니다. 러시아 사람들에게는 유쾌하지 못한 역사일 것입니다.

나폴레옹 군대에 의해 훼손되기 전에는 이곳에도 스파스카야 망루와 같이 시계와 종이 설치되어 있었다고 하는데, 복구되지 못한 채 현재에 이르고 있습니다.

크렘린 내부 구경을 마친 여행자들이 붉은 광장으로 나가기 위해 이용하는 출구가 스파스카야 망루The Saviour(Spasskaya) Tower(구세주 탑)입니다. 이곳을 '구세주 탑'이라고 하는 이유는 아치문 위에 '스몰렌스크의 구세주' 이콘이 걸려 있기 때문이지요. 붉은 광장 쪽에서 보면 아치문 위쪽에 이콘이 보입니다.

트로이츠카야 망루가 크렘린의 망루 중
에서 가장 높다면, 스파스카야 망루는 가
장 아름답다는 평을 듣습니다. 1491년에
이탈리아의 건축가 피에트로 안토니오 솔
라리가 작업한 이 망루는 사면에 지름 6m
짜리 커다란 시계가 붙어 있습니다. 17
세기 초에 설치한 것이라고 하는군요. 지
금이야 손쉽게 시간을 확인할 수 있지만,
그렇지 못하던 시절에는 망루에 달린 시
계가 매우 고마운 존재였을 것 같습니다.
그래서 이 망루를 사람들이 더 아꼈던 것
은 아닐까 합니다.

스몰렌스크의 구세주

스파스카야 망루

크렘린의 20개 망루 중에서 5곳에는 꼭대기에 별이 달려 있습니다.
예전에는 러시아 황실을 상징하는 쌍두 독수리가 달려 있었다고 하는
데, 지금은 다섯 군데의 중요한 망루에만 별을 달고, 나머지 망루에는
금속제 깃발을 달아놓았습니다. 별을 달고 있는 탑은 규모가 크기도 하
지만, 나름대로 중요한 대접을 받는다는 의미일 것입니다.

현재 여행자들이 주로 이용하고 과거에는 대주교 등 고위 성직자가
이용했던 트로이츠카야 망루에 별이 있고, 예전에 평민들의 출입문으
로 이용되었다는 보로비츠카야 망루The Borovitskaya Tower에도 별이 있습
니다. 그리고 보로비츠카야 망루에서 모스크바강 쪽으로 가면 성벽 모
서리 부분에 세워진 물 공급 탑The Water Supplying(Vodovzvodnaya) Tower 꼭대기

5개의 망루에 달린 별

기타 망루에 달린 깃발

러시아 황실을 상징하는 쌍두 독수리가 설치된 스파스카야 망루와 니콜스카야 망루

트로이츠카야 망루

보로비츠카야 망루

물 공급 탑

스파스카야 망루

니콜스카야 탑

에 별이 달려 있는 것을 확인할 수 있습니다. 붉은 광장 쪽에서 보자면 여행자들이 출구로 이용하는 스파스카야 망루와 러시아 역사박물관 근처에 있는 니콜스카야 망루The St. Nicholas(Nikolskaya) Tower(성 니콜라스 탑)에도 별이 있지요.

II

모스크바의
성당

구세주 그리스도 성당
Cathedral of Christ the Saviour
Храм христа Спасителя

구세주 그리스도 성당의 역사 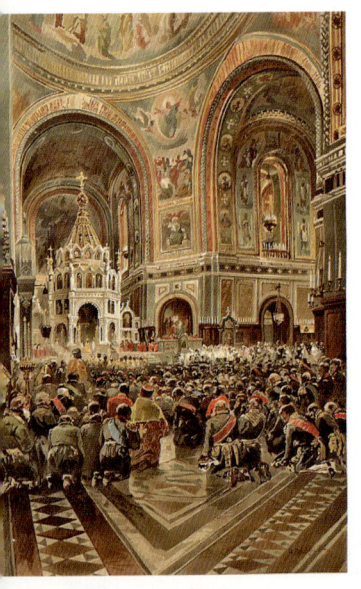 ①

크렘린 서쪽의 모스크바강 기슭에 우뚝 서 있는 구세주 그리스도 성당Cathedral of Christ the Saviour은 황금빛 쿠폴이 시선을 잡아끄는 러시아 정교회 성당입니다. 모스크바를 침공한 프랑스군을 물리친 조국전쟁의 승리를 기리기 위해 러시아 건축가인 콘스탄틴 톤Konstantin Andreyevich Thon의 설계로 지었으며, 건물이 완공된 후인 1883년 5월 26일에 알렉산드르 3세가 참석한 성당 축성식祝聖式(사람이나 물건을 하느님에게 봉헌하여 거룩하게 하는 행사)이 열렸습니다.

구세주 그리스도 성당 외에도 러시아에는 조국전쟁의 승리를 기념하는 건축물이 많습니다. 그만큼 나폴레옹을 상대로 거둔 승리를 러시아 사람들이 중요하게 여긴다는 의미입니다. 높이 105m로 완공 당시 모스크바에서 가장 높은 건축물이었다는 이 성당은 모스크바 시민들의 사랑을 받았지만, 볼셰비키 혁명 후 시련을 겪게 됩니다. 러시아 제국이 무너진 뒤 들어선 사회주의 국가 소련은 종교의 자유를 인정하지 않았으며, 특히 정권을 잡은 스탈린은 종교 탄압 정책을 펴 대부분의 정교회 성당을 폐쇄하

알렉산드르 3세가 참석한
구세주 그리스도 성당 축성식 기록화

폭파되는 구세주 그리스도 성당   소비에트 궁전 상상도

였지요. 그중에서도 구세주 그리스도 성당은 더욱 극심한 탄압을 받아 1931년 12월에 아예 폭파되어 사라지는 비운을 맞게 됩니다.

스탈린은 구세주 그리스도 성당을 허문 자리에 소비에트 궁전Palace of the Soviets을 지으려고 했습니다. 그는 당시로서는 세계에서 제일 높은 100층짜리 건물을 지어 사회주의의 위대함을 과시하려 했지만, 1939년에 제2차 세계대전이 발발하면서 공사가 중단되었습니다. 그 이후로도 여러 가지 문제가 발생해 끝내 공사는 재개되지 못했고, 스탈린은 소비에트 궁전의 완공이 무망無望한 상태에서 세상을 떠납니다.

1991년 소련이 해체된 후 종교에 대한 복권이 이루어지면서 구세주 그리스도 성당 재건에 대한 논의가 활발히 이루어졌습니다. 결국 1994년에 재건을 결정했고, 국민 성금과 러시아 정부의 지원으로 원래의 모습을 되찾은 성당이 완공되어 2000년 5월에 헌당식을 가졌으니 참으로 파란만장한 운명을 겪은 셈입니다.

구세주 그리스도 성당은 크렘린에 있는 성당들에 비하면 역사가 짧지만 규모가 웅장하여, 모스크바를 여행하는 사람들에게 잊을 수 없는 인상을 남기는 중요한 건물임이 틀림없습니다.

구세주 그리스도 성당
외벽의 부조 ②

구세주 그리스도 성당의 평면 구조는 그리스 십자가Greek Cross(가로와 세로의 길이가 같은 십자가. 가로보다 세로가 긴 십자가는 라틴 십자가라고 함) 양식으로 어느 방향에서 보든지 같은 형태를 띠고 있습니다. 다만 벽면의 부조는 각각 다른 이야기를 담고 있으므로 그에 대해 알아보도록 하겠습니다. 현재 부착된 작품들은 성당이 재건될 때 새로 만든 것들이라 원본에서 느낄 수 있는 깊이 있는 멋은 없다는 점을 미리 알려드립니다.

북쪽 면

지하철역(크로포트킨스카야 역)이 있는 푸시킨 미술관 쪽에서 간다면, 구세주 그리스도 성당의 북쪽 면에 닿게 됩니다. 대부분의 여행자는 푸시킨 미술관 쪽에서 가므로, 여기서는 동선을 따라 북쪽 면부터 설명하도록 하겠습니다. 성당 안으로 들어갈 수 있는 유일한 문이 이쪽에 있지요.

북쪽 면의 중앙 문 위쪽에 설치된 인물상을 살펴보면, 양쪽에 각각 세 명씩 배치되어 있습니다. 왼쪽에는 열쇠를 든 베드로가 있고, 오른쪽에는 긴 칼을 든 바울이 있는 것으로 보아 나머지 인물들도 예수의 제자일 거라고 짐작할 수 있습니다. 베드로와 바울은 그림이나 조각에 함께 등장하는 경우가 많은데, 아마도 같은 도시인 로마에서 비슷한 시

블라디미르　올가　베드로　바울　헬레나　콘스탄티누스 대제

출입문

구세주 그리스도 성당 북쪽 면(푸시킨 미술관 방면)

왼쪽의 베드로(중앙, 열쇠)　오른쪽의 바울(중앙, 긴 칼)

기에 순교한 데다가 초기 교회 발전에 크게 이바지했기 때문으로 보입니다.

　왼쪽 문 위에는 블라디미르 대공과 그의 할머니 올가가 있고, 출입문으로 쓰이는 오른쪽 문 위에는 콘스탄티누스 대제와 그의 어머니인 헬

왼쪽 문 위의 블라디미르와 올가

오른쪽 문 위의 헬레나와 콘스탄티누스 대제

북쪽 면 중앙 문의
모스크바 대주교 인물상(왼쪽 문은 요나와 필립)

북쪽(왼쪽)과 서쪽(오른쪽) 사이 측면 부조의 위치

레나가 있습니다. 블라디미르는 러시아 정교회를 받아들인 인물이고, 올가는 손자인 블라디미르에게 종교적으로 영향을 끼친 인물이므로 러시아 정교회에서는 그들을 성인과 성녀로 추앙합니다. 콘스탄티누스 대제는 밀라노 칙령을 통해 기독교에 대한 박해를 중단한 인물이고, 헬레나는 그녀 자신이 독실한 신자였으며 아들에게 종교적으로 영향을 미쳤습니다. 기독교 역사에서 중요한 역할을 한 사람들이지요.

중앙 문에는 네 명의 입상이 새겨져 있습니다. 왼쪽의 두 명은 모스크바 대주교였던 요나와 필립입니다. 오른쪽의 두 명도 모스크바 대주교(혹은 총대주교)를 역임한 사람들이 아닐까 짐작합니다.

북쪽과 서쪽 사이 모서리 벽에 부조 작품이 있는데, 북쪽은 '드미트리 돈스코이를 축복하는 세르기우스'이고, 서쪽은 '기름 부음을 받는 솔로몬'입니다.

'드미트리 돈스코이를 축복하는 세르기우스'는 모스크바 공국의 드미트리 돈스코이가 타타르군을 물리치기 위해 출정할 때, 러시아 정교회의 수도승인 라도네즈의 성 세르기우스가 축복하는 장면을 표현했습니다. (세르기우스에 대해서는 387쪽 트레티야코프 미술관의 '어린 바르톨로뮤의 환상' 참조) 드미트리 돈스코이는 돈강Don River 상류의 쿨리코보에서 타타르 군을 격퇴한 업적으로 러시아 사람들에게 영웅 대접을 받는 인물이지요. 그의 별칭인 '돈스코이'는 '돈강의'라는 뜻으로, 돈강에서 거둔 그의 승리를 러시아 사람들이 얼마나 대단한 업적으로 여기는지 알 수 있습니다.

'기름 부음을 받는 솔로몬'은 다윗 왕의 아들 솔로몬이 제사장 사독Zadok으로부터 기름 부음을 받는 장면을 묘사한 것입니다. 기름 부음을 받는다는 것은 왕의 후계자가 되었다는 상징적인 의미를 가지며, 솔로몬은 실제로 다윗의 뒤를 이어 이스라엘의 세 번째 왕이 됩니다.

드미트리 돈스코이를 축복하는 세르기우스　　　기름 부음을 받는 솔로몬

서쪽 면

부조를 본 다음 오른쪽으로 돌아가면 서쪽 면이 나옵니다. 북쪽 면과 거의 같은 외관임을 알 수 있지요.

서쪽 면에서는 먼저 위쪽에 부착된 세 개의 메달리온medallion(건축에서 원형으로 된 양각 조각)을 봅시다. 중앙에는 축복을 내리는 예수가, 왼쪽에는 성 니콜라우스가, 오른쪽에는 알렉산드르 넵스키가 있습니다. 축복을 내리는 예수가 기독교에서 중요한 것은 더 말할 나위가 없고, 선행의 아이콘인 성 니콜라우스도 기독교의 성인으로 추앙받는 인물입니다. 그리고 알렉산드르 넵스키는 드미트리 돈스코이와 함께 외적을 물리친 영웅으로 러시아 사람들의 사랑을 받는 인물이지요.

성 니콜라우스　　축복을 내리는 예수　　알렉산드르 넵스키

서쪽 면

성 니콜라우스　　축복을 내리는 예수　　알렉산드르 넵스키

중앙 문의 4대 복음서 저자 　　　　　서쪽(왼쪽)과 남쪽(오른쪽) 사이 측면 부조의 위치

　　서쪽 면의 중앙 문에도 북쪽 면과 마찬가지로 네 사람이 새겨져 있습니다. 그들의 발아래를 보면 왼쪽부터 차례로 천사, 사자, 소, 독수리가 있으니 4대 복음서 저자인 마태, 마가, 누가, 요한인 것을 알 수 있습니다.

　　서쪽과 남쪽 사이의 모서리 벽에는 '성전 계획을 솔로몬에게 설명하는 다윗 왕'과 '골리앗의 목을 베고 개선하는 다윗'의 부조가 있습니다.
　　다윗 왕이 솔로몬에게 성전 계획을 설명하는 장면을 봅시다. 다윗 왕 당시까지는 '하느님이 임하는 신성한 곳'으로서의 구체적 건축물인 성전이 존재하지 않았습니다. 성막(이동식 임시 성전)이 그것을 대신했지요. 다윗 왕은 성전 건축을 평생의 숙원 사업으로 삼았지만, 신의 뜻은 솔로몬이 완성하는 것이었다고 합니다. 다윗은 성전 계획을 측근들에게 설명하는 것까지만 할 수 있었던 셈입니다.
　　솔로몬이 재위 5년째에 공사를 시작하여 재위 11년째 되는 해에 완공한 최초의 성전은 이스라엘 민족을 단일 신앙으로 뭉칠 수 있게 했지만, 신바빌로니아의 왕 네부카드네자르 2세가 예루살렘을 정복한 BC

성전 계획을 솔로몬에게 설명하는 다윗 왕   골리앗의 목을 베고 개선하는 다윗

586년에 파괴됩니다. 이때 수많은 유대인이 바빌론으로 끌려가는데, 그것을 '바빌론 유수'라고 하지요.

소년 다윗이 거인 골리앗을 물리친 이야기는 널리 알려져 있습니다.

사울 왕이 다스리던 이스라엘은 이웃 나라인 필리스티아Philistia, 혹은 블레셋의 공격을 받아 위험에 처합니다. 필리스티아에는 골리앗이라고 하는 거인 장수가 있었는데, 이스라엘에는 그를 대적할 만한 이가 없었지요.

절체절명의 위기에 빠진 이스라엘을 구한 이가 바로 다윗입니다. 당시 소년이었던 그는 골리앗을 향해 돌팔매를 던졌고, 미간을 맞은 골리앗이 쓰러지자 목을 베었다고 합니다.

그 일이 계기가 되어 다윗은 민심을 얻어 훗날 2대 왕이 될 수 있었으며, 필리스티아는 이스라엘에 예속되어 조공을 바치는 신세로 전락했다고 합니다.

남쪽 면

모스크바강 쪽에서 다리를 건너오면 남쪽 면을 만나게 됩니다. 이곳
또한 외관은 다른 방향과 똑같은 구조이지요.

남쪽 면의 위쪽에는 카잔의 성모를 새긴 메달 리온이 있습니다. 러시아 사람들에게 카잔의 성 모는 매우 중요한 존재임을 알 수 있지요.

카잔의 성모

남쪽의 중앙 문 왼쪽 위에는 세 명의 천사가 보이는데, 그 가운데 불칼을 들고 있는 이가 대 천사 미카엘입니다. 그리고 오른쪽 위에는 여호 수아와 그의 군대가 여리고 성 앞에 있는 모습이 보입니다. 대천사 미카엘이 여리고 성을 공격하려는 여호수아 앞에 나 타나 하느님의 뜻을 전하는 장면으로 보입니다. 천상군대의 우두머리 인 미카엘의 도움을 받은 여호수아가 승리를 거두는 것은 당연한 일이

남쪽 면

여리고 성을 공격하려는 여호수아(오른쪽) 앞에 나타난 대천사 미카엘(왼쪽)　모세와 미리암

겠지요. 실제로 철옹성 같은 여리고 성이었지만, 여호수아는 7일 만에 함락시켰다고 합니다.

　남쪽 면 왼쪽 문 위의 두 사람은 모세와 모세의 누나인 미리암입니다.
　모세는 이집트 땅에서 노예 생활을 하는 히브리인 가정에서 태어났습니다. 그런데 그 무렵 파라오가 히브리인 가정에서 태어난 사내아이는 모두 죽이라는 명령을 내렸으므로 모세는 태어나자마자 죽을 운명이었지요. 아들을 차마 죽일 수 없었던 모세의 어머니는 아들을 아기 바구니에 넣어 강물에 띄워 보냈는데, 공교롭게도 이집트 공주가 발견하는 바람에 아기는 목숨을 건질 수 있었습니다. 그런 사연으로 그 아기는 '물에서 태어나다', 혹은 '물에서 건지다'라는 뜻의 '모세'란 이름을 얻게 되었지요. 모세의 누나였던 미리암은 몰래 숨어서 그 장면을 본 다음, 공주에게 자신의 어머니를 유모로 천거했다고 합니다. 그녀의 기지 덕분에 모세는 어머니 품에서 안전하게 자랄 수 있었던 것입니다.
　그런데 모세의 모습을 보면 조금 이상한 점이 발견됩니다. 이마에 뿔이 난 것처럼 표현된 것입니다. 이것은 히브리어로 된 성서를 라틴어로 번역하는 과정에서 오해가 빚어졌기 때문이라고 합니다. 성서에 따르면 모세가 시나이 산에서 하느님을 만나 십계명을 받은 뒤 얼굴에서 빛

이 났다고 하는데, 히브리어에서는 '빛'과 '뿔'의 표기법이 같기 때문에 '빛이 났다'는 문장이 '뿔이 났다'는 문장으로 둔갑했다는 것입니다. 그런 까닭에 후대의 미술가들이 모세의 이마에 뿔이 난 것처럼 표현하는 일이 생겼다는 사실을 알고 작품을 보면 재미있습니다.

그런가 하면 미리암은 북(혹은 탬버린)을 두드리는 모습으로 표현되었는데, 이것 또한 성서의 기록을 충실히 따른 결과입니다. 『구약성서』〈출애굽기〉에 따르면, 그녀는 이스라엘 민족이 이집트(애굽)를 탈출하여 홍해를 건넜을 때 북을 두드리면서 하느님을 찬양하고 승리를 기뻐하는 노래를 불렀다고 합니다. 그런 이유로 미리암은 대부분 북을 들고 있는 모습으로 표현되지요.

남쪽 면 오른쪽 문 위에 있는 두 사람은 바락과 드보라입니다. 드보라는 이스라엘의 유일한 여성 사사士師(구약 시대에, 유대 민족을 다스리던 제정일치의 통치자)이자 여사제였다고 합니다. 구약 시대에 여성이 최고 통치자로 군림했다니, 매우 특이한 이력이라고 볼 수 있습니다. 더구나 그녀는 군사 지도자로서도 유능하여 이스라엘 사람들을 괴롭히던 가나안 군대를 무찔렀다고 하는군요.

바락은 드보라의 지휘를 받아 가나안 군을 물리친 장수였습니다.

아브라함을 축복하는 멜키세덱   예수의 탄생과 그에게 경배 드리는 동방박사와 목동들

　남쪽 면과 동쪽 면 사이의 모서리 벽에는 '아브라함을 축복하는 멜키세덱'과 '예수의 탄생과 그에게 경배 드리는 동방박사와 목동들' 부조가 있습니다.

　멜키세덱은 수태고지 성당의 성화벽에서 설명(105쪽)했던 인물입니다. 예루살렘의 왕(혹은 제사장)이었던 그는 아브라함이 가나안 북방 연합군들을 무찌르고 개선하였을 때 환대하면서 하느님의 이름으로 축복했다고 하는데, 이 부조는 아마도 그 당시의 일을 표현한 것으로 보입니다.

　예수가 베들레헴의 마구간에서 태어났을 때, 동방으로부터 온 박사 세 사람이 황금, 유향, 몰약을 바쳤다는 이야기나 근처에 있던 목동들이 찾아와 경배를 드렸다는 이야기는 널리 알려져 있으므로 설명을 생략합니다.

동쪽 면

동쪽 면 또한 다른 방향과 똑같은 구조라서 특별한 점은 없습니다. 다만 이곳은 아름답게 조성된 정원을 내려다볼 수 있어 잠시나마 휴식을 취할 수 있게 합니다.

동쪽 면 중앙문 좌우에는 성당을 봉헌하는 정교회 사제들의 모습이 보입니다. 왼쪽에는 성모의 승천을 그린 이콘을 들고 있는 이와 크렘린에 있는 성모 승천 성당 설계도로 보이는 종이를 들고 있는 이가 있고, 오른쪽에는 전형적인 러시아 정교회 양식의 성당 모형이 보입니다. 구세주 그리스도 성당과 비슷한 외양인데, 쿠폴이 하나이므로 단정적으로 말하기는 어렵습니다.

동쪽 면

구세주 그리스도 성당 동쪽 면에 접한 정원

동쪽 면 중앙문 위의 부조

동쪽(왼쪽)과 북쪽(오른쪽) 사이 측면 부조의 위치

예수의 부활

드미트리 포자르스키를 축복하는 디오니소스

동쪽 면과 북쪽 면 사이의 모서리 벽에는 '예수의 부활'과 '드미트리 포자르스키를 축복하는 디오니소스' 부조가 부착되어 있습니다. 예수의 부활은 널리 알려진 이야기인 데다가 크렘린의 성당에서 많이 본 주제이므로 설명을 생략하겠습니다. '드미트리 포자르스키를 축복하는 디오니소스'는 드미트리 포자르스키가 폴란드군에 대항하기 위해 의용군을 이끌고 출전할 때 수도원장이었던 디오니소스가 승리를 축원해주는 장면입니다. 드미트리 포자르스키에 대해서는 성 바실리 성당 편(308쪽)에서 다시 설명할 예정입니다.

구세주 그리스도 성당 내부

구세주 그리스도 성당 또한 모스크바의 다른 정교회 성당들과 마찬 가지로 내부 촬영을 금지합니다. 크렘린의 성당들에 비해 내부가 넓고 환해서 쾌적하게 관람할 수 있지만, 사진 자료가 부족하다 보니 내부 인테리어를 일목요연하게 설명하기는 힘듭니다.

성화벽을 대신하는 닫집

일단 구세주 그리스도 성당 안에서 인상 적인 것은, 성당 내부를 장식하고 있는 프 레스코 벽화들이 전통적인 고딕 양식을 따 르지 않았다는 점입니다. 천장과 벽을 빈틈 없이 성화로 장식한 것은 크렘린의 여러 성 당들과 같지만, 화풍은 러시아 정교회의 전 통 양식에서 벗어났습니다. 이 점이 구세주 그리스도 성당의 가장 큰 특징입니다. 모스 크바에서 가장 큰 성당인 데다가 그리스 십 자가 양식의 평면에 황금빛 찬란한 다섯 개 의 쿠폴을 가졌다는 점도 그렇지만, 특히 내부를 장식한 근대적 양식의 성화 때문에 상트페테르부르크의 성 이삭 성당과 비슷 한 분위기를 풍깁니다.

수태고지(위)와 복음서 저자들(아래)이 그려진
닫집의 문

지성소 안 보물실의 모습. 중앙에 '최후의 만찬'이 그려져 있고,
좌우로 예수의 수난과 관련된 그림이 있다.

  지성소와 성소(신자들이 예배를 드리는 공간) 사이에 성화벽 대신 닫집을
설치한 것도 다른 러시아 정교회 성당에서는 보기 힘든 특이한 점입니
다. 다만 닫집에 그려진 성화들은 일반적인 성화벽에 등장하는 것과 비
슷한 내용입니다. 지성소로 통하는 문에는 러시아 정교회 성당의 보편
적인 예에 따라 수태고지(위)와 4대 복음서 저자들(아래)이 그려졌는데,
복음서 저자들을 각각 그리지 않고 한 공간에 두 명씩 그린 것이 눈에
띕니다.

  구세주 그리스도 성당이 제작한 책자의 자료 사진을 보면 지성소 안
쪽의 보물실 벽 중앙에는 '최후의 만찬'이 그려져 있고, 그 왼쪽에는
'Ecce Homo('이 사람을 보라'는 뜻으로, 빌라도가 가시 면류관을 쓰고 고통스러
워하는 예수를 보며 군중이 연민을 느끼길 바라며 외친 말)'와 '십자가를 메고
골고다 언덕으로 올라가는 예수'가, 그리고 오른쪽에는 '십자가에 매달

구세주 그리스도 성당 내부

린 예수'와 '십자가에서 내려지는 예수'가 있습니다. 대체로 예수의 수난과 관련된 내용으로 지성소 안을 장식한 것으로 보입니다.

닫집 좌우의 감실에는 '목동들의 경배(왼쪽)'와 '동방박사의 경배(오른쪽)'가 그려져 있고, 그 위 기둥 벽에는 복음서 저자인 누가와 요한이 있습니다. 그리고 누가 위에는 '예수의 변용'이, 요한 위에는 '예수의 승천'이 있지요.

닫집을 다 본 다음 뒤돌아서면 대칭되는 위치의 감실에 '사무엘로부터 기름 부음을 받는 다윗(왼쪽)'과 '드미트리 돈스코이를 축복하는 세르기우스(오른쪽)'가 그려져 있고, 그 위 기둥 벽에는 복음서 저자인 마태와 마가가 있습니다. 마태 위에는 '예수의 부활'이, 마가 위에는 '오순절에 제자들에게 성령이 내림'이 그려져 있어 성당 안 네 방향이 균형을 이룹니다.

그리고 중앙 돔 천장에는 삼위일체가 그려져 있으며, 그 아래로 중앙에 판토크라토르 예수, 그 옆에 성모 마리아와 세례자 요한, 그들 옆에 두 명씩의 천사, 다시 그 옆으로 기독교의 성인들이 그려졌는데, 이는 크렘린에 있는 성당들의 성화벽에서 여러 차례 본 데이시스임을 알 수 있습니다.

중앙 돔 남쪽 볼트에 그려진 '천사들에게 둘러싸인 어린 예수'와 북쪽 볼트에 그려진 '4대 복음서 저자들의 상징에 둘러싸인 만물의 지배자 예수'도 함께 감상하면 좋을 것입니다.

구세주 그리스도 성당 중앙 돔 내부

북쪽 볼트의 '4대 복음서 저자들의 상징에 둘러싸인 만물의 지배자 예수'

2장

성 바실리 성당
St. Basil's Cathedral
Храм Василия Блаженного

가장 아름다운 건축물, 성 바실리 성당 ①

붉은 광장 남쪽에 위치한 성 바실리 성당St. Basil's Cathedral은 이반 4세가 카잔 칸국을 정복하고 난 뒤, 포스트니크 야코블레프Postnik Yakovlev라는 건축가에게 건설을 명하여 완성한 러시아 정교회 성당입니다. 1555년에 건설이 시작되었고, 6년 뒤인 1561년에 완공되었지요.

완성된 건물을 본 이반 4세는 꽤나 만족스러워했던 듯합니다. 전하

상트페테르부르크의 그리스도 부활 성당

는 이야기에 따르면 포스트니크가 이처럼 아름다운 건축물을 또 만드는 게 싫은 나머지 이반 4세가 그의 눈을 뽑으라고 명령했다는데, 아마도 사실이 아닐 것입니다. 포스트니크는 이반 4세에 의해 파괴된 카잔의 성벽을 개축했다고 전해지기 때문입니다. 설령 이반 4세가 건축가의 눈을 뽑았다고 해도, 성 바실리 성당처럼 아름다운 건물이 다시 지어지는 것을 막을 수는 없었을 겁니다. 상트페테르부르크에 지어진 그리스도 부활 성당Cathedral of the Resurrection of Christ이 성 바실리 성당을 능가할 만큼 아름답기 때문이지요.

성 바실리 성당을 인상적으로 만드는 가장 중요한 요인은 아마도 각양각색으로 꾸며진 9개의 쿠폴일 것입니다. 촛불을 형상화한 것으로 보이는 쿠폴은 크렘린 안의 성당들에서 보았듯이 러시아 정교회 건축물에서 자주 보이는 요소이지만, 성 바실리 성당처럼 각각의 쿠폴이 서로 다르게 장식된 경우는 흔치 않습니다. 다양한 색과 문양으로 인해 매우 화려하고 독특하게 보입니다. 모스크바를 방문한 옛 여행자들은 이 아름다운 쿠폴을 보면서 향나무 열매, 파인애플, 아티초크를 떠올렸다는 이야기도 있습니다.

쿠폴 꼭대기를 보면, 러시아 정교회의 십자가가 설치되어 있습니다.

러시아 정교회 십자가가 설치된 쿠폴

Leon Bonnat, '십자가에서의 죽음'
러시아 정교회의 십자가가 유래된 예수의 십자가형 장면

이것은 라틴십자가Latin cross(가로보다 세로의 길이가 긴 십자가)의 위와 아래에 가로 막대가 더 걸쳐진 십자가로, 위의 막대는 예수가 매달린 십자가 위에 걸렸던 명패(예수를 조롱하는 의미로 '유대인의 왕, 나사렛 예수'란 뜻의 INRI란 글자를 적었던 명패)를 상징하고, 아래의 막대는 예수의 발이 못 박혔던 판자를 상징한다고 합니다. 아래의 막대가 오른쪽으로 비스듬하게 내려간 이유를, 예수가 처형당할 당시 옆에 있었던 죄수들과 연관지어 설명하는 사람도 있습니다. 즉, 왼쪽에 있던 죄수는 회개하여 구원을 받았고, 오른쪽의 죄수는 그렇지 못했다는 것을 십자가에 표현했다고 보는 것이지요.

지금은 모스크바를 대표하는 건축물로 대접받지만, 성 바실리 성당은 몇 차례 위기를 맞았습니다. 1812년에 나폴레옹의 군대가 모스크바를 점령했을 때 모스크바 시민의 정신적 구심점인 이 건물을 폭파하려 했지만 실패했으며, 종교를 인정하지 않는 공산주의 정권 아래에서도 철거될 위기에 놓였다가 가까스로 파괴를 면했다고 합니다.

성 바실리 성당은 파괴되는 대신 박물관으로 용도가 변경되어 유지되었으며, 1990년에 붉은 광장과 함께 유네스코 세계문화유산으로 지정되었습니다.

성 바실리 성당의 교회들 ②

성 바실리 성당은 중앙에 배치된 '보호 베일을 든 성모에게 봉헌된 교회'를 8개의 작은 교회Church가 감싸고 있는 구조로 이루어져 있습니다. 자료에 따라서는 교회라는 말 대신 예배당Chapel이란 표현을 쓰기도 합니다. 각각의 교회 안에 들어가 보면 매우 좁은 공간이므로 예배당이라

- 보호 베일을 든 성모에게 봉헌된 교회
- 콘스탄티노플의 세 총대주교에게 봉헌된 교회
- 축복받은 성 바실리에게 봉헌된 교회
- 성 삼위일체 교회
- 성 키프리안과 유스티나에게 봉헌된 교회
- 붉은 광장 방향
- 종탑
- 아르메니아의 성 그레고리에게 봉헌된 교회
- 알렉산더 스비르스키에게 봉헌된 교회
- 예수의 예루살렘 입성 기념 교회
- 성 니콜라우스 이콘화를 위한 교회
- 쿠틴의 성 발람에게 봉헌된 교회

중앙에 배치된 교회를 8개의 작은 교회가 감싸고 있는 구조의 성 바실리 교회

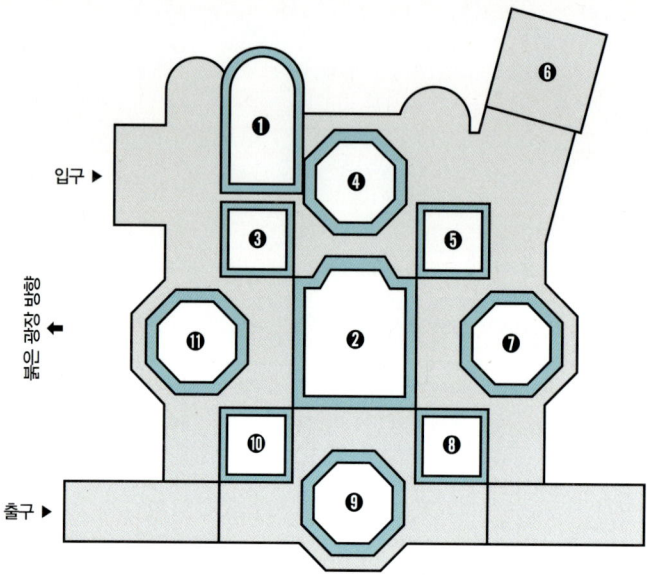

① 축복받은 성 바실리에게 봉헌된 교회(Church of St. Basily the Blessed)

② 보호 베일을 든 성모에게 봉헌된 교회(Church of The Protecting Veil of the Mother of God)

③ 콘스탄티노플의 세 총대주교에게 봉헌된 교회(Church of the Three Patriarchs of Constantinople)

④ 성 삼위일체 교회(Church of The Holy Trinity)

⑤ 알렉산더 스비르스키에게 봉헌된 교회(Church of St. Alexander Svirsky)

⑥ 종탑(Bell Tower)

⑦ 성 니콜라우스 이콘화를 위한 교회(Church of The Velikoretskaya icon of Saint Nicholas the Miracle Worker)

⑧ 쿠틴의 성 발람에게 봉헌된 교회(Church of St. Varlaam of Khutyn)

⑨ 예수의 예루살렘 입성 기념 교회(Church of the Entry of the Lord into Jerusalem)

⑩ 아르메니아의 성 그레고리에게 봉헌된 교회(Church of St. Gregory the Armenia)

⑪ 성 키프리안과 유스티나에게 봉헌된 교회(Church of St. Cyprian and Justina)

는 표현이 더 어울릴 것 같기는 합니다. 어쨌든 성 바실리 성당은 독립된 작은 교회들이 모여 하나의 성당Cathedral을 이루는 특이한 건축물이지요.

가장 늦게 들어선 '축복받은 성 바실리에게 봉헌된 교회'는 기존의 교회 틈바구니에 끼어드는 형국이 되었습니다. 그래서 성당의 전체 구조로 볼 때는 그리스 십자가 양식의 구조에서 균형을 깨뜨리는 역할을 하지요.

교회 내부는 공통적으로 지성소 앞에 성화벽이 서 있고 벽과 천장에 이콘화가 그려져 있지만, 크렘린의 성당들처럼 내부가 온통 그림으로 장식된 것은 아닙니다.

성 바실리 성당의 교회들은 각각 기리는 대상이 따로 있으므로 누구(혹은 무엇)에게 봉헌된 것인지 알아보겠습니다. '축복받은 성 바실리에게 봉헌된 교회'로 들어가서 '성 키프리안과 유스티나에게 봉헌된 교회'를 본 다음 밖으로 나오게 되므로 동선을 따라 설명하겠습니다.

보호 베일을 든 성모에게 봉헌된 교회

성 삼위일체 교회

콘스탄티노플의 세 총대주교에게 봉헌된 교회

축복받은 성 바실리에게 봉헌된 교회

성 바실리 성당 북동쪽 방향

축복받은 성 바실리에게 봉헌된 교회

성 바실리에게 봉헌된 교회의 입구는 현재 성 바실리 성당의 유일한 입구로 이용됩니다.

탁발 수도사였던 바실리는 '예수에게 미친 바보 바실리Basily Fool for Christ'라는 별명으로 불렸다고 합니다. 가게 물건을 훔쳐 가난한 사람들에게 나눠주는가 하면, 자신은 벌거벗은 채

성 바실리에게 봉헌된 교회의 입구

몸에 체인을 감고 다니는 등의 기이한 행동을 일삼았기 때문입니다. 그러면서도 기적을 많이 실행한 예언자로 이름이 높아 사람들의 존경을 받았다고 합니다. 그가 1547년의 모스크바 대화재를 예언했다는 설도 있습니다. 그래서 그의 또 다른 별명은 '축복받은 성자 바실리St. Basily the Blessed'입니다.

그는 폭군 이반 4세를 향해 쓴소리를 서슴지 않았지만, 그가 죽었을 때 이반 4세는 대귀족들과 함께 그의 관을 옮겼다고 하며, 그의 무덤 위에 교회를 지을 것을 명했습니다. 비록 교회가 완성된 것은 이반 4세가 죽고 난 4년 뒤인 1588년의 일이지만, 바실리 성인에 대한 이반 4세의 존경심을 알 수 있는 일화입니다. '축복받은 성 바실리에게 봉헌된

'성 바실리에게 봉헌된   성 바실리에게 봉헌된 교회의 왕의 문   화려한 캐노피로 보호받고 있는 성 바실리의 관
교회' 앞에 놓여 있는
성 바실리 성당 모형과
이반 4세의 초상화

교회Church of St. Basily the Blessed' 앞에 성 바실리 성당의 모형과 이반 4세의
초상화를 함께 둔 것은, 그가 이 성당의 건축을 명했기 때문일 것입니
다.

　'축복받은 성 바실리에게 봉헌된 교회'의 쿠폴은 크기가 작고 높이도
낮아 외관상 다른 교회들보다 존재감이 미미해 보이긴 하지만, 성당 전
체의 이름이 이 교회에서 왔고 교회 내부도 다른 교회들보다 훨씬 더
화려하고 아름답게 치장되어 있어 이곳이 중요한 대접을 받고 있음을
짐작할 수 있습니다. 특히 교회 안에 안치된 성자 바실리의 관은 화려
한 캐노피로 보호받고 있어 매우 인상적입니다. 가난한 수도사였던 그
에게는 오히려 어울리지 않는, 지나친 치장으로 보이기 때문입니다.

보호 베일을 든 성모에게 봉헌된 교회

성 바실리에게 봉헌된 교회를 본 다음 좁은 계단을 올라가면 성 바실리 성당의 중앙에 배치된 '보호 베일을 든 성모에게 봉헌된 교회Church of The Protecting Veil of the Mother of God'에 닿습니다. 이곳은 위치로 보나 의미로 보나, 가장 중요한 공간이라고 할 수 있지요. 그래서인지 다른 교회들보다 공간이 넓으며 성화벽도 화려하고 아름답습니다.

먼저, 성모의 보호 베일이 무엇을 말하는지 알아봅시다.
성모의 이콘 중에는 두 손을 하늘을 향해 벌리고 있는 것이 있는데, 이를 '기도하는 성모The Virgin Orans'라고 합니다. 인간들의 죄를 사해달라고 하느님에게 기도하는 자세로 보는 것이지요.
그런데 기도하는 성모의 손에 흰색 베일이 걸쳐 있는 경우가 있습니

'보호 베일을 든 성모에게 봉헌된 교회'의 성화벽   보호 베일을 든 성모 이콘

다. 이 베일이 바로 '보호 베일Protecting Veil'이며, 이것을 들고 있는 성모를 '보호의 성모Pokrobskaya'라고 합니다.

성모가 들고 있는 베일을 '보호 베일'이라고 하는 데는 다음과 같은 까닭이 있습니다.

910년에 동로마 제국의 수도였던 콘스탄티노플(현재의 이스탄불)은 외적의 침략을 받아 위험에 처했다고 합니다. 그런데 그때 성모가 세례자 요한 등의 성인들을 거느리고 블라케르네Blachernae 궁전 성당에 나타난 것입니다. 그곳은 성모의 가운과 베일, 허리띠 등이 보관된 곳으로 많은 순례자들이 찾는 곳이었지요.

성모는 그곳에 나타나 자신의 베일을 양손에 걸친 채 오랜 시간 눈물을 흘리며 기도했는데, 그 후 거짓말처럼 적이 물러가고 도시가 안전해지는 기적이 일어났다는 것입니다. 이때부터 사람들은 성모가 손에 들었던 베일이 도시를 지켜주었다고 생각해 '보호 베일'이라고 부르게 되었습니다.

그 일이 10월 1일에 있었기 때문에 러시아 정교회에서는 이날을 '보호 베일을 든 성모의 발현 축일Pokrov'로 기리고 있으며, 그리스 정교회는 1952년부터 10월 28일로 옮겨 기리고 있지요.

이반 4세가 카잔 칸국을 정복한 기념으로 새로운 성당을 세우면서 중앙에 보호 베일을 든 성모에게 봉헌된 교회를 배치한 까닭은, 최종적인 승리의 실마리를 잡은 날이 바로 10월 1일이었기 때문이라고 합니다. 실질적인 함락은 하루 뒤인 10월 2일에 이루어졌지만, 독실한 정교회 신자였던 이반 4세는 자신이 숙적을 상대로 거둔 영광스러운 승리를 성모의 가호와 연결 지어 백성들에게 설명하려 했던 것 같습니다.

콘스탄티노플의 세 총대주교에게 봉헌된 교회

이 교회Church of the Three Patriarchs of Constantinople를 봉헌 받은 콘스탄티노플의 세 총대주교는 성 알렉산드르, 성 요하네스 크리소스토무스, 바울로 4세입니다.

콘스탄티노플의 성 알렉산드르St. Alexander the Patriarch of Constantinople는 317년에 총대주교로 선출되었는데, 그때 그의 나이는 73세였습니다. 그는 325년 니케아 공의회에 참석하여 아리우스와 아리우스파를 이단으로 몰아 통렬히 공박했으며, 336년에 아리우스가 콘스탄티노플에 온다는 소식을 듣고 자신과 아리우스 중 한 사람이 죽게 해달라고 하느님에게 기도했는데, 아리우스가 도착하기 전날 그가 죽었다는 이야기가 전합니다.

성 요하네스 크리소스토무스Joannes Chrisostomus는 크렘린의 수태고지 성당에서 한번 언급한 인물로, 제37대 콘스탄티노플 총대주교이자 뛰어난 설교자였습니다. '크리소스토무스'는 별칭으로, '황금의 입을 가진'이라는 뜻의 그리스어라고 합니다. 그의 설교가 워낙 설득력이 있기 때문에 얻은 별명이었던 것입니다.
　그는 동로마 제국의 황제 아르카디우스와 그의 아내 아일리아 에우독시아의 미움을 받아 유배 갔다가 사망했습니다.

콘스탄티노플의 제78대 총대주교였던 바울로 4세Paul IV, 혹은 Paul the New는 780~784년에 재위했습니다. 이콘 숭배를 반대하는 입장이었으

콘스탄티노플의 세 총대주교에게 봉헌된 교회의 천장

콘스탄티노플의 세 총대주교에게 봉헌된 교회의 성화벽

나, 이콘을 파괴하는 것도 반대하는 입장이었던 것으로 보입니다. 동방
정교회와 가톨릭에서 함께 성인으로 숭배하며, 8월 30일이 그의 축일
입니다.

성 삼위일체 교회

  기독교에서 성 삼위일체라면, 성부 하느님과 성자 예수, 그리고 성령을 의미합니다. 기독교에서는 매우 중요한 개념이므로, 기독교 문화권을 여행하다보면 자주 볼 수 있지요. 대개 하느님과 예수, 그리고 비둘기로 상징되는 성령이 함께 표현되지만, 때로는 세 명의 천사로 표현되기도 합니다. 혹은 성당이나 교회 이름에 쓰이기도 하는데, 성 바실리 성당의 '성 삼위일체 교회Church of The Holy Trinity'는 그런 예에 속합니다.

  성 삼위일체 교회의 성화벽을 보면 왕의 문 오른쪽에 삼위일체를 그린 이콘화가 있어 교회 이름과 연관됨을 알 수 있습니다.

성 삼위일체 교회 왕의 문   왕의 문 옆에 그려진 성 삼위일체 이콘화

예수의 예루살렘 입성 기념 교회

성 니콜라우스 이콘화를 위한 교회

종탑

쿠틴의 성 발람에게 봉헌된 교회

알렉산더 스비르스키에게 봉헌된 교회

성 바실리 성당 남쪽 방향

알렉산더 스비르스키에게 봉헌된 교회

알렉산더 스비르스키Alexander Svirsky, 또는 스비르의 알렉산더Alexander of Svir라고 불리는 러시아 정교회 성인은 1448년에 태어나 1533년에 사망했습니다.

평범한 농부의 아들로 태어난 그는 19세에 수도원에 들어가 세상과 단절된 채 수도자로서의 삶을 살았습니다. 스비르 강가에 삼위일체 수도원을 세우고 명상하는 삶을 계속했으며, 많은 기적을 이뤄 유명해졌다고 합니다.

'알렉산더 스비르스키에게 봉헌된 교회Church of St. Alexander Svirsky'는 1552년 8월 30일에 카잔 칸국의 기병대를 격파한 것을 기념해 세웠다고 전해집니다.

알렉산더 스비르스키에게 봉헌된   알렉산더 스비르스키
교회 내부

알렉산더 스비르스키에게 나타난 성 삼위일체

종탑

　성당의 동남쪽 방향으로 조금 떨어져 있는 건물은 둥근 양파 모양의 교회 지붕들과는 달리 뾰족한 지붕을 가졌습니다. 지붕 모양만 놓고 보면 중앙의 '성모의 보호 베일 발현을 기리는 교회'와 비슷하지요. 이 종탑Bell Tower은 1680년에 낡은 옛 종탑을 헐고 새로 지었으며, 팔각형의 기단에 위로 올라갈수록 뾰족해지는 첨탑을 초록색과 붉은색 타일을 붙여 장식했습니다.

성 바실리 성당의 종탑과 종

성 니콜라우스 이콘화를 위한 교회

이곳은 뱌트카Vyatka(현재의 키로프)에서 발견
된 성 니콜라우스 이콘화를 모시기 위해 마련
한 교회Church of The Velikoretskaya icon of Saint Nicholas
the Miracle Worker라고 합니다.

전하는 이야기에 따르면, 1383년에 키로프
에 살던 아갈라코프Semyon Agalakov라는 농부가
숲(혹은 벨리카야강)에서 성 니콜라우스 이콘화
를 발견했다고 합니다. 그는 그것을 집에 가
져가 비밀리에 보관했는데, 20년 동안 걷지
못하던 동네 사람이 꿈에서 그 이콘화를 찾아
가야 병이 낫는다는 말을 듣고 찾아가 경배한

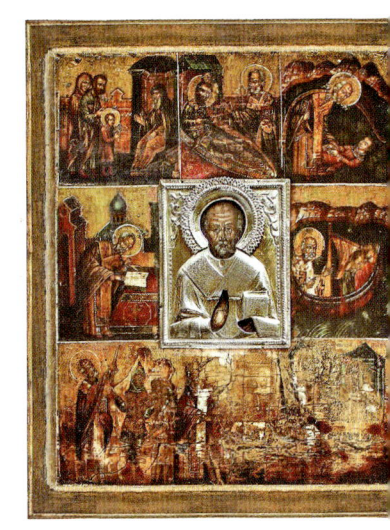

키로프에서 발견된 성 니콜라우스 이콘화 사본

후 완치되었다는 것입니다. 그 일이 소문나 많은 사람들이 찾아오기 시
작했고, 그때마다 기적적인 치유가 이루어졌으므로 사람들은 이콘화가
발견된 장소에 예배당을 지었다고 하는데, 그 자리에 현재도 목조 예배
당 건물이 남아 있습니다. 그 뒤로 성 니콜라우스는 '기적을 만드는 성
니콜라우스Saint Nicholas the Miracle Worker'라고 불리며 숭배의 대상이 되었
습니다.

키로프에 있던 성 니콜라우스 이콘화를 모스크바로 옮겨오고, 그것
을 위해 교회를 짓도록 한 것은 이반 4세일 것입니다. 성 바실리 성당
의 건설을 명한 것이 이반 4세이고, 가장 늦게 지어진 성 바실리에게
봉헌된 교회 또한 그의 치세에 공사가 시작되었기 때문입니다.

그러나 키로프에서 발견된 성 니콜라우스 이콘화 원본은 1930년대에 사라졌다고 합니다. 아마도 러시아 정교회를 탄압하던 공산 정권 하에서 교회의 유산을 제대로 관리하지 못해 일어난 일이 아닐까 합니다.

성 니콜라우스 이콘화를 위한 교회의 내부

쿠틴의 성 발람에게 봉헌된 교회

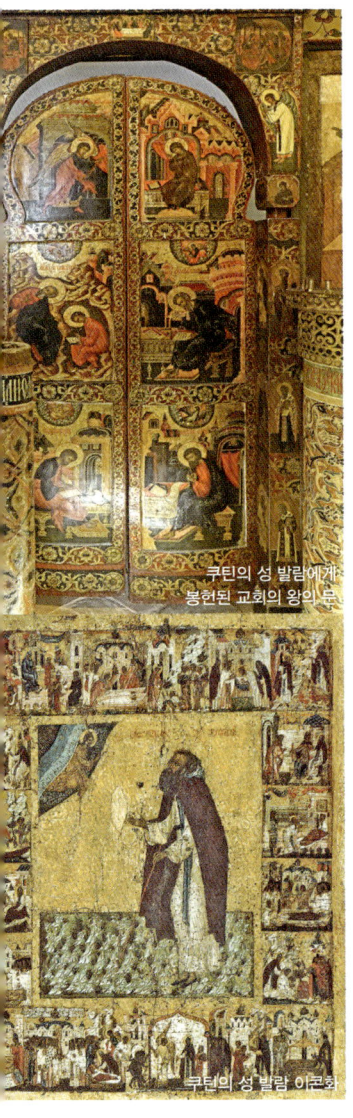

쿠틴의 성 발람에게
봉헌된 교회의 왕의 문

쿠틴의 성 발람 이콘화

남서쪽에 위치한 이곳은 '쿠틴의 성 발람에게 봉헌된 교회Church of St. Varlaam of Khutyn'입니다.

로마 가톨릭과 동방정교회에서 성인으로 추앙하는 발람은 노브고로드의 쿠틴이란 곳에서 사망했으므로 '쿠틴의 성 발람'이라고 불립니다.

그는 부유한 가정에서 태어났으나 물려받은 유산을 가난한 사람들에게 나누어주고 은둔 생활을 했다고 합니다. 그를 추종하는 신자들이 세운 수도원이 여러 개였으며, 그의 무덤은 순례 장소가 되기도 했다고 하는군요.

솜씨 좋은 화가이기도 했던 그는 노브고로드의 성당에 많은 이콘화를 그렸는데, 제2차 세계대전 때 다 파괴되어 아쉬움을 남깁니다.

'쿠틴의 성 발람에게 봉헌된 교회'는 이반 4세가 자신의 아버지인 바실리 3세를 위해 봉헌한 것으로 추측됩니다.

예수의 예루살렘 입성 기념 교회

서쪽에 위치한 교회는 '예수의 예루살렘 입성 기념 교회Church of the Entry of the Lord into Jerusalem'로, 예수가 유월절을 맞아 제자들과 함께 예루살렘으로 들어간 것을 기념하여 세운 곳입니다. 교회의 이름에 걸맞게, 이곳에는 예수가 나귀를 타고 예루살렘으로 들어가는 모습을 그린 성화가 두 개 있는데, 하나는 성화벽 아랫단 왕의 문 오른쪽에 있고, 다른 하나는 성화벽 오른쪽으로 난 문의 오른쪽 벽에 걸려 있습니다. 예수의 예루살렘 입성에 대해서는 크렘린의 대천사 성당 성화벽에서 설명(175쪽)한 바 있으므로 생략합니다.

'예수의 예루살렘 입성 기념 교회'는 모스크바 대공국이 카잔 칸국을 완벽하게 정복하고 개선한 것을 기념하기 위해 세웠다고 합니다.

'예수의 예루살렘 입성 기념 교회'의 왕의 문 주변. 오른쪽에 나귀를 타고 예루살렘에 입성하는 예수의 모습이 보인다.

예수의 예루살렘 입성 기념 교회에서 볼 수 있는 예루살렘 입성 관련 그림 두 점의 위치

예수의 예루살렘 입성 기념 교회에서 볼 수 있는 예루살렘 입성 관련 그림 두 점

성 키프리안과 유스티나에게 봉헌된 교회

아르메니아의 성 그레고리에게 봉헌된 교회

성 바실리 성당 북서쪽 방향

아르메니아의 성 그레고리에게 봉헌된 교회

아르메니아 지역은 예수의 제자였던 유다 타대오와 바르톨로뮤가 복음을 전파한 곳으로 알려졌으며, 세계 최초로 기독교를 공인한 나라입니다. 로마 제국이 밀라노 칙령을 반포하고 기독교를 종교로 인정한 것이 313년의 일인데, 아르메니아는 그보다 12년 앞선 301년에 기독교를 인정한 것입니다. 이처럼 오랜 기독교 역사를 가진 아르메니아는 이슬람 국가들에 둘러싸인 지정학적 조건에서도 아르메니아 정교회를 굳게 고수하고 있어 전 국민의 97%가 정교회 신자라고 하지요.

그런데 아르메니아가 기독교 국가가 될 수 있었던 것은 성 그레고리St. Gregory the Illuminator 때문이라고 합니다. 그는 기독교를 박해하던 티리다테스 3세를 설득해 기독교를 국교로 정하도록 하고 초대 주교가 되어 기독교 확산에 힘썼으므로, 아르메니아 정교회에서뿐만 아니라 동방정교회와 로마 가톨릭에서도 그를 성인으로 추앙합니다.

아르메니아의 성 그레고리에게 봉헌된 교회 성화벽

교회 벽에 걸려 있는 아르메니아의 성 그레고리의 초상화

'아르메니아의 성 그레고리에게 봉헌된 교회Church of St. Gregory the Armenia'는 1552년 9월 30일에 이반 4세의 군대가 카잔 칸국의 아르스 탑Ars Tower을 함락시킨 것을 기념해 세웠다고 합니다.

성 키프리안과 유스티나에게 봉헌된 교회

성 바실리 성당의 교회들을 차례로 둘러본 다음, 밖으로 나가기 전에 맨 마지막으로 보게 되는 곳은 '성 키프리안과 유스티나에게 봉헌된 교회Church of St. Cyprian and Justina'입니다.

이곳을 봉헌 받은 성 키프리안은 본래 안디옥 지방의 마술사였다고 합니다. 아름다운 유스티나에게 반해 구애했다가 도리어 그녀로부터 종교적 감화를 받아 나중에는 사제가 되었다고 하는군요. 그리고 성 키프리안을 개종시킨 유스티나는 수녀원 원장이 되어 자신의 신앙과 동정을 지켰다고 하지요. 그러나 두 사람은 기독교를 박해한 디오클레티아누스 황제 때 순교했으며, 그들의 유해는 로마의 산 조반니 인 라테라노 성당에 안치되어 있다고 전해집니다.

성 키프리안과 유스티나에게 봉헌된 교회 내부

그런 사연이 있기 때문에 그들은 성화에 함께 등장하는 경우가 많고, 유스티나는 동정녀로서 순교했으므로 동정을 상징하는 유니콘과 함께 그려지는 경우가 있습니다.

이 교회는 카잔 칸국을 완전히 함락시킨 1552년 10월 2일의 승리를 기념하기 위해 세웠다고 합니다. 카잔 칸국은 이날의 패배로 더 이상 재기할 수 없는 상태가 되었다가 5년 뒤 모스크바 대공국에 편입되지 요.

성 키프리안과 유스티나

Moretto da Brescia,
'후원자의 공경을 받는 성 유스티나'.
유스티나가 동정을 상징하는 유니콘과 함께 그려져 있다.

쿠즈마 미닌과 드미트리 포자르스키

성 바실리 성당 앞에는 쿠즈마 미닌Kuzma Minin과 드미트리 포자르스키Dmitry Pozharsky의 동상이
설치되어 있습니다. 원래 이 동상은 성당 앞이 아닌, 붉은 광장의 중앙에 있었습니다. 모스크바
의 심장이라고 할 수 있는 붉은 광장에 동상이 세워졌던 것으로 보아 이들은 러시아 사람들에게
각별한 대접을 받는 것 같은데, 이들이 누구인지에 대해 알아봅시다.

성 바실리 성당 앞에 세워진
쿠즈마 미닌과 드미트리 포자르스키의 동상

쿠즈마 미닌과 드미트리 포자르스키 동상의 원래 위치.
붉은 광장 한가운데에 있었음을 알 수 있다.

러시아 역사에서 '동란 시대Time of Troubles'라고 불린 때가
있었습니다. 류리크 왕조의 대가 끊긴 1598년부터 로마노
프 왕조가 세워지는 1613년 사이의 혼란 시기를 말합니다.
이때 인구의 1/3가량인 2백만 명이 굶어 죽은 대기근이 일
어난 데다 정치적 혼란을 틈타 폴란드가 침략하여 약탈을
일삼았으므로, 러시아 민중들은 참혹하기 짝이 없는 생활을
해야만 했지요. 이때 러시아를 구하기 위해 일어난 사람이
바로 미닌과 포자르스키입니다.

니즈니 노브고로드의 상인 출신이었던 미닌은 근검하게 생
활하며 모은 전 재산을 내놓고 의용군을 모집했습니다. 폴
란드에 대항하여 나라를 구하자고 호소하는 그에게 니즈니
노브고로드 시민들도 호응하여 자신들의 재산을 내놓으며
군대를 조직했다고 합니다.

Konstantin Makovsky, '미닌의 호소'

니즈니 노브고로드 시민들에게 폴란드에 대항하여
싸우자고 호소하는 쿠즈마 미닌

Vasily Savinksy,
'드미트리 포자르스키와 니즈니 노브고로드에서 온 사절단'

니즈니 노브고로드에서 온 사람들이 드미트리 포자르스키에게
의용군을 지휘해 달라고 요청하고 있다.

Mikhail Scotti, '쿠즈마 미닌과 드미트리 포자르스키'

모스크바를 수복한 미닌과 포자르스키. 왼쪽이 군인 출신의
포자르스키이고, 오른쪽은 상인 출신의 미닌이다.

의용군을 조직한 미닌은 수즈달의 귀족인 포자르스키를 찾아가 군대를 지휘해 달라고 부탁합니
다. 포자르스키는 비록 한미한 귀족 가문 출신이었지만 공명정대한 처신으로 사람들의 존경을
받는 군인이었습니다. 포자르스키 또한 애국심이 넘치는 인물이었으므로 그들의 요청을 받아들
여 의용군에 합류합니다. 폴란드군을 무찌르기 위해 출병하는 포자르스키를 수도원장이었던 디
오니소스가 축복하는 장면을 구세주 그리스도 성당 벽 부조(276쪽 참조)에서 보았지요.

자신을 희생해서라도 나라를 구하겠다고 떨치고 일어난 미닌과 포자르스키를 사람들은 신뢰하
였고, 사기가 오른 의용군은 폴란드군에 의해 함락된 모스크바를 수복하는 성과를 거둡니다. 당
시의 지배 계층이던 귀족 정치가와 성직자들이 하지 못한 일을 이들이 해낸 것입니다.

이들의 활약으로 폴란드군을 몰아내고 정치적 안정을 되찾은 러시아는 미하일 로마노프를 새로
운 차르로 선출하며 류리크 왕조의 뒤를 잇는 새로운 로마노프 왕조를 탄생시킵니다. 이로써 혼
란스러웠던 동란 시대가 막을 내리게 된 것이지요.

위기에 빠진 나라를 구한 진정한 애국자에 대한 존경을 담아 1818년 붉은 광장 한복판에 세운
미닌과 포자르스키의 동상은 공산주의 정권이 들어선 다음 홀대받게 됩니다. 붉은 광장에서 이
루어지는 군사 퍼레이드 때 방해가 된다는 이유로 폭파하려 한 것입니다. 그러나 반대하는 의견
도 만만치 않아 폭파하는 대신 현재의 자리로 옮겨 세웠다고 하는군요.

좌대의 글과 부조

동상 아래에는 '감사하는 마음을 담아 미닌과 포자르스키 공에게 러시아가, 1818년에'라고 쓰여 있으며, 좌대의 부조는 폴란드 침공 당시 모스크바 시민들이 재산과 귀중품을 전쟁 물자로 기부하는 모습을 새긴 것입니다.

부조 속 왼쪽에 두 아들을 전쟁터로 내보내는 남자가 보이는데, 동상을 제작한 마르토스가 자신의 얼굴을 새긴 것이라고 합니다. 실제로 1812년 나폴레옹의 침공 때 그의 두 아들이 참전했으며, 그중 한 명이 전사했다고 하니 부조에 그 내용을 새기고자 한 조각가의 애틋한 마음을 짐작할 수 있습니다.

3장

카잔 대성당
Kazan Cathedral
Казанский Собор

카잔의 성모에게 봉헌된 카잔 대성당 ①

러시아에는 '카잔 대성당Kazan Cathedral(혹은 Our Lady of Kazan church, Church of the Theotokos of Kazan 등의 이름을 쓰기도 함)'이라는 이름을 가진 성당들이 무수히 많습니다. 또한 구소련 지배하에 있었던 벨라루스, 에스토니아, 우크라이나 등에도 같은 이름의 성당이 많은데, 모두 '카잔의 성모Our Lady of Kazan'에게 봉헌된 곳입니다.

카잔의 성모를 모신 성당 가운데 러시아에서 가장 유명한 것은 아마도 상트페테르부르크에 있는 '카잔 대성당Kazan Cathedral in St Petersburg'일 것입니다. 1801년부터 10년에 걸쳐 지어진 이 건축물은 완공 직후 프랑스 나폴레옹 군대와의 전쟁(조국전쟁)에서 승리를 거두었기 때문에,

상트페테르부르크의 카잔 대성당

카잔 대성당과 그 주변의 관광 명소

러시아 사람들에게 각별한 사랑을 받고 있습니다. 성당 안에는 조국전쟁 때 프랑스군에게서 빼앗은 군기軍旗들이 자랑스럽게 전시되어 있고, 조국전쟁의 영웅 쿠투조프 원수의 묘가 안치되어 있습니다.

그런데 모스크바에도 카잔 대성당Kazan Cathedral in Moscow이 있습니다. 대성당이라는 이름이 무색하게 아주 조촐하고 아담한 규모의 건물이지만, '카테드랄'이란 용어는 원래 대성당을 가리키므로 그렇게 번역합니다. 붉은색과 흰색, 녹색이 어우러진 독특한 외양입니다.

카잔 대성당은 붉은 광장에서 여행자들을 위한 기념품 가게, 식당, 찻집, 환전소 등이 밀집해 있는 니콜스카야 거리로 들어가는 길목에 위치하고 있으며, 왼쪽에는 부활의 문이, 오른쪽에는 모스크바에서 가장 규모가 큰 굼GUM(러시아어로 ГУМ) 백화점이 있습니다. 그리고 앞에는 국립 역사박물관과 붉은 광장, 크렘린 등이 있으니, 모스크바 여행의 중심지에 위치한 셈입니다.

모스크바의 카잔 대성당은 1612년에 폴란드가 침략해 왔을 때 막아낸 것을 자축하고, 자신들을 보호해준 카잔의 성모에게 감사하기 위해 1625년에 지었습니다. 그 뒤 여러 차례에 걸쳐 소실과 복원, 증축을 거듭하며 모스크바 시민들의 정신적 구심점이 되었지요. 그러나 종교를 박해한 공산주의 정권 시절인 1936년에 스탈린의 명으로 파괴되어 사라졌는데, 앞에서 보았던 구세주 그리스도 성당과 똑같은 신세가 된 것입니다. 구소련 붕괴 직후에 복원에 대한 논의가 시작되어 1993년에 원래의 모습을 되찾았으며, 소련 시절에 파괴된 종교 건축물 중에서는 최초로 복원된 것이라고 하는군요.

　　파괴되었다가 복원된 지 얼마 안 된 건물이므로 유서 깊은 건축물에서 느껴지는 고졸古拙한 멋은 없지만, 러시아 사람들이 공경하는 카잔의 성모의 의미를 생각하며 둘러보면 좋을 것입니다.

파괴된 카잔 대성당(1936년)　　　　복원된 현재의 모습(2017년)

'카잔의 성모' 이콘화

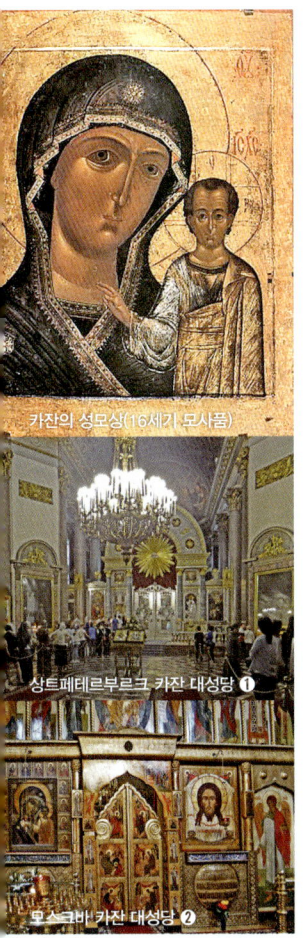

카잔의 성모상(16세기 모사품)

상트페테르부르크 카잔 대성당 ❶

모스크바 카잔 대성당 ❷

❶ 왕의 문 왼쪽에 있는 카잔의 성모 이콘화에 경배 드리고자 러시아 정교회 신자들이 줄지어 서 있다.
❷ 왕의 문 왼쪽에 카잔의 성모 이콘화가 보인다.

'카잔의 성모'는 러시아 사람들이 특히 사랑하고 숭배하는 대상으로, 원래 13세기 무렵에 콘스탄티노플에서 제작돼 러시아로 건너온 이콘화였습니다. 볼가강 유역에 위치한 카잔의 대성당에 보관하였으므로 '카잔의 성모'라고 하였는데, 1438년에 타타르의 침략을 받아 도시가 파괴될 때 함께 사라집니다.

그런데 1579년에 이 이콘화가 홀연히 세상에 그 모습을 드러냅니다. 전하는 이야기에 따르면, 카잔에 사는 어느 소녀의 꿈에 성모가 나타나 자신이 일러주는 장소를 파보라고 했다 합니다. 소녀는 처음엔 대수롭지 않은 꿈으로 생각하고 넘겼지만 여러 차례 같은 꿈을 꾸고 보니 이상한 생각이 들어 어머니에게 사실을 말했고, 어머니와 함께 성모가 일러준 곳을 찾아가 이 이콘화를 발견했다는 것입니다.

'길의 인도자 성모(호디기트리아)'의 변형인 '카잔의 성모'는 주로 러시아가 주변 강국과 벌인 전쟁에서 기적을 일으킨 것으로 믿어졌습니다. 1612년 폴란드가 침략했을 때와 1709년 스웨덴이 침략했을 때, 그리고 1812년 나폴레옹의 군대가 모스크바를 침략했을 때 카잔의 성모의 가호로 승리했다고 러시아 사람들은 믿었습니다. 그래서 카잔의 성모를 러시아의 수호성인으로 공경하는 것이지요.

1612년 폴란드와의 전쟁에서 승리한 후 카잔에 있던 이콘화를 모스크바의 카잔 대성당으로 옮겼으며, 1811년에 다시 상트페테르부르크에 지어진 카잔 대성당으로 옮겼는데, 공산주의 정권 시절에 도난당하고 맙니다. '카잔의 성모' 원본은 아마도 왼쪽 사진과 같은 모습이었을 것으로 추정됩니다.

상트페테르부르크의 카잔 대성당에는 '카잔의 성모' 이콘화에 입을 맞추려는 행렬이 줄을 잇고, 모스크바 카잔 대성당 성화벽 하단에 있는 '카잔의 성모' 또한 성당을 찾는 신자들에게 경배의 대상이 되고 있습니다.

카잔 대성당 외관 ❷

표도르 알렉세예프Fyodor Alekseyev가 1802년에 그린 그림을 보면, 카잔 대성당의 모습이 현재와 다른 것을 알 수 있습니다. 1882년에 찍은 사진 속 카잔 대성당은 앞의 그림 속 건물과 생김새가 또 다릅니다. 아마도 여러 차례의 증축과 개축 과정을 거치면서 외관이 조금씩 달라진 듯합니다.

카잔 대성당을 정면에서 바라보면 왼쪽에 종탑이 있고, 출입문 위에는 '성스러운 예수의 얼굴Holy Face'이, 그리고 그 뒤편 위쪽에 비록 제작 연대는 오래되지 않았지만 성당의 이름에 걸맞은 '카잔의 성모' 이콘화

Fyodor Alekseyev, '붉은 광장 북쪽 면(1802년)'   1882년의 카잔 대성당 모습

종탑

카잔의 성모

성스러운 예수의 얼굴

카잔 대성당 전면부

성스러운 예수의 얼굴

카잔의 성모

성 게오르기 이콘화

카잔 대성당 후면부

괴수를 무찌르는 성 게오르기

가 있습니다. 그리고 겹겹이 피어나는 꽃봉오리를 연상시키는 지붕 꼭
대기에 황금빛 찬란한 쿠폴이 솟아 있고, 좌우에 작은 쿠폴이 있는 것
을 볼 수 있습니다.

　니콜스카야 거리에서 카잔 대성당을 바라보면 건물 후면이 보이는
데, 괴수를 무찌르는 성 게오르기 이콘화가 '카잔의 성모'와 대칭되는
위치에 있습니다. 둘 다 모자이크 양식으로 된 그림입니다.

카잔 대성당 내부

모스크바의 다른 정교회 성당들과 마찬가지로 카잔 대성당은 지성소와 성소 사이에 성화벽이 세워져 있으며, 성화벽의 구성 요소와 분위기도 대동소이大同小異합니다.

성화벽 맨 꼭대기에는 러시아 정교회의 십자가가 있습니다. 그리고 성화벽의 첫 번째 단에는 중앙에 옥좌에 앉은 예수가 있고, 그 좌우에 8명씩의 구약 시대 예언자 및 선지자가 배치되어 있지요. 각각의 인물이 누구인지는 알 수 없으나, 니콘 총대주교가 정한 성화벽 양식에 따라 제작된 것이므로 크렘린의 성당들에서 본 것과 같은 내용일 거라고 짐작됩니다. 두 번째 단 중앙에는 표징의 성모(혹은 계시의 성모. 두 손을 위로 들어 올리고 기도하는 성모의 가슴에 어린 예수가 안겨 있는 이콘화)가 있고, 그 좌우에 다윗과 솔로몬 등 『구약 성서』에 등

카잔 대성당의 성화벽

장하는 인물들이 각각 8명씩 배치되어 있습니다. 세 번째 단에는 예수의 일생을 주제로 한 18점의 그림이, 네 번째 단에는 데이시스를 표현

한 그림이 그려졌으며, 맨 아랫단에는 러시아 사람들이 공경하는 이콘화들이 배치되어 있습니다. 이것은 앞서 본 성화벽들과 다를 바 없으므로 설명을 생략합니다.

카잔 대성당의 천장화

카잔 대성당은 건물 규모가 작기 때문에 천장 장식도 단출한 편입니다. 쿠폴 내부 공간에는 판토크라토르의 예수가, 성화벽 위의 천장에는 성모 마리아와 열두 제자에게 성령이 내리는 장면(❶)이, 그 왼쪽 천장에는 좌우에 사람들이 모여 있는 가운데 사방으로 빛을 내뿜는 예수의 모습(❷)이, 다시 그 왼쪽(출입문 위쪽이자 성령이 내리는 그림의 반대쪽) 천장에는 승천한 예수의 모습(❸)이, 또다시 그 왼쪽(성화벽의 오른쪽) 천장에는 천사와 성인들에 둘러싸인 판토크라토르의 예수(❹)가 그려져 있습니다.

성당을 나오기 전에 출입문 위에 그려진 '베일을 든 보호의 성모' 이콘회도 눈여겨볼 필요가 있습니다. 성 바실리 성당에서 보았던 것과 똑같은 의미를 지닌 성모 이콘화이기 때문입니다.

노보데비치 수도원

모스크바 남서쪽에 위치한 노보데비치 수도원과 그 주변 지역Ensemble of the Novodevichy Convent은 모스크바 여행 시 꼭 가 볼 만한 곳입니다. 모스크바에는 두 건의 유네스코 세계문화유산이 있는데, 1990년에 지정된 크렘린과 붉은 광장, 2004년에 지정된 노보데비치 수도원이 그것이지요. 유네스코가 노보데비치 수도원을 세계문화유산으로 지정했다는 것은 그것의 중요성을 인정했다는 의미일 겁니다.

노보데비치 수도원

1514년, 바실리 3세는 스몰렌스크 공국을 모스크바 공국에 합병하였습니다. 당시 스몰렌스크 공국은 반독립적인 지위를 갖고 있었지요.

스몰렌스크 공국을 합병하여 모스크바 공국의 세력을 확대한 것을 기념하기 위해 바실리 3세는 10년 뒤인 1524년에 현재의 위치에 수도원을 세웁니다. 그리고 스몰렌스크에서 가져온 '호디기트리아Hodigitria(길의 인도자 성모)' 이콘을 안치하기 위해 스몰렌스크 성당(배치도의 ❹번)을 지었는데, 이것이 수도원에서 가장 오래된 건물이자 수도원의 중심에 위치한 가장 중요한 건물입니다.

노보데비치 수도원은 신분이 높은 여인들이 세속을 떠나 종교 생활을 하다가 죽은 뒤 묻히던 공간이었습니다. 성벽처럼 단단한 외관을 보면 짐작할 수 있듯이 요새의 역할도 하였지요. 그러나 우리는 정치적 이유로 이곳에 머물렀던 사람들 때문에 더 큰 관심을 갖게 됩니다. 이반 4세의 아들 표도르 1세가 후사 없이 죽음으로써 러시아 역사상 최초의 왕조였던 류리크 왕조가 단절되는데, 그 뒤를 이어 차르에 즉위하는 보리스 고두노프는 이 수도원에 은신해 있다가 대관식을 치렀다고 합니다. 보리스 고두노프보다 더 유명한 이는 아마도 표트르 대제의 이복누나였던 소피아 황녀일 것입니다. 그녀는 표트르와의 권력 투쟁에서 패한 뒤 이곳에 유폐되었으며 죽을 때까지 수도원 밖으로 나가지 못했습니다. 표트르 대제의 첫 번째 부인이었던 에브도키야 로푸히

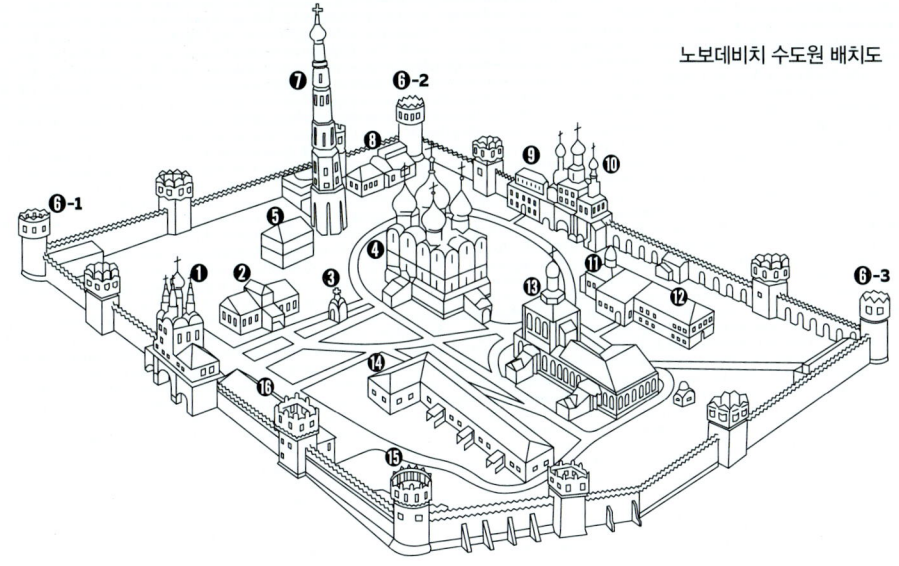

노보데비치 수도원 배치도

❶ 북쪽 출입문과 그리스도 변용 성당　　❼ 종탑　　　　　　　　　　❸ 성모 승천 성당
❷ 보물실　　　　　　　　　　　　　　❽ 병원　　　　　　　　　　❹ 성가대의 방
❸ 프로호로프의 예배당　　　　　　　　❾ 마리아의 방　　　　　　　❺ 소피아의 방
❹ 스몰렌스크 성당　　　　　　　　　　❿ 남쪽 출입문과 성모 마리아 성당　❻ 로푸히나의 방
❺ 필라티예브의 학교　　　　　　　　　⓫ 성 암브로시우스 성당
❻-1, ❻-2, ❻-3. 스트렐치의 집　　　　⓬ 이리나 고두노바의 방

나도 이곳과 인연이 깊은데, 그녀는 남편의 사랑을 잃고 이곳에 버려진 채 한스러운 세월을 보
내야 했지요. 그녀의 자리를 빼앗은 이가 바로 표트르 대제의 뒤를 이어 러시아 제국의 2대 황
제가 되는 예카테리나 1세입니다. 이런 역사적 사실들이 이곳을 찾는 사람들의 호기심을 자극합
니다.

자, 그러면 노보데비치 수도원 안으로 들어가 어떤 사연을 가진 건물들이 있는지 알아봅시다.
아쉬운 점은, 수도원 내 건물의 대부분은 내부를 공개하지 않아 외관만 볼 수 있다는 것입니다.
노보데비치 수도원은 남쪽과 북쪽에 출입문이 있는데, 현재는 북쪽 문만 사용합니다. 남쪽 문은
성벽 바깥의 공동묘지와 연결되지만 묘지로 들어가는 정문이 따로 있으므로 수도원 쪽에서는
들어갈 수 없도록 막아놓은 상태입니다. 여기서는 북쪽 문을 통해 들어가 수도원 내부를 왼쪽부
터 살펴보는 것으로 가정하고 설명하겠습니다.

❶ 북쪽 출입문 : 세 개의 아치로 이루어져 있고, 그 위에 그리스도 변용 성당Church of the Transfiguration of the Savior이 자리 잡고 있습니다.

❷ 보물실Treasury Chamber : 북쪽 문으로 들어가면 정면으로 보이는 단층짜리 건물입니다.

❸ 프로호로프의 예배당Prokhorovs' Chapel : 네오 러시아 양식이라고 불리는 독특한 외양을 가진 이 조그만 건축물은 러시아 사업가인 프로호로프의 가족 유골이 안치된 예배당이라고 합니다.

❹ 스몰렌스크 성당Smolensky Cathedral : 외양은 크렘린 안에 있는 성모 승천 성당과 비슷하며, 내부 또한 온통 프레스코 이콘화로 장식한 모습이 다른 정교회 성당들과 비슷합니다.

❺ 필라티예브의 학교Philatievsky School : 1871년에 지어진 이 건물은 현재 수도원 사무국으로 쓰이는데, 본래는 수도원의 수녀들이 고아 소녀들을 모아 가르치던 학교였다고 합니다.

❻-1, ❻-2, ❻-3 스트렐치의 집The Streltsy House : 수도원의 사방 성벽 모서리 건물들입니다. 스트렐치란, 16~18세기에 존재했던 러시아 황실의 친위대로, 노보데비치 수도원에 머문 황실 여인들의 경호를 맡는 한편 요새에 주둔하며 도시를 방어했던 것으로 보입니다.

❼ 종탑Bell Tower : 72미터의 높이를 자랑하는 육각형 종탑은 멀리서도 노보데비치 수도원의 위치를 알아볼 수 있게 합니다.

❽ 병원Hospital Chambers : 수도원은 그 자체로 독립된 세계나 마찬가지였습니다. 그래서 그 안에 생활에 필요한 시설을 갖추고 있기 마련이었는데, 병원도 그중의 하나였지요..

❾ 마리아의 방Maria's Chambers : 마리아란 이름의 황실 여인이 많기 때문에 확실하지 않지만, 만약 표트르 대제의 이복누나인 마리아 황녀를 가리킨다면 소피아 황녀와 자매간이 됩니다. 마

리아의 방은 규모가 큰 저택인 데 비해 소피아의 방(⑮)은 군인들의 숙소라서 옹색하고 허름하니 '마리아는 표트르 대제에게 우호적인 입장이었던 것이 아닐까?' 하는 생각을 하게 됩니다.

❿ 남쪽 문 : 이 문은 수도원 공동묘지와 통하게 되어 있습니다. 그리고 남쪽 문 위에 성모 마리아 성당Church of the Holy Virgin이 있는데, 북쪽 문과 거의 비슷한 형태입니다.

⓫ 성 암브로시우스 성당Church of Saint Ambrose : 수도원 안에 위치한 소박한 규모의 성당으로, 초기 기독교의 4대 교부 중 한 사람인 성 암브로시우스의 이름을 딴 곳입니다.

⓬ 이리나 고두노바의 방Irina Godunova's Chamber : 표도르 1세의 아내인 이리나 고두노바가 여생을 보낸 곳입니다. 류리크 왕가가 단절된 이후 차르가 되는 보리스 고두노프가 그녀의 오빠입니다.

⓭ 성모 승천 성당Church of the Assumption : 붉은색과 흰색의 선명한 대비가 아름다운 건물이며, 성당 천장에는 성모의 죽음과 승천, 천국에서 이루어지는 성모의 대관식, 어린 마리아가 최초로 성전을 방문하는 모습 등이 그려져 있습니다.

⓮ 성가대의 방Choralist Chambers : 건물의 규모가 작지 않은데, 수도원 안에 여러 개의 성당이 있으니 미사를 위한 성가대의 규모도 컸던 게 아닐까 합니다.

⓯ 소피아의 방Sophia's Chamber : 동복동생인 이반 5세가 죽은 뒤 섭정으로서 권력을 행사하던 소피아 황녀가 생활한 곳이라고 알려진 곳으로 북서쪽 성벽 모서리에 위치한 스트렐치 숙소이며, 이곳은 현재 이콘 박물관으로 이용되고 있습니다.

⓰ 로푸히나의 방Lopukhina's Chamber/Palace : 표트르 대제는 첫 번째 부인이었던 에브도키아 로푸히나를 황태자 알렉세이의 반란 음모에 연루되었다는 누명을 씌워 수도원으로 추방했습니다. 수도원 안에 있는 건물들 중에서는 가장 화사하고 산뜻한 느낌을 줍니다.

Ⅲ

모스크바의
미술관

트레티야코프 미술관
Tretyakov Gallery
Третьяковская Галерея

상트페테르부르크에 국립 러시아 박물관이 있다면, 모스크바에는 트레티야코프 미술관이 있습니다. 러시아 작가의 작품을 주로 소장하고 있다는 점에서 두 미술관은 쌍둥이처럼 닮았습니다. 우리가 흔히 트레티야코프 미술관이라고 부르는 곳은 11세기부터 20세기 초까지 활동한 러시아 출신 화가들의 작품이 주로 전시된 곳으로, 트레티야코프 미술관 구관에 해당합니다. 20세기 중반 이후의 화가들, 이를테면 샤갈이나 칸딘스키 등 러시아 출신 현대 화가들의 작품은 트레티야코프 미술관 신관에 소장되어 있습니다. 구관과 신관은 거리가 다소 떨어져 있는 별개의 건물이지요.

여기서는 구관에 소장된 작품만을 대상으로 설명하겠습니다.

트레티야코프 미술관은 1856년에 개인 소유 미술관으로 개관하였습니다. 부유한 상인이자 미술 애호가였던 파벨 미하일로비치 트레티야코프Pavel Mikhailovich Tretyakov, Павел Михайлович Третьяков 가 자신이 수집한 작품들을 전시할 공간을 마련한 것입니다. 그는 세상을 떠나기 6년 전인 1892년에 미술관을 모스크바시에 기증하였고, 1918년에 국유화되었습니다.

이곳에는 15만여 점이 소장되어 있는데, 약탈 문화재가 중심을 이루는 서유럽의 유명 박물관과는 달리 이곳에 소장된 작품들은 러시아에서 제작되었거나 러시아 작가들이 제작한 작품이 대부분입니다.

이 책에서는 스물한 점의 작품을 골라 설명할 예정인데, 거기서 빠졌지만 중요하거나 유명한 작품 몇 점을 소개하면 다음과 같습니다.

상트페테르부르크의 국립 러시아 박물관   모스크바의 트레티야코프 미술관 구관

2층

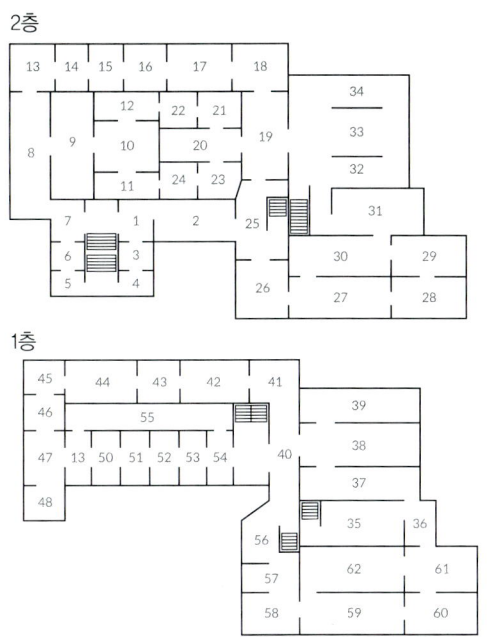

1층

트레티야코프 미술관 배치도

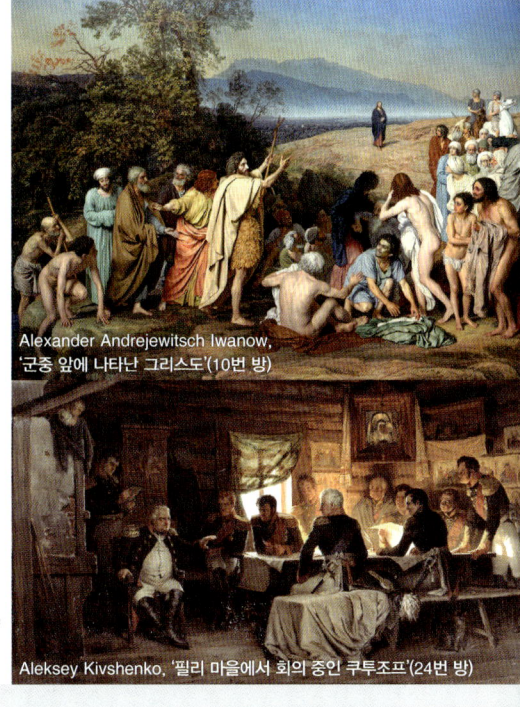

Alexander Andrejewitsch Iwanow, '군중 앞에 나타난 그리스도'(10번 방)

Aleksey Kivshenko, '필리 마을에서 회의 중인 쿠투조프'(24번 방)

알렉산드르 이바노프Alexander Iwanow의 '군중 앞에 나타난 그리스도'는 작품 크기가 상당하며, 기독교 신자들에게는 예수가 군중 앞에 자신의 존재를 드러내는 순간을 포착한 그림으로 의미가 깊습니다. 세례자 요한이 멀리서 다가오고 있는 예수를 가리키며, "보라, 저분은 세상의 죄를 대신 지고 가시는 하느님의 어린 양이시다."라며 사람들에게 소개하고 있습니다.

알렉세이 키브센코Aleksey Kivshenko의 '필리 마을에서 회의 중인 쿠투조프'는 나폴레옹이 모스크바를 침공했을 때, 필리 마을에 모여 대책을 논의하고 있는 러시아 장군들을 그린 것입니다. 이 회의 결과 모스크바를 완전히 비우는 '청야작전淸野作戰'을 펴기로 했고, 나폴레옹은 텅 빈 모스크바에 도착하여 고전하다 후퇴합니다. 나폴레옹 몰락의 원인이 된 1812년의 조국전쟁과 관련된 중요한 그림이지요.

미하일 브루벨Mikhail Vrubel의 '데몬(악마)' 두 점은, 일반적인 악마와는 그 모습과 분위기가 달라

독특한 느낌을 줍니다. '앉아 있는 악마'는 깊은 상념에 빠져 있는 젊은이의 모습을 하고 있는데 어쩐지 쓸쓸해 보이며, '추락한 악마'는 날개가 산산이 부서진 채 자포자기한 모습으로 땅에 누워 있습니다. 화가 자신이 말했다는 '여성과 남성의 외양을 통합한 영혼, 악하기보다는 강하고 고귀한 존재로서 고통받고 상처 입은 영혼'을 가진 악마인 것입니다.

미하일 브루벨은 모스크바 출신의 시인 미하일 레르몬토프의 시 '악마'에서 영감을 얻어 이 그림을 그렸다고 합니다. '악마'의 줄거리를 알고 이 그림을 보면, 악마가 왜 이렇게 슬프고 절망적인 표정인지를 이해할 수 있습니다.

이웃 나라 왕자와의 결혼을 앞두고 행복해하는 타마라를 보고 악마는 한눈에 반하고 맙니다. 결혼식에 참석하기 위해 타마라에게 오던 왕자가 도적 떼에게 살해당하자 악마는 슬픔에 빠진 그녀를 위로하며 자신의 사랑을 고백하지요. 악마를 두려워한 타마라는 그 사랑을 거부하지만 결국 진정으로 자신을 원하는 악마의 사랑을 받아들입니다. 그러나 악마의 사랑을 받은 타마라는

Mikhail Vrubel, '앉아 있는 악마'(33번 방)

Mikhail Vrubel, '추락한 악마'(33번 방)

Nikolai Ge, '진리란 무엇인가'
(31번 방)

Ivan Kramskoi, '트레티야코프의 초상'(20번 방)

트레티야코프의 흉상

지상에 머물 수 없었습니다. 신에 의해 그녀의 영혼은 하늘나라로 올라가고 사랑하는 여인을 잃
은 악마는 절망할 수밖에 없었습니다.

미하일 브루벨Mikhail Vrubel이 그린 '데몬' 시리즈는 타마라를 잃고 실의에 빠진 악마를 그린 것
입니다.

니콜라이 게Nikolai Ge의 '진리란 무엇인가'는, 자신에게 끌려온 예수를 향해 빌라도가 진리란 무
엇이냐고 묻고 있는 그림입니다. 그림의 구도를 볼 때, 진지한 질문이라기보다는 조롱하는 것으
로 보입니다.

값비싼 천으로 몸을 감싼 뚱뚱한 풍채의 빌리도가 부자와 귀족을 대변한다면, 죄인으로 끌려온
깡마른 몸집의 예수는 가난하고 박해받는 계층을 상징한다고 볼 수 있습니다. 가진 자들이 가난
한 자들을 조롱하고 핍박하던 당시의 현실을 화가는 예수와 빌라도를 통해 고발하고 있습니다.

이반 크람스코이Ivan Kramskoi가 그린 트레티야코프의 초상화 역시 트레티야코프 미술관에 있으
며, 전시실로 올라가는 계단 끝에 그의 흉상이 있습니다.

결혼 계약의 축하

'결혼 계약의 축하The celebration of the wedding contract'를 그린 미하일 시바
노프Mikhail Shibanov는 농노 출신의 화가라는 설이 있습니다. 그의 출신
배경에 대해 알려진 것이 거의 없고, 주로 농노들의 고단한 삶을 소재
로 한 작품을 남겼기 때문입니다. 만약 그가 농노 출신이 확실하다면
매우 특이한 이력이라고 할 수 있는데, 그가 활동한 1780년대의 러시
아에서 농노란 인간 이하의 삶을 살던 최하층 계급이기 때문입니다. 지
주에게 예속된 농노는 가축처럼 매매되기도 하던 시대에 태어나 화가
로서 이름을 남겼다면 매우 희귀한 사례라고 할 수 있지요. 다만 그는
많은 작품을 남긴 편은 못됩니다. 대략 5~6점의 러시아 장르화(평범한
일상을 소재로 한 회화) 작품이 전하며, 예카테리나 여제의 초상화 등 초
상화 몇 점도 남겼습니다.

농노들의 삶을 소재로 한 그의 작품 중에서 가장 대표적인 것이 '결혼
계약의 축하'이며, 그 밖에도 농노 가족의 식사 모습을 담은 그림이 같
은 방에 전시되어 있습니다.

'결혼 계약의 축하'를 꼼꼼하게 살펴봅시다. 제목 그대로 이것은 결혼
이 성립된 것을 축하하기 위해 모여든 사람들이 신랑 신부를 둘러싸고
즐거워하는 장면을 그린 것입니다. 아마도 축하의 덕담이 풍성하게 오
갈 것입니다.

그런데 이들이 있는 곳은 비좁기 그지없는 집입니다. 축하객들이 다
들어올 수 없어서 밖에서 안을 기웃거려야 할 정도이니 가난한 농노의
집이 분명해 보입니다. 그리고 결혼이라고 하는 일생일대의 중요한 행

Mikhail Shibanov, '결혼 계약의 축하'(2번 방)

Mikhail Shibanov, '농부의 식사'(2번 방)

사를 위해 신랑 측이 마련한 음식을 보면 식탁에 놓인 빵 한 덩어리뿐입니다. 사람들의 옷차림도 소박하여 신랑은 깨끗하게 빤 옷을 입었지만 결혼 예복이라고 보기엔 미흡하고, 화면 왼쪽에 있는 남자들도 자신이 가진 옷 중에서 가장 좋은 것을 입었다고 볼 수 있는 정도입니다.

한편, 화면 오른쪽 여인들의 옷차림은 매우 고급스럽고 값져 보입니다. 특히 신부인 화면 중앙의 여인이 입은 옷은 귀족의 것이라고 해도 손색없을 정도로 아름답고 기품 있습니다.

그림을 보다 보면 이런 점들 때문에 뭔가 어색하게 느껴지는데, 화가가 농노 계층의 결혼 장면을 왜 이렇게 표현했는지 그 정확한 의중을 짐작하기는 어렵습니다. 옛날 우리나라에서는 신분이 낮은 여인일지라도 평생에 딱 한 번 결혼하는 날만큼은 호화스러운 원삼을 입을 수 있도록 허락했습니다. 그렇듯이 러시아에서도 비록 농노일지라도 결혼하는 날만큼은 화려하고 고급스러운 옷을 입을 수 있었는지 모르겠습니다. 그렇지 않다면 화가가 그림 속에서라도 그런 호사를 누리게 해주고 싶었는지도 모르지요.

이 작품에서 특히 눈에 띄는 점은, 신랑과 신부가 비슷한 또래라는 것입니다. 가난한 농노의 딸이 돈 많은 늙은 남자에게 팔려가다시피 시집가면서 슬퍼하는 그림들을 보고 난 뒤 이 그림을 보면 다소나마 위로가 됩니다. 신부의 손을 잡고 사랑이 넘치는 눈으로 바라보는 신랑과, 신부를 호기심 어린 눈으로 보면서 환영해주는 사람들의 표정을 보면 가난하지만 따스한 인정이 흐르는 농노들의 삶을 엿볼 수 있습니다.

화가는 비록 인간 이하의 대접을 받으며 고통스럽게 사는 농노들이지만, 그들에게도 축하를 주고받으며 행복해하는 순간이 있다는 것을 알려주고 싶었던 것이 아닐까요.

예카테리나 2세의 대관식

    러시아 제국은 이름이 같은 두 명의 여자 황제를 배출했습니다. 예카테리나 1세와 예카테리나 2세가 그녀들입니다.

    남편인 표트르 1세가 사망한 후 신하들의 추대를 받아 황제로 즉위한 예카테리나 1세의 경우, 절차상의 하자는 없는 셈입니다. 2년간의 재위 기간(1725~1727년) 중 특별한 업적을 남기지는 못했지만, 특별한 과오도 없었지요. 무난하게 황제 자리를 지키다가 후계자인 손자 표트르 2세에게 제위를 넘겼습니다.

    그러나 예카테리나 2세의 경우는 다릅니다. 남편 표트르 3세를 궁정 쿠데타를 통해 축출하고 제위를 찬탈했으나 위대한 업적을 남겼다고 평가받기 때문입니다. 2번 방의 '예카테리나 2세의 대관식Coronation of

예카테리나 2세가 크렘린의 성모 승천 성당에서 대관식을 치르고 있다.

Stefano Torelli, '예카테리나 2세의 대관식'(2번방)

Catherine II'이라는 그림을 보면서, 그녀가 권력을 장악한 과정을 알아봅시다.

독일 프로이센에 속한 슈테틴Stettin(현재 폴란드의 Szczecin)에서 공후의 딸로 태어난 소피 프레데리케 아우구스테Sophie Friederike Auguste는 러시아의 황제 후계자로 지명된 표트르 표도로비치Pyotr Fyodorovich와 결혼합니다. 표트르 대제의 외손자인 표트르 표도로비치(역시 독일 혈통으로 본명은 카를 페테르 울리흐Karl Peter Ulrich)는 당시 황제였던 엘리자베타의 조카로, 미혼으로 자식이 없었던 여제가 후계자로 점찍었던 것입니다. 소피는 장차 러시아의 황후가 될 사람이었으므로 러시아 사람들의 환심을 사기 위해 러시아 정교회로 개종하고 이름도 리시아식인 예카테리나 알렉세예브나Yekaterina Alekseyevna로 바꾸었으며, 러시아어와 러시아 문화 등을 의욕적으로 공부했다고 합니다. 남편 표트르가 자신이 태어난 독일에 대한 애정을 끝까지 고수한 것과 다른 점이었지요.

엘리자베타 여제가 사망한 후 황제가 된 표트르 3세는 러시아 사람들의 환심을 사지 못합니다. 정치적 무능과 러시아 정교회에 대한 탄압, 지나치게 독일의 이익을 존중하는 태도 등이 문제였습니다. 부인 예카테리나와의 사이도 좋지 않았다고 합니다.

표트르 3세에 대한 불만이 고조되는 한편, 지혜롭고 러시아에 대한 애정과 정교회에 대한 신앙심이 깊은 예카테리나에 대한 칭송이 높아가자 쿠데타의 기운이 무르익게 됩니다. 예카테리나는 그 틈을 타 자신을 지지하는 세력을 규합해 표트르 3세를 퇴위시킨 후 제위에 오릅니다. 1762년의 일이지요. 즉위한 지 186일 만에 권좌에서 쫓겨난 표트르 3세는 퇴위당한 지 일주일 만에 사망하는데, 공식적으로는 병사病

死로 발표되었지만 예카테리나의 측근에 의해 암살되었을 가능성이 큽니다.

비록 남편을 축출하고 제위를 찬탈한 독부毒婦였지만, 예카테리나 2세는 정치적으로 유능한 사람이었습니다. 그녀는 표트르 대제의 계승자임을 주장하며 행정 개혁을 추진하고 문화 증진 정책을 폈으며 러시아의 영토를 넓히는 등 의욕적으로 국정에 임했습니다. 그래서 러시아 제국의 여러 황제 중에서 표트르 1세와 함께 '대제'라는 칭호를 받은 것입니다. 다만 자신의 권력 기반인 귀족들의 환심을 사기 위해 농노들의 비참한 삶을 방치한 것

Ivan Argunov, '예카테리나 여제의 초상'(국립 바르샤바 박물관 소장)

과 여러 명의 정부情夫를 두고 그들의 손에 권력을 쥐어준 것은 실책이라고 할 수 있습니다.

Vasili Pukirev, '어울리지 않는 결혼'(16번 방)

III 모스크바의 미술관

어울리지 않는 결혼

‘어울리지 않는 결혼The Unequal Marriage’이라는 제목이 아니라면, 화면 속 남녀를 부녀간이라고 생각할 것입니다. 그러나 화가가 붙인 제목이 ‘어울리지 않는 결혼’이니까, 이들은 신혼부부가 되겠군요. 예식을 주관하는 사제가 신부의 손가락에 결혼반지를 끼워주려는 순간을 화가는 포착했는데, 원치 않는 결혼을 해야만 하는 앳된 신부는 울다 지쳐 이제는 자포자기한 듯도 하고 쏟아지려는 눈물을 애써 참고 있는 듯도 합니다. 반면 신부의 할아버지라고 해도 믿을 것만 같은 늙은 신랑은, 젊고 아름다운 신부를 맞을 수 있는 자신의 능력을 자랑스러워하는 듯한 표정입니다.

화가는 이 어울리지 않는 결혼을 통해 무슨 이야기를 하고 싶은 것일까요?

화가는 그림 속에 자신의 모습을 그려놓았습니다. 화면의 맨 오른쪽에 있는 젊은 남자가 바로 화가 자신입니다. 화가의 태도를 통해 우리는 그가 전하고자 하는 메시지를 짐작할 수 있습니다.

화면 속 신랑의 하객들은 신랑을 부러워하거나 무료해 할 뿐, 누구도 젊은 신부의 슬픔에는 관심이 없습니다. 오직 화가만이 이 어울리지 않는 결혼의 폭력성을 고발하듯 날카

그림 속 화가의 모습

로운 눈매로 결혼식을 직시하고 있습니다. 어쩌면 신랑을 쏘아보는 것 같기도 합니다.

화가는 이 그림을 통해 19세기에 러시아 사회에서 만연했던 매매혼을 고발하고 있습니다. 빚을 갚지 못하는 가난한 집안의 어린 딸을 결혼이란 제도를 앞세워 약탈해 가는 부자와 귀족들의 비인간적인 만행을 비난하는 것입니다.

이와 비슷한 상황을 그린 그림들이 여러 점 있습니다. 상트페테르부르크의 국립 러시아 박물관과 모스크바의 트레티야코프 미술관에 각각 소장된 파벨 페도토프Pavel Fedotov의 '소령의 구혼'은 부유하고 계급이 높은 늙은 소령의 청혼을 받은 처녀가 절망적인 몸짓으로 달아나려는 모습을 담았고, 국립 러시아 박물관에 소장된 피르스 주라블레프Firs Zhuravlev의 '결혼 전'은 결혼을 앞두고 슬피 우는 처녀의 모습을 그렸습니다. 그리고 같은 화가의 '결혼 후'는 결혼식을 마친 후 절망스러워하는 신부의 모습을 통해 원치 않는 결혼을 하게 된 여인의 슬픔을 표현했지요.

이와 같이 결혼의 신성함이 짓밟힌 매매혼(혹은 약탈혼)을 화가들이 다투어 그렸다는 것은, 그 당시에 이런 결혼이 유행했다는 의미일 것입니다. 그러니 가난한 사람들의 분노가 팽배했을 테고, 훗날 하층 계급 민중들이 혁명을 일으켜 황실과 귀족들을 타도하는 것은 피할 수 없는 일이었을 겁니다.

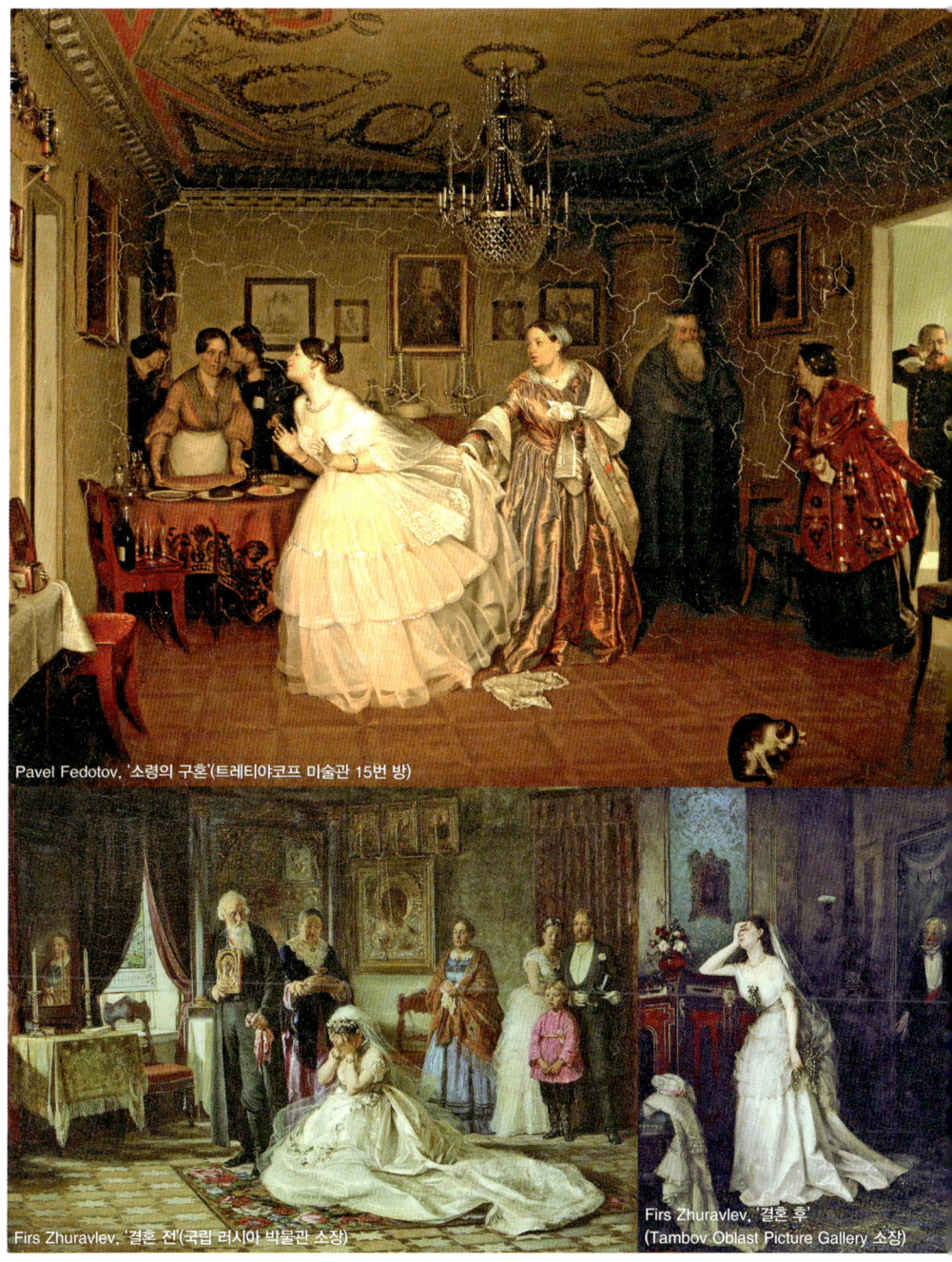

Pavel Fedotov, '소령의 구혼'(트레티야코프 미술관 15번 방)

Firs Zhuravlev, '결혼 전'(국립 러시아 박물관 소장)

Firs Zhuravlev, '결혼 후'
(Tambov Oblast Picture Gallery 소장)

Konstantin Flavitsky, '타라카노바 공주'(16번 방)

Ⅲ 모스크바의 미술관

타라카노바 공주

창문으로 물이 쏟아져 들어오는 이곳은 상트페테르부르크의 감옥이라고 합니다. 네바강이 발트해와 만나는 지점에 조성된 상트페테르부르크는 밀물 때는 수위가 높아지는데, 일부러 물에 잠기도록 만든 감방에 한 여인이 갇혀 있는 것입니다. 이 여인의 이름은 타라카노바 Tarakanova로 결국 감옥 안에서 익사했다고 전해집니다.

러시아 제국의 초대 황제였던 표트르 1세가 죽은 뒤, 제위는 그의 부인 예카테리나 1세에게 넘어갑니다. 통치자의 아들이 후계자로 지명되는 게 일반적이던 시절에, 부인에게 제위가 넘어간 것은 이례적인 일이었지요.

하여간 러시아 제국의 2대 황제가 된 예카테리나 1세는 즉위 2년 만에 사망하고, 그 뒤를 표트르 2세가 잇습니다. 표트르 1세의 손자이자, 반역죄로 몰려 감옥에서 죽은 황태자 알렉세이의 아들이었지요. 그러나 표트르 2세도 후손을 남기지 못한 채 어린 나이에 세상을 떠납니다.

그 뒤로 제위는 안나 이바노브나 Anna Ivanovna와 이반 6세 Ivan VI를 거친 뒤 엘리자베타 페트로브나 Elizabeta Petrovna(엘리자베타 여제)에게 전해집니다. 엘리자베타 여제는 표트르 대제와 예카테리나 1세 사이에서 태어났으며, 16번 방 그림 속 주인공인 타라카노바는 그녀의 사생아라고 합니다.

여제의 딸임에도 불구하고 사생아라고 표현하는 까닭은, 엘리자베타가 결혼한 적이 없기 때문입니다. 비록 여제의 딸로 태어났지만 떳떳한

출생이 아니었기에 그녀의 존재는 감추어졌고, 엘리자베타가 죽었을 때도 후계자 물망에 오르지 못했습니다.

엘리자베타 여제가 죽은 뒤 러시아 제국의 황위는 여제의 조카인 표트르 3세에게 넘어갔다가 다시 예카테리나 2세에게 넘어갑니다. 표트르 3세의 실정失政에 실망한 부인 예카테리나가 궁정 쿠데타를 일으켜 남편을 쫓아내고 황제 자리를 차지한 것입니다.

앞에서 본 그림 '타라카노바 공주'는 예카테리나 2세 때 있었던 일을 다루고 있습니다.

전하는 이야기에 따르면 엘리자베타 여제의 사생아인 타라카노바가 왕위 계승권을 주장하고 나서자 예카테리나 2세가 그녀를 체포하여 감옥에 가두었다는 것입니다. 평소에도 밀물 때면 물이 흘러드는 감옥이 있었는데, 그해에는 바닷물의 수위가 특히 높아져 타라카노바는 감옥 안에서 익사했다고 전해지지요. 혹은 익사하기 전에 폐렴으로 죽었다고 주장하는 사람도 있습니다.

그러나 진짜 타라카노바는 예카테리나 2세가 수도원에 유폐시켜 '도시페야Dosifeya'란 이름의 수녀로 살고 있었고, 왕위 계승권을 주장한 타라카노바는 가짜라는 것이 학자들의 주장입니다. 남편의 제위를 찬탈한 예카테리나 2세에게 반발하던 세력이 가짜 타라카노바를 내세워 쿠데타를 일으키려 했다는 것입니다. 그렇다면 감옥에서 죽어간 여인은 자신과는 무관한 일에 휘말려 억울하게 목숨을 잃은 것일지도 모릅니다.

수도원에 유폐되어 '도시페야'로 불린 진짜 타라카노바 공주

신앙 고백에 관한 논쟁

 10세기 말에 비잔틴 제국을 통해 그리스 정교회를 받아들인 러시아는 17세기 중반에 종교 개혁 문제로 커다란 혼란에 빠지고 맙니다. 새로 총대주교에 취임한 니콘Patriarch Nikon이 러시아 정교회의 전례典禮(종교 의식)를 새롭게 제정한 것입니다. 니콘 총대주교는 기독교의 원형에서 벗어나 러시아 토착 신앙과 결합된 정교회 전례를 원형대로 되돌리겠다는 의도로 종교 개혁을 주창主唱했지만, 많은 성직자와 신자들은 그것을 거부하고 옛것을 고수하려고 했습니다. 그들은 니콘의 종교 개혁이 교단을 장악하려는 정치적 의도가 있다고 보아 저항했던 것입니다.

 이때 차르 알렉세이 로마노프가 니콘의 손을 들어줌으로써 개혁파는 힘을 얻고, 개혁에 반대하는 분리파分離派(니콘의 종교 개혁을 반대하고 러시아 정교회의 전통 보존을 주장한 보수파)는 철퇴를 맞게 되지요. 분리파의 수장인 아바쿰 페트로비치Avvakum Petrovich 대주교가 화형당하고, 수많은 신자들이 이에 저항하여 분신자살하는 참혹한 일이 벌어진 것입니다.

 개혁파와 분리파는 현대인의 눈으로 보면 사소한 문제에서도 치열하게 대립했습니다. 예를 들어 성호를 그을 때 정통 기독교에서는 삼위일체를 상징하는 세 손가락으로 긋는데 비해, 러시아 정교회에서는 두 손가락으로 긋는 방식으로 변했습니다. 니콘은 그것을 원래대로 되돌리겠다며 세 손가락으로 성호를 긋도록 규정했는데, 분리파는 그것을 끝내 거부한 것입니다.

 이제 바실리 페로프Vasily Perov의 '신앙 고백에 관한 논쟁Dispute on the Confession of Faith'이라는 그림을 살펴봅시다.

먼저 그림 왼쪽 위에 보이는 이는 소피아 즉, 표트르 1세의 이복누나
입니다(소피아에 대한 자세한 설명은 28번 방 '스트렐치 처형 집행의 날 아침' 작
품 참조). 소피아가 전면에 나선 것으로 보아 그림의 소재인 신앙 고백
에 관한 논쟁은 그녀가 제1차르인 동복동생 이반 5세Ivan V를 대신해 섭
정할 때의 일로 보입니다.

소피아 옆에는 정교회 사제 복장을 한 인물이 서 있는데, 총대주교인
요아킴Joachim입니다. 그는 1674~1690년에 모스크바 총대주교를 역임
한 인물로, 국가 재판소가 종교 문제를 재판할 수 없다는 황제의 문서
를 받았으며 교회 공물과 세금에 대한 통일 규정을 마련했습니다. 러시
아 정교회의 위상을 확립한 인물로, 황제의 지지를 받은 니콘 총대주교
의 종교 개혁 정책을 계승한 개혁파의 수장이었습니다.

Vasily Perov, '니키타 푸스토스뱌트, 신앙 고백에 관한 논쟁'(17번 방)

소피아의 시선이 향하는 방향에는 절박한 태도로 뭔가를 호소하는 인물이 있습니다. 수즈달의 사제였던 니키타 푸스토스뱌트Nikita Pustosviat 입니다. 이 그림이 다루고 있는 논쟁을 시작했으며, 논쟁 끝에 목숨을 잃은 인물이기도 합니다.

수즈달의 사제였던 니키타는 분리파에 속한 인물로, 개혁파들로부터 '헛일 하는 자'란 의미의 '푸스토스뱌트'라는 별명을 들을 정도로 조롱당하고 있었습니다. 그는 개혁파들과 여러 차례 충돌했지만 성과를 거두지 못했고, 소피아 공주 앞에서 최후의 설전을 벌이지만 끝내 뜻을 이루지 못하고 처형당합니다.

그림을 보면 개혁파와 분리파 사이의 승패가 확연히 드러납니다. 요아킴을 중심으로 한 개혁파는 의기양양하고 냉담한 태도로 분리파를 바라보는 데 비해, 분리파 진영은 오합지졸로 난장판이 되었습니다. 분리파를 바라보는 소피아의 태도 역시 한심하다는 듯 차갑기만 합니다. 니키타의 절박한 태도는 역설적으로 그들의 패배가 확실하다는 사실을 알려줍니다.

개혁파와 분리파의 대립이 가져온 비극적인 장면을 28번 방에 소장된 바실리 수리코프Vasily Surikov의 '귀부인 모로조바Boyarina Morozova'를 통해 확인해 봅시다.

그림의 주인공인 모로조바는 부유한 귀족 글렙 모로조브의 아내로, 니콘의 개혁에 반대하다가 귀양을 가는 중입니다. 그녀는 분리파의 일원인 것입니다. 그녀가 하늘을 향해 올린 오른손을 보면 손가락 두 개를 펴고 있는데, 손가락 두 개로 성호 긋는 방식을 끝내 고수하는 것입

Vasily Surikov, '귀부인 모로조바'(28번 방)

니다. 그리고 화면 오른쪽 아래의 걸인 또한 손가락 두 개를 들어 보이고 있습니다. 모로조바와 같은 신념을 가진 분리파로, 그녀의 주장을 지지한다는 의미로 같은 손동작을 하고 있는 것입니다.

화가는 모로조바를 둘러싸고 있는 인물들의 표정을 통해 당시의 종교 갈등을 설명하고 있습니다. 추운 겨울날 거적이 깔린 썰매에 실려 귀양 가는 모로조바를 보는 사람들의 표정을 보면, 슬프고 안타깝고 착잡한 심정을 감추지 못하는 경우가 대부분입니다. 인간적인 연민일 수도 있지만, 그것보다는 종교적으로 같은 입장인 사람들이 동병상련의 아픔을 나누는 것으로 보입니다.

그런가 하면, 쇠사슬에 묶여 짐승처럼 끌려가는 모로조바를 보며 즐거워하는 기색이 역력한 인물들도 있습니다. 이들은 니콘의 개혁을 지지하는 개혁파로, 분리파의 몰락을 보며 희희낙락하고 있는 것입니다.

당시 러시아 사회가 종교 개혁 문제로 분열되어 지독한 홍역을 치렀다는 사실을 그림을 통해 확인할 수 있습니다.

황야의 그리스도

   기독교 성화 속의 예수는 대개 엄숙하고 위엄 있는 모습이거나 자애롭고 온화한 모습인 경우가 많습니다. 그런데 이반 크람스코이Ivan Kramskoi의 '황야의 그리스도Christ in the desert' 속 예수는 남루한 차림새를 한 채 몹시 고단하고 지친 모습입니다. 맨발에 퀭한 눈이 더욱 그런 느낌을 갖게 하지요.

Ivan Kramskoi, '황야의 그리스도'(20번 방)

〈마태복음〉에 의하면, 예수는 세례자 요한으로부터 세례를 받은 다음 황야로 나가 40일 동안 금식했다고 합니다. '황야의 그리스도'는 그때의 예수를 그린 것이 분명해 보입니다.

그런데 예수가 금식을 마친 후 사탄이 찾아와 세 가지 유혹을 했다고 합니다.

사탄은 제일 먼저 예수에게 "네가 하느님의 아들이라면 이 돌덩어리를 떡으로 만들어 보아라."라고 도발합니다. 이에 예수는 "사람은 떡으로만 사는 것이 아니라 하느님의 말씀으로 산다."고 간단히 일축했다고 하지요.

그러자 사탄은 예수를 예루살렘의 성전 꼭대기로 데리고 가서 "네가 하느님의 아들이라면 이곳에서 뛰어내려 보아라."라고 요구합니다. 하느님의 아들이라면 아버지인 하느님이 구해줄 테니까, 그것으로 증명이 된다는 뜻이었지요. 이때도 예수는 "하느님을 시험하지 말라."고 꾸짖었다고 합니다.

사탄의 마지막 시험은 "네가 내 앞에 엎드려 경배한다면 눈앞에 보이는 모든 것을 너에게 주겠다."는 것이었지요. 이에 예수는 "하느님께 경배하고 다만 그를 섬기라."는 말로 사탄을 물리쳤으며, 그 후 천사들이 나타나 예수의 시중을 들었다고 합니다.

20번 방의 '황야의 그리스도'는 예수가 사탄으로부터 유혹을 당하기 직전의 모습을 그린 것으로 보입니다.

그렇다면 사탄에게 유혹받기 직전의 예수를 통하여 화가는 무슨 이야기를 하고 싶었던 것일까요.

이 그림이 그려진 19세기의 러시아는 무능한 황제와 부패한 귀족들로 인해 민중들의 삶은 극도로 궁핍했습니다. 현재 예수가 있는 황야는 당시 민중들의 삶의 터전과 닮아 있고, 남루하고 초췌한 예수의 모습은 민중들의 모습과 닮아 있습니다. 비록 예수는 사탄의 유혹을 의연하게 이겨냈지만, 러시아 민중들에게 세상을 바꿀 만한 유혹이 주어진다면 어떻게 될까요? 그들도 예수처럼 유혹을 떨쳐낼 수 있을까요?

이 그림은 1872년에 그려졌습니다. 그로부터 30여 년 뒤인 1905년에 '피의 일요일 사건Bloody Sunday'이 일어났고, 1917년에는 볼셰비키 혁명이 일어나 러시아 제국이 역사에서 사라졌습니다.

어쩌면 이 그림은 러시아 사회에 던진 마지막 경고였는지도 모릅니다. 현재 민중은 '황야의 그리스도'처럼 극단적인 가난과 굶주림에 놓여 있다는 경고, 만약 그들의 삶을 지금 돌보지 않는다면 그들을 유혹하는 세력이 생겨날지도 모른다는 경고 말입니다. 예수는 사탄의 유혹을 뿌리쳤지만, 민중은 그러지 못할 거라는 사실을 러시아 제국의 지배층이 미리 알았더라면 그들의 역사는 달라졌을 것입니다.

한편, 이 그림 속 예수의 얼굴은 화가 자신의 모습과 닮았습니다. 부조리하고 불합리한 일들이 만연하던 당대에, 고뇌하는 지식인이었던 화가가 자신을 닮은 예수를 내세워 악과의 싸움에서 결코 굴복하지 않겠다는 굳은 다짐을 세상에 밝힌 것이었는지도 모르겠습니다.

이반 크람스코이의 자화상
(트레티야코프 미술관 20번 방)

성 바르톨로뮤 축일의 학살

예수의 열두 제자 중 한 명이었던 성 바르톨로뮤St. Bartholomew는 살가죽이 벗겨지는 고문을 당한 끝에 순교했다고 합니다. 그래서 그의 상징은 벗겨진 살가죽, 혹은 살가죽을 벗길 때 사용한 작은 칼이며, 그의 축일은 8월 24일입니다.

그런데 22번 방에 있는 그림 '성 바르톨로뮤 축일의 한 장면A scene at St. Bartholomew's Day'을 비롯하여 그의 축일을 제목으로 한 그림들을 보면 대부분 살인 장면이 등장합니다. 대규모의 학살이든 한두 명을 죽이는 장면이든, 가톨릭 성인의 축일에 일어난 사건치고는 끔찍합니다. 여기에는 무슨 사연이 있는 것일까요?

16세기의 프랑스는 구교(가톨릭)와 신교(프로테스탄트) 사이의 갈등으로 몸살을 앓았습니다. 1562~1598년에 벌어진 위그노 전쟁Huguenots Wars은 종교 갈등이 내전으로 번진 사건이었습니다. 위그노란, 프랑스의 신교도를 일컫는 말이지요.

두 종교 사이의 오랜 반목에 지친 프랑스 왕실에서는 정략결혼을 통해 문제를 해결하고자 시도합니다. 당시 프랑스 왕 샤를 9세Charles IX의 모후인 카트린 드 메디치(앙리 2세의 왕비)가 자신의 딸 마르그리트 드 발루아Marguerite de Valois를 신교도인 앙리 드 나바르Henri de Navarre(나바르 왕국의 왕)와 결혼시키려 한 것입니다. 물론 이 결혼을 반대하는 목소리도 높았지만, 종교 갈등을 봉합하기 위해서는 불가피한 일이었기에 강행하였지요.

Carl Huns, '성 바르톨로뮤 축일의 한 장면'(22번 방)

François Dubois, '성 바르톨로뮤 축일의 학살'

Edouard Debat-Ponsan, '어느 날(학살이 일어난 날) 아침 루브르의 문 앞에서'

당시 프랑스 국왕은 발루아 가문에서 배출했지만, 발루아 가문의 대가 끊길 경우 부르봉 가문에 속하는 앙리 드 나바르가 프랑스 왕위를 계승하도록 되어 있었습니다. 종교 갈등을 봉합하는 문제 외에도 왕위 계승과 관련해 두 가문의 이해가 맞아떨어진 결혼 결정이었던 것입니다.

결혼식은 파리에서 열릴 예정이었으므로 앙리 드 나바르는 자신의 왕국을 떠나 신부가 있는 파리로 입성했습니다. 결혼식의 하객 역할을 할 800여 명의 위그노들과 함께였지요.

그러나 파리에서는 끔찍한 음모가 진행되고 있었습니다. 구교도인 공주가 신교도와 결혼하는 것을 못마땅하게 생각한 사람들이 결혼 축하를 위해 온 신교도들을 살해할 계획을 세운 것입니다.

성 바르톨로뮤의 축일인 8월 24일 밤에 샤를 9세의 측근이었던 가스파르 드 콜리니Gaspard de Coligny가 신교도라는 이유로 살해당하면서 학살극이 시작되었습니다. 앙리 드 나바르는 결혼식을 마치고 왕궁에 머물다가 감금당하는 바람에 목숨을 구했지만, 그를 따라왔던 위그노들은 잔혹하게 살해당하고 말았습니다. 앙리와 마르그리트의 신혼방에까지 무기를 든 구교도가 난입하여 앙리의 목숨을 위협하는 그림을 보면, 당시의 긴박했던 상황이 느껴집니다.

작자 미상, '가스파르 드 콜리니의 초상' ❶

Alexandre-Évariste Fragonard,
'성 바르톨로뮤 축일의 학살 당시 마르그리트 드 발루아의
침실 장면' ❷

❶ 성 바르톨로뮤 축일 때 살해당한 신교도의 지도자 가스파르 드 콜리니
❷ 신혼방에 난입한 구교도로부터 목숨을 위협 받는 앙리 드 나바르

그렇게 한번 불어 닥친 학살의 피바람은 걷잡을 수 없이 번져 파리 시내에서는 위그노가 아닌 사람들조차 수천 명이 목숨을 잃었고, 다시 전국적으로 확대되어 이때 죽은 사람만 수만 명에 달한다고 합니다.

그와 같은 끔찍한 학살극이 하필 성 바르톨로뮤의 축일에 벌어졌기 때문에 그 사건을 '성 바르톨로뮤 축일의 학살'이라고 부르는 것입니다.

발루아 가문의 마지막 왕 앙리 3세가 후사를 남기지 못하고 죽자, 프랑스의 왕위는 루이 9세의 방계 후손인 앙리 드 나바르 차지가 되었습니다. 프랑스 국왕 앙리 4세가 탄생한 것입니다.

자신의 결혼식을 계기로 끔찍한 종교 갈등이 폭발한 것을 경험한 앙리 4세는 종교 화합을 우선적으로 추구하게 되었고, 1598년 4월 13일에 낭트 칙령을 발표합니다. 신교도에게 종교의 자유를 허용하는 것이 핵심인 칙령으로, 구교도가 우위에 있는 실정을 고려하여 구교도의 권리를 우선적으로 보장하고 있으므로 신교도들에게는 미흡하게 여겨졌을 것입니다. 그러나 훗날 루이 14세가 낭트 칙령을 폐지하면서 종교의 자유를 억압하자 수많은 위그노들이 프랑스를 등진 것을 보면, 앙리 4세의 종교적 관용 정책은 당시로서는 큰 결단이었음을 알 수 있습니다.

그러나 안타깝게도 앙리 4세 자신은 과격한 구교도의 손에 암살당하고 맙니다. 당시의 종교 문제가 얼마나 첨예한 갈등의 소지를 안고 있었는지를 짐작할 수 있는 일입니다.

모스크바로부터 퇴각하는 프랑스 군대

나폴레옹이 황제로 즉위하고 아우스테를리츠 전투battle of Austerlitz에서 러시아-오스트리아 연합군에 큰 승리를 거두는 등 승승장구하던 무렵 유럽 대륙 대부분은 나폴레옹의 영향권에 들었으며, 그의 질주를 막을 세력이 없는 것처럼 보였습니다.

그때까지 나폴레옹이 굴복시키지 못한 나라는 영국과 러시아뿐이었습니다. 그는 영국을 고립시켜 궁지에 몰 생각으로 대륙 봉쇄령(대륙의 나라들이 영국과 교역하는 것을 금지하는 것)을 선포합니다.

원래 목적은 섬나라인 영국을 고통스럽게 만들어 자신에게 유리한 방향으로 협상을 진행하려는 것이었는데, 실제로는 대륙의 나라들이 더 큰 경제적 피해를 입게 되었습니다. 그래도 서슬 퍼런 나폴레옹의 위세에 질려 감히 대륙 봉쇄령을 어길 엄두를 내지 못했는데, 러시아는 프랑스의 압력에도 불구하고 영국과의 교역에 나섰습니다.

나폴레옹으로서는 러시아 정벌에 나서지 않을 수 없었습니다. 만약 러시아를 그대로 둔다면 대륙 봉쇄령이 무의미하게 될 것이고, 그렇게 되면 영국을 제압할 방법이 없기 때문이었지요.

결국 1812년 6월, 나폴레옹은 60만 명의 대군을 이끌고 모스크바를 향해 진군을 시작합니다. 그 당시 나폴레옹 군대의 위력은 대단했습니다. 러시아로서는 대적하기 어려운 상대의 공격을 받은 것입니다. 이때 러시아가 채택한 전술이 바로 청야작전이었습니다. 적이 진군하는 길 주변을 깨끗하게 비워 쌀 한 톨도 남겨놓지 않은 것입니다.

나폴레옹의 군대는 모스크바에 무혈입성하다시피 합니다. 적의 주요

Illarion Pryanishnikov, '1812년 러시아에서 후퇴하는 프랑스군'(24번 방)

도시를 점령한 나폴레옹은 자신이 승리했다고 생각했지요. 그러나 텅 빈 모스크바에는 먹을 것이 전혀 남아 있지 않았고, 러시아 정부로부터는 어떠한 연락도 오지 않았습니다. 그리고 혹한의 겨울이 다가왔지요.

추위와 굶주림을 견디지 못한 나폴레옹 군대는 철군을 시작했습니다. 그러자 숨어 있던 러시아 군대가 산발적으로 추격하며 패잔병 같은 프랑스군을 괴롭혔습니다. 60만 명의 대군이 기세등등하게 출발했는데, 살아서 돌아간 군인은 5만 명에 불과했다고 합니다. 변변한 전투가 없었던 것을 고려한다면, 사망자는 전사戰死한 것이 아니라 대부분 동사凍死나 아사餓死한 것으로 보입니다.

모스크바 공격 실패는 나폴레옹에게 치명적인 타격이 되었습니다. 1814년 3월에 파리가 러시아군에게 함락되면서 그는 황제 자리에서 강제로 물러났고, 엘바섬으로 귀양 가는 신세가 되었던 것입니다.

24번 방에 걸려 있는 '1812년 모스크바로부터의 퇴각'이란 그림을 보면, 무모하게 전쟁을 시작했다가 러시아의 혹한과 청야작전에 휘말려 몰락의 길을 걸어간 나폴레옹의 절망이 느껴집니다.

Viktor Vasnetsov, '회색 늑대를 타고 가는 이반 왕자'(26번 방)

회색 늑대를 타고 가는 이반 왕자

빅토르 바스네초프Viktor Vasnetsov는 러시아 문화 예술의 정체성을 확립한 화가라는 평가를 받습니다. 그는 사라져가는 전통을 되살리고자 러시아 전설과 민담에서 소재를 취한 작품을 많이 발표했는데, '회색 늑대를 타고 가는 이반 왕자Ivan Zarevitch on the grey wolf'도 그런 유형에 속합니다.

옛날 어느 왕국에 황금 사과가 열리는 나무를 가진 왕이 있었습니다. 그는 그 나무를 몹시 자랑스럽게 생각했는데, 밤마다 황금 사과가 없어지는 것을 알게 되었지요. 화가 난 왕은 세 아들에게 황금 사과를 훔쳐가는 도둑을 잡으라고 명했습니다. 도둑을 잡는 아들에게 왕국을 물려주겠다고 하면서요.

첫째 왕자와 둘째 왕자가 도둑을 잡으려고 했지만, 그만 잠이 드는 바람에 놓치고 말았습니다. 막내 왕자인 이반은 뜬눈으로 밤을 새운 끝에 불새가 나타나 황금 사과를 훔쳐간다는 사실을 알았지만, 잡는 데는 실패했습니다. 겨우 깃털 하나를 뽑을 수 있을 뿐이었지요.

이반이 건네준 불새의 깃털을 본 왕은 불새가 탐났습니다. 그래서 이번에는 불새를 잡아 오는 아들에게 왕위를 물려주겠다고 선언했어요. 첫째 왕자와 둘째 왕자는 지레 겁을 먹고 포기했지만, 이반은 자신이 잡아 오겠다면서 용감하게 길을 떠납니다.

왕궁을 나선 이반은 하염없이 가다가 표지석이 서 있는 갈림길을 만나는데, 거기에는 '왼쪽 길로 가면 배고픔과 추위를 겪을 것이고, 가운

Viktor Vasnetsov, '갈림길의 기사'

데 길로 가면 본인은 살 수 있으나 자신의 말이 죽을 것이며, 오른쪽 길로 가면 자신은 죽되 말이 살 것'이라고 쓰여 있었습니다. 이반은 그중에서 가운데 길을 선택했다고 하는데, 빅토르 바스네초프는 표지석 앞에서 갈등하는 이반의 모습도 그림으로 남겼습니다. 상트페테르부르크의 국립 러시아 박물관에 소장된 '갈림길의 기사Knight at the Crossroads'가 바로 그 작품이라고 합니다.

표지석에 적힌 대로, 이반의 말은 갑자기 나타난 회색 늑대에게 잡아먹힙니다. 말을 잃은 이반은 할 수 없이 기진맥진해질 때까지 걸었는데, 말을 죽였던 회색 늑대가 이반에게 다가와 태워주겠다고 합니다. 이반을 태운 늑대는 불새가 있는 곳까지 쏜살같이 달려갔다고 하지요.

늑대는 이반에게 "불새를 가져오되 절대로 새장은 건드리지 말라."고 당부하는데, 이반은 그 말을 잊고 그만 새장을 건드리고 맙니다. 그러자 요란한 소리가 나며 경비병들이 달려와 이반을 붙잡았지요.

그 나라 왕에게 끌려간 이반은 자초지종을 설명하며 용서를 구하지만, 왕은 이웃 나라에 가서 황금 갈기를 가진 말을 가져와야만 용서하겠다고 합니다. 이반은 이번에는 황금 갈기를 가진 말을 구해와야 하는 처지가 된 것이지요.

다행히 회색 늑대가 다시 나타나 도움을 주겠다고 합니다. 이반은 늑대를 타고 황금 갈기를 가진 말이 있는 나라로 갔으며, "말을 끌고 오되 절대로 갈기를 만지지 말라."는 당부를 듣게 됩니다. 그러나 그 당부도 지키지 못해 또 붙잡히는 신세가 되고 말았습니다.

황금 갈기를 가진 말의 주인인 왕은 이반에게 "이웃 나라의 아름다운 엘레나 공주를 데려오면 죄를 용서해 주겠다."고 합니다. 이반은 회색 늑대에게 그 말을 전하고, 늑대는 다시 한번 이반을 돕기로 하지요.

늑대의 도움으로 엘레나 공주를 만나 왕에게 데려가던 이반은 문득 공주에게 사랑을 느끼게 됩니다. 그래서 공주와의 이별을 슬퍼하자 늑대가 "내가 엘레나 공주로 변해 왕을 속이는 동안 공주와 함께 빨리 달아나라."고 합니다. 이반은 늑대가 변한 가짜 엘레나 공주를 왕에게 넘겨주고 그 대신 황금 갈기를 가진 말을 받아 왕궁을 빠져나왔으며, 회색 늑대는 잠시 왕을 속인 뒤 다시 이반에게로 달려왔습니다.

그런데 이반이 모험에 나선 중요한 이유는 불새를 얻는 것이었지요. 그러니 불새를 가진 왕에게 황금 갈기를 가진 말을 넘겨주고 불새를 받아야 하는데, 이반은 그 말도 욕심났습니다. 그래서 늑대에게 자신의 마음을 털어놓았어요. 그러자 늑대는 이번에도 자신이 황금 갈기를 가진 말로 변신하여 왕을 속일 테니 불새를 받아 엘레나 공주와 함께 멀리 달아나라고 일러주었지요. 이반은 늑대가 시키는 대로 하여 엘레나 공주와 황금 갈기를 가진 말, 그리고 불새까지 모두를 차지할 수 있었습니다.

이반은 자신을 도와준 회색 늑대와 작별한 뒤, 아버지의 왕궁을 향해 갑니다. 아마도 아버지의 칭찬과 자신에게 주어질 찬사의 말들을 기대하며 기쁨에 부풀었을 겁니다. 그러나 불행히도 왕궁에 닿기 전에 두 형을 만났고, 질투심에 사로잡힌 형들에게 그만 자신이 가진 모든 것을 빼앗기지요. 목숨까지 말입니다.

버려진 이반의 시체를 까마귀들이 쪼아 먹으려 하는 걸 우연히 보게 된 회색 늑대는 까마귀 어미를 위협해 생명의 물을 구해 오도록 한 뒤 그것으로 이반을 되살려냅니다. 그리고 이반과 함께 왕궁으로 가 악행을 저지른 형들을 죽이지요. 그다음은 누구나 다 예상할 수 있는 결말입니다. 이반은 엘레나 공주와 결혼하여 행복하게 살았으며, 아버지가 세상을 떠난 뒤 왕국을 물려받아 훌륭한 왕이 되었음은 물론이지요.

빅토르 바스네초프의 '회색 늑대를 타고 가는 이반 왕자'는 이반이 엘레나 공주와 함께 자신을 도와준 회색 늑대를 타고 숲을 달리는 장면을 그린 작품입니다. 전체 줄거리 중에서 어느 부분을 그린 것인지 정확하게 알 수는 없지만, 이반 왕자의 긴박한 표정으로 미루어 볼 때 엘레나 공주를 그녀의 왕국에서 데리고 빠져나갈 때가 아니면, 회색 늑대가 엘레나 공주로 변신해 왕을 속이고 난 뒤 다시 합류하여 달아나는 장면이 아닌가 싶습니다.

이고르 스뱌토슬라비치의 폴로베츠 원정

    러시아 고전 문학에서 가장 뛰어난 작품으로 평가받는 〈이고르 원정기〉는 노브고로드의 이고르 스뱌토슬라비치Igor Svyatoslavich(1178~1202년 재위)가 폴로베츠족과 싸울 때를 배경으로 하고 있습니다. 12세기에 나온 작품으로 지은이는 알 수 없으나 러시아 민중들에게 사랑받은 영웅 서사시이지요. 애국심을 고취하는 내용의 이 작품을 훗날 러시아 국민음악의 창시자인 보로딘이 오페라로 각색하여 현재도 많은 사랑을 받고 있습니다.

    〈이고르 원정기〉의 주인공인 이고르 스뱌토슬라비치가 노브고르드의 공후로 있던 당시, 그 주변의 공국들은 연합하지 못하고 서로 반목하는 상태였습니다. 반면 용맹한 폴로베츠족(러시아 남부 초원 지대에서 살던 터키계 유목민)은 분열된 공국들을 수시로 침략하여 약탈하기 일쑤였지요.

Ivan Bilibin, '이고르 왕자'

    피해가 계속되자 러시아의 작은 공국들은 폴로베츠족을 몰아내기 위해 연합 작전을 폅니다. 그러나 승패는 단숨에 결정되지 않았고, 이고르 공이 참전한 여러 차례의 전투에서도 승진과 패전을 주고받으며 양측은 많은 피해를 입었지요.

    1185년에는 특히 전투가 치열했는데, 이때 이고르는 폴로베츠인들에게 포로로 잡힙니다. 그는 포로 생활을 하던 중, 일 년 만인 1186년에 폴로베츠인 라보르의 도움으로 탈출에 성공합니다. 그의 아들 블라디미르는 그 뒤로도 포로 생활을 계속하다가 폴로베츠족의 부족장인 콘차크의 딸 콘차코바와 결혼한 뒤 풀려났다고 합니다. 〈이고르 원정기〉는 이 무렵의 사건을 중요하게 다루고 있지요.

빅토르 바스네초프Viktor Vasnetsov의 그림은 'After Igor Svyatoslavich's fighting with the Polovtsy'라는 제목으로 미루어 볼 때 이고르가 폴로베츠족을 상대로 벌인 전투와 관련 있습니다. 들판 가득 전사자의 시신이 즐비한 것으로 보아 당시 전투가 얼마나 치열했는지를 알 수 있습니다.

영웅 서사시 〈이고르 원정기〉, 보로딘의 오페라 '이고르 왕자Prince Igor'와 함께 러시아의 역사를 생각하며 감상하면 좋은 그림입니다.

Viktor Vasnetsov, '이고르 스뱌토슬라비치가 폴로베츠와 전투를 벌인 후'

가짜 드미트리 1세에게 암살당한 표도르 고두노프

콘스탄틴 마코브스키Konstantin Makovsky가 그린 이 그림은 가짜 드미트리 1세의 지시를 받은 암살자가 표도르 고두노프(표도르 2세)와 어머니 마리아 스쿠라토바를 살해하는 장면을 그린 것입니다. 이 그림을 이해하려면 러시아 역사에서 매우 어수선했던 한 시기, 즉 류리크 왕조가 문을 닫고 고두노프 왕조가 들어섰던 시기를 먼저 알아야 합니다.

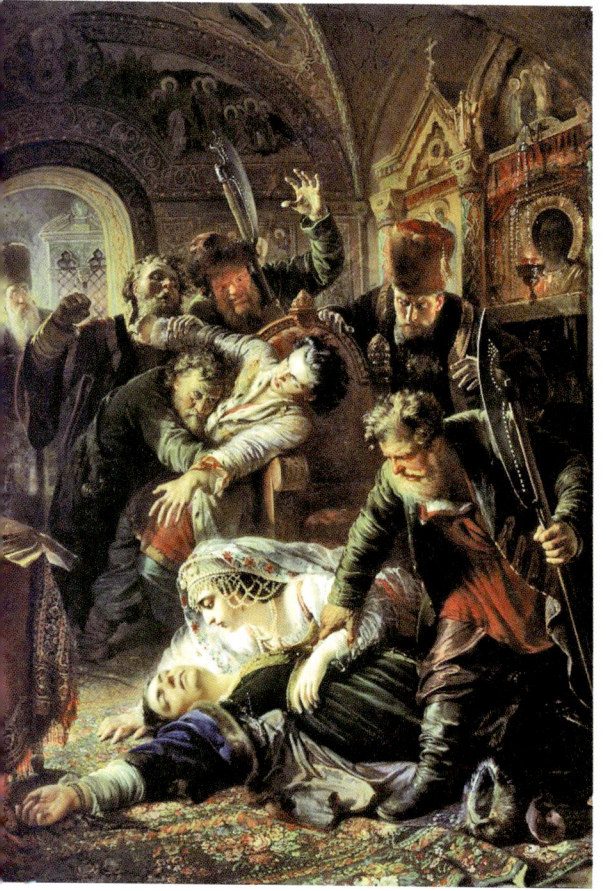

이반 4세는 부인 아나스타샤 로마노브나Anastasia Romanovna와의 사이에 세 명의 아들을 두었고, 마리아 나가야Maria Feodorovna Nagaya와의 사이에서 한 명의 아들을 더 낳았습니다. 아나스타샤가 낳은 첫아들은 드미트리였는데, 태어난 지 얼마 안 되어 사망했습니다(1552~1553년).

둘째 아들이 이반 왕자로, 아버지의 뒤를 이어 차르에

Konstantin Makovsky, '표도르 고두노프와 그의 어머니를 살해하는 가짜 드미트리의 암살자'(27번 방)

등극할 촉망받는 후계자였지만 어처구니없는 일로 아버지의 손에 목숨을 잃었지요.

아나스타샤가 낳은 셋째 아들이 아버지의 뒤를 이어 차르가 되는 표도르 1세Fyodor I입니다.

표도르 1세는 이반 왕자가 죽은 상황에서 별다른 대안이 없었으므로 차르가 되었지만, 국정을 감당할 만한 능력이 없는 인물이었습니다. 허약한 체질에 지적 능력도 떨어졌다고 합니다. 결국 그는 후사를 남기지 못한 상태에서 세상을 떠남으로써 류리크 왕조의 문을 닫는 역할을 하고 역사의 뒤안길로 사라지지요.

표도르 1세의 재위 기간에 실질적으로 나라를 통치한 이는 그의 처남인 보리스 고두노프Boris Godunov였으며, 후사 없이 표도르 1세가 사망한 뒤 차르에 즉위한 이도 보리스 고두노프였습니다. 류리크 왕조가 물러나고 고두노프 왕조가 들어선 것입니다.

보리스 고두노프

그런데 표도르 1세 재위기인 1591년에 미묘한 사건이 발생했습니다. 이반 4세가 마리아 나가야에게서 낳은 막내아들 드미트리 우글리치Dmitry of Uglich가 갑자기 사망한 것입니다. 공식적으로는 사고사로 발표되었지만, 사람들은 보리스 고두노프가 드미트리를 죽였다고 의심했습니다. 표도르 1세가 후사 없이 사망할 경우 드미트리 우글리치가 차르에 즉위할 상황이었으므로 사람들이 권력욕 강한 보리스 고두노프를 의심하는 것도 무리가 아니었습니다.

만약 차르가 된 보리스 고두노프가 유능한 통치자가 되었다면 드미트리 우글리치의 의문사는 사람들의 기억 속에서 지워졌을지 모릅니다. 그러나 1601~1603년에 발생한 기근으로 백성들이 굶주림에 시달릴 때 적절한 조치를 취하지 못했으며, 1603년에 대규모 폭동이 일어났을 때는 무력으로 진압하여 민심을 잃게 됩니다.

그러자 사람들 사이에 이상한 소문이 떠돌기 시작했지요. 죽었다고 발표된 드미트리 우글리치가 사실은 살아있다는 내용이었습니다. 근거 없는 소문이었지만, 보리스 고두노프에 대한 반감이 극심했던 사람들은 드미트리가 살아있다고 굳게 믿었습니다.

그런 상황에서 자신이 드미트리라고 주장하는 사람들이 나타나게 됩니다. 역사상 드미트리를 참칭(僭稱)한 인물이 세 명인데, 그중 가짜 드미트리 1세False Dmitry I는 드미트리 우글리치의 이름으로 러시아의 차르에 즉위하기까지 합니다. 1604년 10월 16일 폴란드 왕과 가톨릭교회의 지원을 등에 업은 가짜 드미트리 1세가 폴란드와 카자크 군대를 이끌고 모스크바로 진격해 왔을 때, 백성들은 드미트리 우글리치가 살아왔다며 열렬히 환영했습니다.

이렇게 나라 사정이 어수선한 상황에서 보리스 고두노프가 사망(1605년 4월 13일)하고, 차르의 왕좌는 16세가 된 그의 아들 표도르 고두노프Feodor Godunov(표도르 2세)에게 넘어갑니다.

표도르 2세가 차르의 자리에 있었던 날은 고작 49일로, 러시아 역사상 가장 짧은 재위기간입니다. 그가 이렇게 짧은 기간 동안 재위한 까닭은, 바로 가짜 드미트리 1세에게 암살(1605년 6월 10일)당했기 때문입니다. 앞서 본 그림은 바로 이때의 일을 그린 것입니다. 그의 누이인 크세니야를 제외한 모든 가족이 몰살당했다니, 보리스 고두노프의 권력욕이 결과적으로는 가문의 몰락을 가져온 셈이 되었습니다.

1605년 6월 표도르 2세를 죽이고 차르의 자리를 차지한 가짜 드미트리 1세False Dmitry I는 이듬해 5월까지 러시아를 통치했습니다. 그러면 그의 최후는 어떠했으며, 러시아의 역사는 어떤 방향으로 흘렀을까요.

고두노프 왕조에 대한 반발심을 등에 업고 차르에 즉위했지만, 가짜 드미트리 1세는 금세 백성들의 신임을 잃습니다. 가톨릭교도와 결혼하는 등, 러시아 정교회 신자들에게 거부감을 주는 행동을 한 것이 주요 원인으로 보입니다.

Karl Gottlieb Wenig, '가짜 드미트리 1세의 최후'

1606년 5월 17일 새벽, 반란군이 크렘린을 습격했을 때 가짜 드미트리 1세는 칼을 들고 저항하다가 창문으로 달아나려 시도합니다. 그때 큰 부상을 당한 뒤 반란군에 붙잡혀 살해당했고, 그의 시신은 사흘간 붉은 광장에 방치된 채 시민들에게 공개되었다고 하는군요. 바람처럼 등장했다가 등불처럼 덧없이 꺼져버린 역사 속 풍운아였던 셈입니다.

가짜 드미트리 1세가 죽고 난 뒤로 두 명이 더 드미트리를 참칭하고 나섰지만 모두 비극적인 최후를 맞았고, 결국 러시아의 차르 자리는 16세의 소년 미하일 로마노프Mikhail Romanov에게 돌아갑니다. 이때가 1613년의 일로, 러시아의 마지막 왕조인 로마노프 왕조가 시작되는 것입니다.

마르파 보레츠카야와 노브고로드 베체의 파멸

노브고로드Novgorod는 러시아에서 가장 오래된 도시입니다. 9세기에 노르만족인 류리크가 도착하여 나라를 세운 곳이 노브고로드이기 때문입니다. 류리크의 뒤를 이은 올레그가 수도를 키예프로 옮기고 키예프 공국을 세움으로써 노브고로드의 위상은 약해지지만, 그 뒤로도 노브고로드 공국은 상업과 수공업이 발달해 번영을 누렸다고 합니다. 노브고로드 공국의 통치자로 가장 유명한 이는 스웨덴을 상대로 네바강변에서 큰 승리를 거둔 알렉산드르 넵스키이지요. 당시의 강대국 스웨덴을 물리친 그는 러시아 전체의 영웅으로 추앙받고 있습니다.

노브고로드 공국에는 당시로서는 생소한 정치 제도인 베체Veche라고 하는 민회民會가 있었습니다. 귀족과 상인들의 협의체인데, 여기서 공직자 임명과 주요 사건 재판, 법규 비준, 토지 분배, 전쟁에 관한 결정 등이 회의를 통해 이루어졌다고 합니다. 상당히 민주적인 제도를 갖고 있었던 것입니다.

민회는 '베체의 종'이라는 종을 울리는 것으로 회의 개최를 널리 알렸습니다. 베체의 종은 노브고로드의 선진적이며 민주적인 정치 제도를 상징하는 물건이었는데, 1478년에 모스크바 공국에 빼앗깁니다. 모스크바 공국의 이

A. Vasnetsov, '프스코프(러시아 북서부의 도시)의 베체'

반 3세가 노브고로드를 정복한 다음, 노브고로드의 자유와 독립을 상징하는 종을 모스크바로 가져간 것입니다. 그는 빼앗아간 베체의 종을 우스펜스키 성당에 두었다고 합니다.

27번 방의 그림은 모스크바 공국에 베체의 종을 빼앗기는 장면을 그린 것인데, 이 그림에는 '마르파 보레츠카야Marfa Boretskaya'라는 이름의 여인이 등장합니다. 그녀는 누구일까요?

이반 3세는 모스크바 크렘린에 이반 대제의 종탑을 세우도록 명한 이로, 러시아 동북 지역을 통합하고 타타르의 지배를 종식시킨 걸출한 통치자였습니다. 노브고로드 공국도 그때 정복되었지요.

이반 3세는 자신에게 복종하기를 거부하는 노브고로드 귀족과 상인들을 체포하여 모스크바로 끌고 가는데, 그들 중 대표적인 인물이 바로 마르파 보레츠카야란 여인이었습니다.

그녀는 때로 '시장 부인 마르타Martha the Mayoress'라고 불리기도 하는데, 노브고로드의 시장이었던 이삭 보레츠키Isaac Boretsky의 부인이었기 때문입니다. 노브고로드가 모스크바 공국에 함락당할 때 마르파는 미망인이 되어 있었으나 이반 3세에게 저항하는 노브고로드 사람들의 지도자 노릇을 했다고 전해집니다. 그녀의 신분과 역할에 대해 명확히 알 수는 없지만, 이반 3세에 의해 자손들과 함께 모스크바로 강제 이주 당한 것은 확실해 보입니다.

여자의 몸으로 절대 권력에 굴복하지 않고 끝까지 저항한 그녀의 활약은 훗날 예술가들의 영감을 자극해 니콜라이 카람진Nikolai Karamzin은 단편소설을, 푸시킨Pushkin은 에세이를 남겼으며, 화가들은 그림을 남겼습니다. 27번 방의 그림도 그중의 하나이며, 그녀가 베체의 종과 함께 모스크바로 끌려가는 장면을 그린 다른 작품도 남아 있습니다.

Klavdy Lebedev, '마르파 보레츠카야와 노브고로드 베체의 파멸'(27번 방)

Aleksey Kivshenko, '베체의 종과 함께 모스크바로 호송되는 시장 부인 마르파'

베레조보의 멘시코프

　알렉산드르 멘시코프Aleksandr Menshikov는 표트르 1세 때의 군인이자 정치가입니다. 표트르 1세의 최대 업적으로 꼽히는 폴타바 전투battle of Poltava(러시아와 스웨덴의 전투)에서 큰 공을 세운 뒤 황제의 신임을 얻었고, 그 뒤로 측근으로서 막강한 권력을 행사했습니다. 표트르 1세가 새로운 수도로 건설한 상트페테르부르크의 초대 총독이 되었다는 것은 당시 그의 위상이 어떠했는지를 알게 해줍니다. 상트페테르부르크에는 그의 거처였던 멘시코프 궁전이 있는데, 황제의 거처와 비교해도 손색이 없을 정도입니다.

　표트르 1세에게 두 번째 부인인 예카테리나를 소개한 사람이 멘시코프였으므로 그는 황제와 황후 모두에게 각별한 존재였습니다. 표트르 1세가 죽은 뒤 예카테리나를 차기 황제로 옹립하는 데에도 그의 영향력이 크게 작용했지요. 정치적인 능력을 갖추지 못했던 예카테리나로

알렉산드르 멘시코프　　　　　상트페테르부르크 소재 멘시코프 궁전

서는 멘시코프에게 모든 것을 의존할 수밖에 없었으므로 그는 당대 최고의 권력자로 러시아를 통치하다시피 했습니다.

예카테리나 1세가 사망한 후, 황위는 표트르 1세의 손자인 표트르 2세에게 돌아갑니다. 이때 멘시코프는 무리수를 두게 되지요. 한번 잡은 권력을 놓고 싶지 않았던 그는 자신의 큰딸 마리아 멘시코바를 황제와 결혼시키려고 한 것입니다. 어린 사위를 대신해 자신이 계속 러시아를 통치하겠다는 야욕을 드러낸 것으로, 이런 탐욕은 귀족들의 반발을 불렀고, 결국 그는 국가 전복 혐의로 체포되어 시베리아로 유형 가는 신세가 됩니다. 그곳에서 벌목공으로 살다가 세상을 떠났다고 하니, 부귀영화의 허망함을 그보다 더 잘 보여주는 사례가 없을 것입니다.

28번 방에 걸려 있는 바실리 수리코프의 '베레조보의 멘시코프 Menshikov in Berezovo'는 그가 시베리아의 베레조보 마을로 유형 갔을 때의 모습을 담고 있습니다. 그림을 보면 천하를 호령했던 멘시코프는 초라

한 노인으로 변했고, 러시아의 황후가 될 뻔했던 큰딸 마리아는 병색이 완연한 채 아버지에게 기대어 있습니다. 작은딸과 아들은 뭔가를 골똘하게 생각하는 모습인데, 자신들의 화려했던 과거를 그리워하는 것은 아닌지 모르겠습니다.

Vasily Surikov, '베레조보의 멘시코프'(28번 방)

스트렐치 처형 집행의 날 아침

'스트렐치 처형 집행의 날 아침Morning of execution of streltsy'이라는 제목으로 미뤄볼 때, 이것은 친위병에 대한 처형이 집행되는 날 아침의 모습을 그린 작품입니다. 화면 뒤쪽으로 성 바실리 성당이 보이는 것으로 보아 이곳은 붉은 광장이며, 로브노예 메스토(황제의 명령을 발표하거나 사형수에 대한 처형을 집행하던 원형 구조물) 근처입니다.

이 그림을 이해하기 위해서는 먼저 스트렐치streltsy라고 불리던 러시아 황실 친위대에 대해 알아야 합니다.

강력한 중앙 집권 체제를 구축한 이반 4세는 1545년에서 1550년 사이에 스트렐치라는 상비군을 창설합니다. 스트렐치는 1552년 카잔 전투에 처음으로 실전 투입되어 성과를 거두기도 했지요. 지방에 배치된 스트렐치 부대는 요새를 세우고 국경을 수비하는 역할을 맡았고, 모스크바에 주둔하는 스트렐치 부대는 주로 크렘린을 지키고 황제를 경호하는 역할을 했습니다.

모스크바에서 스트렐치에 대한 처형이 이루어진 것은 표트르 1세 때의 일입니다. 1698년에 처음으로 공개 처형이 이루어졌는데, 이날 표트르 1세는 5명을 직접 죽였다고 합니다. 화면 오른쪽을 보면 말을 탄 이가 보이는데, 그가 바로 표트르 1세입니다.

표트르 1세가 직접 처형 집행에 나선 날 57명이 목숨을 잃었고, 그 후 6개월 동안 1,182명이 죽었으며, 10년 동안 모두 2,000여 명이 처형되었다고 합니다.

성 바실리 성당

로브노예 메스토

표트르 1세

Vasily Ivanovich Surikov, '스트렐치 처형 집행의 날 아침'(28번 방)

로브노예 메스토

그렇다면 표트르 1세는 황제를 경호하는 친위대를 왜 처형한 것일까요? 이 문제는 표트르 1세가 차르로 등극하는 과정에서 있었던 권력 투쟁과 관련이 있습니다.

표트르 1세의 아버지인 알렉세이 미하일로비치가 사망했을 때, 첫 번째 부인이 낳은 큰아들(생존해 있는 자식들 중에서)인 표도르가 후계자로서 차르에 등극합니다. 표도르 3세입니다. 그러나 지혜로웠지만 병약했던 그는 등극한 지 6년 만에 후사 없이 사망합니다.

표도르 3세에게는 동복누나인 소피아와 동복동생인 이반, 그리고 이복동생인 표트르가 있었는데, 당시 사람들은 표도르 3세의 후계자로 표트르를 지지했다고 합니다.

표트르가 단독 차르가 될 기미가 보이자 소피아가 반발합니다. 여자이기는 하지만 권력욕이 강하고 정치 감각이 있었던 그녀는 이복동생에게 권력이 넘어가는 걸 원치 않았던 것입니다. 그리하여 스트렐치를 선동해 궁정 쿠데타를 일으켰는데, 그 결과 이반이 제1차르가 되고 표트르가 제2차르가 되는 것으로 결정됩니다. 그리고 정치적으로 무능한 이반을 대신해 소피아가 섭정을 맡기로 하여 약 7년 동안 실질적으로 러시아를 다스리지요. 그러는 동안 소피아로부터 표트르가 당한 수모와 위협은 심각한 것이었습니다.

표트르가 성장하여 실권을 장악한 다음에 제일 먼저 한 일은 소피아를 노보데비치 수도원에 유폐하는 것이었습니다. 그리고 소피아에게 이용당해 자신에게 반기를 들었던 스트렐치에 대해 보복하는 것도 자신의 치세를 안정적으로 이끌어나가기 위해서는 중요한 일이었을 겁니다. 이 과정에서 위기감을 느낀 스트렐치가 쿠데타를 일으켰다가 진압된 후, 그림에서 보는 것처럼 많은 군인들이 형장의 이슬로 사라진 것입니다.

바실리 수리코프의 '스트렐치 처형 집행의 날 아침'은 그런 역사적 사실을 알고 보아야 제대로 이해가 될 것입니다. 화가는 죽음을 앞둔 인간의 절망과 두려움, 사랑하는 이의 죽음을 지켜봐야만 하는 가족들의 슬픔과 고통을 보여주려고 그랬을지 모르지만, 보는 이는 혼란스러웠던 러시아 역사의 한 장면을 목격하는 것만 같습니다.

노보데비치 수도원에 유폐되었던 소피아 황녀

로마노프 왕조를 개창한 미하일 표도로비치의 장남으로 태어난 알렉세이 미하일로비치Alexey Mikhailovich는 제2대 차르로 등극하였습니다. 그는 첫 번째 부인인 마리아 밀로슬랍스카야에게서 13명의 자식을 낳았는데, 그중에서 기억해 둘 만한 이들은 3대 차르가 되는 표도르Fyodor Alekseyevich와 4대 공동 차르가 되는 이반Ivan V Alekseyevich, 그리고 부친이 죽은 후 동생들을 대신해 섭정을 맡았던 소피아Sophia Alekseyevna입니다.

마리아가 사망한 후 알렉세이는 나탈리아 나리시키나Natalia Naryshkina란 여인과 재혼하여 3명의 자녀를 낳았습니다. 훗날 표트르 대제로 불리는 표트르는 나탈리아 소생이지요.

1676년에 알렉세이 미하일로비치가 사망하자 생존한 아들 중에서 장남이었던 표도르가 3대 차르로 즉위합니다. 표도르 3세이지요. 그러나 병약했던 그는 즉위 6년 만인 1682년에 후사를 남기지 못한 채 사망합니다.

이때 표도르 3세의 남동생 중에서 나이가 제일 많은 사람이 형의 뒤를 이어 차르가 되는 것이 자연스러웠을 것입니다. 그때까지 생존한 이는 동복동생인 이반(1666년생)과 이복동생인 표트르(1672년)뿐이었는데, 나이로 보나 혈연의 가까움으로 보나 이반이 형의 뒤를 잇는 것이 당연한 일이었지요. 그러나 문제는 이반이었습니다. 그는 병약하고 영민하지 못하여 사람들로부터 차르의 재목이 못 된다는 평가를 받았던 것입니다.

결국 이반과 표트르의 외가 세력이 권력 투쟁을 벌인 끝에 공동 차르를 세우는 것으로 문제가 봉합되었습니다. 그렇게 하여 러시아 역사상 최초이자 마지막으로 공동 차르가 등극했지만 그들은 제대로 통치하지 못합니다. 왜냐하면 16세의 이반은 정치적 역량이 부족했고, 표트르는 건강하고 총명했지만 10세의 어린아이였기 때문입니다.

이 무렵 어린 동생들을 대신해 권력을 행사한 이가 바로 소피아 황녀입니다. 비록 그녀는 여자라는 이유로 권력 투쟁에서 밀려났지만, 정치적 야망이 컸던 것으로 보입니다. 섭정으로서 권력의 전면에 나섰을 때 그녀는 24세였으므로 정치를 보는 안목도 갖추었을 것입니다. 트레티야코프 미술관에 소장된 바실리 페로프의 '신앙 고백에 관한 논쟁(343쪽)'에서 왕관을 쓴 채 당당한 자세로 서 있는 여인이 바로 소피아입니다. 그녀가 권력의 정점에 서 있었을 때의 모습으로 보입니다.

비록 소피아가 정치적 수완이 뛰어나서 무리 없이 통치했다고 해도, 섭정은 섭정일 뿐 그녀 자신이 차르는 아니었습니다. 이복동생인 표트르가 성장할수록 훌륭한 통치자의 자질을 보이자 위협을 느낀 그녀는 궁정 쿠데타를 기획합니다. 자신에게 우호적인 친위부대인 스트렐치를 선동하여 표트르를 제거하려고 한 것입니다. 그러나 기민하게 움직인 표트르가 지지자들을 규합하여 소피아를 제압하고 권력을 장악함으로써 궁정 쿠데타는 막을 내리게 되지요.

표트르는 자신을 제거하려고 한 이복누나 소피아를 용서하지 않습니다. 그는 위대한 군주로 평가받지만, 훗날 정치적 이유로 자신의 아들이자 후계자인 알렉세이를 죽음으로 몰 정도로 비정한 인물이기도 했습니다.

표트르는 소피아를 노보데비치 수도원에 유폐하고, 그녀의 측근들은 처형하거나 유배시키는 등 가혹하게 처분하였습니다. 소피아는 1704년에 47세의 나이로 죽을 때까지 수도원 밖으로 나오지 못했지요.

Ilya Repin, '소피아 알렉세예브나'
(트레티야코프 미술관 29번 방)

그녀가 노보데비치 수도원에 유폐되었을 당시의 모습을 볼 수 있는 그림이 트레티야코프 미술관에 있습니다. 일리야 레핀이 그린 '소피아 알렉세예브나'가 그것입니다. 이 그림에서는 사내대장부처럼 당당한 체구의 소피아가 울분에 찬 모습으로 정면을 노려보는 것이 우선 눈길을 끕니다. 남자 못지않은 정치적 역량을 갖추었음에도 불구하고 여자라는 이유만으로 권력의 주인이 되지 못한 처지에 분노하는 그녀의 한이 느껴집니다.

그러나 이 그림을 볼 때는 창밖에 목이 매달린 시신이 걸려있다는 점도 주목해야 합니다. 소피아를 추종하던 자들을 처형한 다음 시신을 그녀의 방 밖에 매달아 놓은 이가 바로 표트르이니, 권력 투쟁의 비정함을 이 그림을 통해 짐작할 수 있습니다.

쿠르스크 지방의 종교 행렬

　일리야 레핀Ilya Yefimovich Repin의 이 그림은 제목을 통해 짐작할 수 있듯이 쿠르스크 지방(우크라이나와 접경 지대에 있는 곳)에서 이콘과 성물을 들고 행진하는 종교 행사를 그린 것입니다. 많은 사람들이 참여한 성대한 행사인데, 사진이라고 해도 믿을 정도로 사실적으로 그려져 '러시아 사실주의의 대가'라고 불리는 레핀의 솜씨를 짐작하게 합니다.

　독실한 정교회 신자들의 나라인 러시아에서는 마을 교회에 보관되어 있는 이콘이나 성물을 들고 행진하는 종교 행사가 종종 있습니다. 그림 속 쿠르스크 지방의 종교 행렬도 그런 행사 중의 하나였을 겁니다.

Ilya Repin, '쿠르스크 지방의 종교 행렬'(29번 방)

성모자 이콘을 들고 가는 부인   종교 행렬을 이끌고 가는 사제

   그러면 일리야 레핀은 신성하고 경건한 종교 행사를 기록으로 남기기 위해 이 그림을 그린 것일까요? 러시아 민중의 삶에 깊은 관심을 가졌던 그의 작품 세계를 고려한다면, 이 작품을 단순한 기록화로 볼 수는 없을 것입니다. 그림을 자세히 들여다봅시다.

   이 그림에서 제일 중요한 인물은 화면 중앙의 키가 작고 뚱뚱한 부인입니다. 그녀는 성모자^{聖母子} 이콘을 받든 채 걷고 있는데, 그것이 이 행사에서 가장 소중한 물건이기 때문이지요. 그녀의 표정을 보면, 자신이 맡은 역할에 대한 자부심과 긍지로 인해 우스꽝스러울 정도로 진지합니다. 경찰의 호위를 받으며 걸어가는 이 부인은 돈 많은 지주 계급(혹은 귀족 계급)에 속할 것입니다.

   이콘을 든 부인 앞에는 사제가 걷고 있습니다. 화려한 사제복을 입었고 권위를 나타내듯 멋진 수염을 길렀지만, 더위에 지친 듯 지루한 표정입니다. 종교 행사를 주관하는 사제로서의 경건함이나 엄숙함을 찾아보기 어려운 이 인물은 타락한 당시 종교계를 상징하는 것으로 보입니다.

빈 상자를 받들고 가는 여인   행렬에 접근하는 것을 제지당하는 장애인들

　사제 앞으로는 평민 계급에 속하는 것으로 보이는 평범한 차림새의 여인이 뭔가를 소중히 떠받들고 갑니다. 그녀의 표정은 앞에서 본 거들 먹거리는 부인보다 훨씬 더 경건하고 진지합니다. 그런데 그녀가 들고 있는 물건을 보니 빈 상자이군요. 아마도 성모자 이콘을 보관하던 상자인 듯합니다. 비록 빈 상자일지언정 그것을 떠받든 여인이나 그 옆의 검은 옷을 입은 여인에게는 더없이 신성한 물건임이 틀림없습니다.

　아마도 이날 종교 행렬의 핵심은 앞에서 살펴본 인물들이었을 것입니다. 그러니까 행사를 기록하는 것이 목적이었다면 이들을 좀 더 크게 부각해 그리는 것이 옳았겠지요. 그러나 화가는 다른 이들에게 더 깊은 관심을 갖고 있습니다. 화면 왼쪽에 보이는 인물들이 그들입니다. 한눈에 보아도 신체에 장애를 가진 이들은 행렬의 중심으로 접근하는 것조차 제지당하는 처지입니다. 이들이야말로 신의 축복을 더 많이 필요로 할 텐데, 종교 행사에서마저도 소외당하고 있는 것입니다.

행렬의 질서를 잡기 위해 군중을 제지하는 기마 경찰

그런가 하면 화면 오른쪽에는 기마 경찰이 누군가를 무자비하게 제압하는 모습이 보입니다. 행렬의 안쪽으로 들어가면 안 되는 계급의 사람이 안으로 들어가려 하자 제지하는 것으로 보입니다.

그림을 유심히 보면, 기마 경찰들이 왼쪽과 오른쪽에 줄지어 서서 행렬의 안과 밖을 나누고 있다는 사실을 알 수 있습니다. 행렬 안에 들어갈 수 있는 신분과 그렇지 못한 신분이 나뉘어 있는 것입니다.

1861년에 러시아에서는 농노 해방이 선언되었습니다. 법적으로는 신분 제도가 철폐된 것이지요. 그러나 1880~1883년에 그려진 이 그림에서 보는 것처럼 신분 차별은 여전히 존재했습니다. 사랑을 가장 중요한 가치로 삼는 종교에서조차 말입니다.

일리야 레핀이 이 그림을 통해 고발하고 싶었던 것은 아마도 그것이었을 것입니다. 우리는 이 그림을 통해 종교 행사의 장엄함을 보는 것이 아니라, 가난하고 소외된 사람들을 품지 못했던 당시 종교계의 편협함과 자비롭지 못함을 봅니다.

아무도 기다리지 않았다

일리야 레핀은 19세기 러시아 사실주의 회화의 거장이라 불립니다. 그는 특히 러시아의 역사와 민중의 삶을 그림에 담았는데, '아무도 기다리지 않았다' 시리즈는 러시아 회화사에서 가장 강렬한 메시지를 전달하는 위대한 걸작으로 평가받습니다. 연작으로 그려진 두 점의 작품이 트레티야코프 미술관 30번 방에 소장되어 있어 미술관을 찾은 사람들에게 귀한 감상의 기회를 줍니다.

일리야 레핀이 먼저 그린 작품은, 혁명 운동을 하다가 체포되어 유배 갔다가 집으로 돌아온 여대생을 그린 '아무도 그녀를 기다리지 않았다No one waited for her'입니다.

작은 가방을 들고 방으로 들어서는 왼쪽의 여인이 혁명가인 여대생입니다. 오른쪽에 있는 세 사람은 아마도 여대생의 어머니와 동생들이 아닐까 합니다.

유형지에서 갖은 고생을 겪다가 가까스로 집에 왔을 텐데, 돌아온 그녀를 바라보는 가족들의 표정에 반가운 기

Ilya Repin, '아무도 그녀를 기다리지 않았다'(30번 방)

색이 전혀 없습니다. 오히려 그녀로 인해 어떤 일이 벌어질지 몰라 두

려워하고 경계하는 표정이 역력합니다. 그런 분위기를 눈치챘기에 여대생 또한 오랜만에 만난 가족들 앞에서 경직된 표정입니다. 가족에게 환영받지 못하는 자신의 처지를 씁쓸하게 받아들이는 것입니다.

그녀가 등장하기 전까지는 가족들이 단란한 시간을 보낸 것 같습니다. 피아노 연주를 하며 평온한 순간을 즐기다가 전혀 예상하지 못한 상황이 닥치자 몸이 굳을 정도로 깜짝 놀라는 가족들의 모습을 화가는 생생하게 포착했습니다.

'아무도 그녀를 기다리지 않았다'라는 제목에서 가족에게조차 환영받지 못하는 존재가 되어버린 혁명가의 비애가 느껴집니다.

화가는 돌아온 여대생의 얼굴을 여러 번 고친 끝에 최종적으로 자신의 딸을 모델로 그렸다고 하며, 이 작품을 러시아 민중 혁명에 헌신한 인텔리겐치아에게 헌정했습니다.

Ilya Repin, '아무도 그를 기다리지 않았다'(30번 방)

'아무도 그를 기다리지 않았다No one waited for him'는 앞에서 본 작품과 동일한 주제를 담고 있으며, 주인공만 남자 혁명가로 바꾼 것입니다.

이 작품에는 앞에서 본 작품보다 더 많은 인물이 등장합니다. 느닷없는 혁명가의 등장을 바라보는 인물들의 반응이 제각각인데, 문밖에 서 있는 여인은 두려움 반 호기심 반으로 바라보고 있고, 문고리를 잡고 있는 여인은 혁명가의 부인으로 추측되는데 전혀 반가운 표정이 아닙니다. '왜 갑자기 돌아온 거지? 혹시 귀찮은 일이라도 생기면 어쩌지?' 하는 떨떠름한 표정을 감추지 못하고 있습니다. 의자에 앉아 있다가 벌떡 일어나는 검은 옷 입은 여인은 혁명가의 어머니로 보입니다. 얼굴 표정을 볼 수 없지만, 반가운 마음에 자신도 모르게 벌떡 일어난 것이 아닐까 싶습니다. 비록 사회로부터 위험한 인물로 낙인찍혔지만, 어머니에게는 그래도 소중한 아들일 것이기 때문입니다. 화면 오른쪽의 사내아이는 혁명가의 아들로 보이는데, 오랜만에 만나는 아버지가 그저 반가운 모양입니다. 얼굴 가득 반색하는 표정입니다. 그러나 그 옆의 소녀는 두려운 기색을 감추지 못하고 있습니다. 아마 이 소녀는 집안으로 들어서는 인물이 아버지라는 사실을 모르고 있을 수도 있습니다. 남루한 차림새에 눈빛만 형형한 낯선 사람에게 본능적으로 두려움을 느끼는 것으로 보입니다. 벽 쪽의 젊은 여인은 뜻밖의 상황에 놀라 몸이 굳은 것처럼 보입니다. 반갑다거나 두렵다거나 하는 생각이 들기 전, 그저 예기치 않은 상황 앞에서 말문이 막히고 생각이 멈춘 것 같습니다.

반면 가족들의 품으로 돌아온 혁명가는 그동안의 고생을 말이 아닌 몸으로 설명하고 있습니다. 남루한 옷차림과 뺨이 홀쭉해지도록 초췌해진 얼굴을 보면 그가 수용소에서 강제 노동에 시달렸을지도 모른다는 생각을 하게 됩니다. 앞에서 보았던 혁명가 여대생보다 훨씬 더 고생한 흔적을 온몸에 지니고 있습니다.

그래도 이 남자에게는 반가워하는 가족이 있어서 다행입니다. 어머니와 아들만큼은 그를 진심으로 반기는 것 같으니 말입니다. '아무도 그를 기다리지 않았다'는 제목이 붙기는 했지만, 아들은 표정으로, 어머니는 몸짓으로 그를 환영하고 있습니다.

황태자 알렉세이를 심문하는 표트르 대제

러시아 제국의 초대 황제인 표트르 1세는 흔히 '표트르 대제Peter the Great'라고 불립니다. 그는 그런 대접을 받아도 될 만큼 충분히 위대한 인물이었지만, 가정적으로는 불행한 일을 겪기도 했습니다. 황태자였던 자신의 아들을 정치적 이유로 죽인 것입니다.

표트르 1세에게는 17세 때 결혼한 부인 에브도키야 로푸히나Evdokiya Lopukhina가 있었고, 그녀와의 사이에서 훗날 황태자로 책봉되는 알렉세이 페트로비치Alexei Petrovich를 낳았습니다. 그러나 부인과의 사이는 냉랭했던 것으로 알려졌습니다.

Nikolai Ge, '페테르호프에서 황태자 알렉세이를 심문하는 표트르 대제'(31번 방)

알렉세이 페트로비치

표트르 대제와 알렉세이의 사이가 나빠진 직접적인 원인은, 알렉세이가 부친의 개혁 정치에 대해 부정적인 입장을 보였기 때문이었다고 합니다. 그러나 표트르 대제가 부인 에브도키야를 박대했다는 점을 고려한다면, 부모의 불화 속에서 자란 알렉세이가 상대적 약자인 어머니에 대한 동정심에서 아버지에게 적대감을 가질 수도 있었을 것입니다.

표트르 대제는 열정적으로 서구 문물을 받아들여 러시아를 개혁하려고 했던 인물입니다. 결과적으로 그런 그의 노력이 러시아를 근대화시켰고 강대국으로 변모시켰지만, 당대에는 개혁에 저항하는 세력이 있었을 것입니다. 그들은 황제와 사이가 나쁜 황태자 주변으로 모여들었고, 이런 일들은 두 사람 사이를 더욱 나빠지게 만들었지요.

표트르 대제로서는 자신의 후계자인 황태자가 자신에게 반기를 드는 것을 용납할 수 없어 격노하는 일이 잦아졌고, 그런 분위기 속에서 신변의 위협을 느낀 알렉세이가 오스트리아를 거쳐 이탈리아로 도피하는 사태가 벌어집니다.

황제인 아버지의 종용에 따라 귀국한 알렉세이는 결국 반역죄로 체포되어 사형을 선고받았습니다. 상트페테르부르크의 페트로파블롭스크 요새 안 감옥에 감금된 알렉세이는 고문을 당한 끝에 처형을 앞두고 사망합니다. 아들이 죽은 다음 날 표트르 대제는 폴타바 전투의 승리를 기념하는 파티를 열었다니, 권력의 비정함을 절감할 수 있습니다.

반역자로 죽은 알렉세이 페트로비치는 러시아 황실 가족들의 묘지인 페트로파블롭스크 교회에 묻히기는 했지만, 교회 안이 아니라 출입구 왼쪽의 고립된 공간에 쓸쓸히 자리 잡고 있습니다. 죽어서도 아버지로부터 용서받지 못하고 버려진 듯한 느낌을 갖게 하는 묘입니다.

황태자의 사망으로 후계자 자리가 비게 되자 표트르 대제는 황위 계승 원칙을 새롭게 정합니다. 예전에는 황제의 장남이 자동으로 후계자가 되었는데, 장남 알렉세이에게 실망한 표트르 대제는 그런 관례를 없애고 황제가 지명하는 사람이 후계자가 되도록 원칙을 바꾼 것입니다.

그러나 기존의 원칙을 버리고 새로운 후계자 지명 원칙을 정한 표트르 대제가 정작 자신의 후계자를 정하지 않은 상태에서 갑자기 세상을 떠났으므로 러시아 제국은 혼란에 빠지고 맙니다. 원래대로라면 표트르 대제의 유일한 남성 직계 자손인 표트르(죽은 황태자의 아들)가 할아버지의 뒤를 이어 황제가 되는 것이 순리였는데, 그것이 의미 없어진 상태였으므로 누가 차기 황제가 되느냐 하는 문제가 발생한 것입니다.

당시의 세도가였던 멘시코프가 표트르 대제의 부인이었던 예카테리나를 지지함으로써 그녀가 러시아 제국의 2대 황제로 즉위했으며, 그녀는 죽기 전 죽은 알렉세이의 아들이자 표트르 대제의 장손인 표트르 2세를 후계자로 지명했습니다. 이로써 일단 표트르 대제의 직계 자손으로 제위가 이어졌지만, 황제가 직접 후계자를 지명하는 방식은 말썽의 소지를 남겨 정국이 혼란에 빠지는 원인이 되기도 했습니다.

어린 바르톨로뮤의 환상

    라도네즈의 성 세르기우스St. Sergius of Radonezh는 러시아 사람들이 가장 사랑하는 성직자이며, 14세기 무렵에 수도원 개혁을 위해 헌신한 수도자입니다. 그가 세운 '삼위일체와 성 세르기우스 수도원Trinity-St. Sergius Monastery'을 중심으로 집들이 들어서면서 형성된 도시가 바로 모스크바의 근교에 위치한 세르기예프 포사드Sergiev Posad이지요. 그가 세운 수도원이 곧 도시가 되고 도시 이름에 그의 흔적이 남아 있으니, 세르기예프 포사드는 그가 세운 도시라고 해도 될 듯합니다.

    39번 방에 있는 그림 '어린 바르톨로뮤의 환상Vision of Youth Bartholomew'은 어린 세르기우스가 정교회 수도승으로부터 성체(거룩한 빵)를 받는

Mikhail Nesterov, '어린 바르톨로뮤의 환상'(39번 방)

미하일 네스테로프가 그린 다른 버전의 '어린 바르톨로뮤의 환상'

Mikhail Nesterov, '세르기우스의 노동'(30번 방)

Mikhail Nesterov, '청년 세르기우스'(30번 방)

장면을 그린 것입니다. 세르기우스는 그 당시 글을 모르는 상태였는데, 성체를 받아먹은 후 성경을 읽을 수 있게 되었다고 하지요. 그의 믿음이 기적을 일으켰다는 의미로 러시아 정교회 신자들은 받아들입니다. 그가 수도승으로부터 성체를 받는 장면을 인상적으로 생각한 미하일 네스테로프Mikhail Nesterov는 몇 가지 버전으로 그렸습니다. 비교하며 감상해 봅시다. (세르기우스는 정교회의 세례를 받고 바르톨로뮤라는 세례명으로 불리게 됩니다. 미하일 네스테로프는 그림 제목에 그의 세례명을 사용했습니다.)

수도원을 세운 후 세르기우스는 기도와 명상을 통해 구원을 추구하고 노동과 경작을 하면서 생계를 이었는데, 저녁 식사 시간이 되면 곰이 찾아와 함께 어울렸다는 일화가 전합니다. 그가 노동하며 수도 생활을 하는 모습과 곰이 그를 찾아와 함께 어울리는 장면을 그린 그림들이 30번 방에 함께 전시되어 있습니다.

봄맞이 축제 마슬레니차

　도시가 온통 눈으로 뒤덮인 것으로 보아 아직 겨울이 분명한데, 마차를 모는 사람들은 흥겹기 그지없습니다. 이 그림에는 '팬케이크 주간Pancake Week'이라는 제목이 붙어 있는데, 다른 말로는 마슬레니차Maslenitsa라고 하지요. 러시아의 전통 축제를 일컫는 말입니다.

　마슬레니차는 러시아가 기독교를 받아들이기 전부터 존재했던 봄맞이 축제였습니다. 기나긴 겨울이 가고 봄이 오는 것을 환영하는 축제였으니 성대하고 흥겨운 행사였음은 물론입니다.

　그러나 기독교가 들어오고 난 후, 따뜻한 봄을 가져온 태양신에 대한 감사의 의미가 담긴 이 축제는 박해를 받기 시작합니다. 우상 숭배로

Boris Kustodiev, '팬케이크 주간'(44번 방)

여겨졌기 때문이지요. 그래서 기독교 측에서는 마슬레니차를 없애려고 노력했지만, 민간에 깊이 뿌리박힌 전통 축제를 없애는 일은 쉽지 않았습니다. 할 수 없이 기독교에서는 종교 축일과 연관 지어 수용하는 쪽을 택합니다. 그 뒤로 마슬레니차는 사순절四旬節(부활절 전의 40일을 말하며, 이 기간에 기독교도들은 예수의 수난을 생각하며 금식함)이 시작되기 전에 마음껏 먹고 놀 수 있는 축제로 성격이 변했습니다.

대개 2월 말에서 3월 초에 걸쳐 일주일 동안 열리는 이 축제를 '팬케이크 주간'이라고도 하는 까닭은, 이 기간에 '블린блины'이라는 팬케이크를 구워 먹기 때문입니다. 블린은 러시아 전통 팬케이크로 그 모양이 넓적하고 둥근데, 이는 태양을 의미합니다. 버터를 듬뿍 넣고 만들기 때문에 버터를 의미하는 러시아어 '마슬로масло'에서 '마슬레니차'라는 축제 이름이 유래되었다고 합니다.

러시아 사람들 사이에는 '마슬레니차 기간에 실컷 놀지 않으면 평생 불행하게 살다가 비참하게 생을 마친다.', '마슬레니차를 즐기기 위해 마지막 남은 치마까지 내다 판다.'는 말이 있을 정도로 마슬레니차를 중요하게 생각합니다. 그러다 보니 일 년 중에서 가장 즐겁게 놀며 배불리 먹는 축제가 된 것입니다. 그림 속의 흥겨운 분위기는 그런 사정을 알고 보면 이해가 됩니다.

마슬레니차 기간 중에는 다양한 놀이를 즐기는데, 전통적인 주먹 싸움이나 나란히 묶인 세 마리 말이 끄는 트로이카를 타는 게 보편적입니다. 그밖에 횃불 놀이나 모닥불 축제, 인형 태우기 등도 마슬레니차 기간에 행해졌는데, 이것은 긴 겨울의 잔재를 태워버리고 새로운 봄을 준비한다는 의미가 담겨 있었습니다.

마슬레니차는 1917년 볼셰비키 혁명 이후 공식적으로 중단됩니다. 종교를 부정하는 공산주의 국가가 되면서 모든 종교적 명절이나 축일이 사라지게 되는데, 사순절과 결부된 마슬레니차도 그 영향을 받은 것입니다.

비록 공식적으로는 마슬레니차가 사라졌지만 사람들 사이에 봄을 맞이하며 블린을 구워 먹는 전통은 계속 이어졌고, 1986년 이후 페레스트로이카Перестройка 정책이 시행되면서 마슬레니차는 전 국민이 함께하는 축제의 위치를 되찾을 수 있었습니다. 그리고 2002년에 러시아 정부는 마슬레니차를 공식 축제로 인정하였고, 이제는 러시아를 대표하는 축제가 되었습니다.

같은 화가가 같은 주제로 그린 그림과 다른 화가가 같은 주제로 그린 그림을 비교하면서 감상해 봅시다. 흥겨운 축제 기분이 물씬한 것은 비슷합니다.

Boris Kustodiev, '마슬레니차'   Pyotr Gruzinsky, '축제'

꼬르순을 공격하는 블라디미르 대공

키예프 공국의 공후였던 블라디미르 스뱌토슬라비치의 어머니 말루샤는 신분이 미천했던 것으로 알려졌습니다. 무수리 출신의 숙빈 최씨에게서 태어난 영조에게 출신 콤플렉스가 있었던 것처럼, 블라디미르에게도 그런 콤플렉스가 있었던 듯합니다. 비잔틴 제국의 황녀인 안나Anna of Byzantium와 결혼하기 위해 부인 로그네다Rogneda of Polotsk를 버린 것은 안나와의 결혼이 신분 세탁 수단이 될 것이기 때문이었지요.

비잔틴 제국의 황제인 바실리우스 2세는 부하들의 반란으로 위기에 처하자 주변 국가들에게 군사 지원을 요청합니다. 이때 제일 먼저 구원의 손길을 내민 이가 바로 블라디미르였습니다. 물론 무조건적인 도움은 아니었고, 황제의 누이동생인 안나와 결혼하도록 허락한다는 조건이 붙었지요.

블라디미르의 도움으로 바실리우스 2세는 위기를 넘깁니다. 그러나 신붓감인 안나가 죽어도 춥고 야만적인 나라로 시집가지 않겠다고 버티는 까닭에 문제가 생깁니다. 바실리우스 2세가 약속을 어겼다고 생각한 블라디미르가 군대를 동원하여 꼬르순을 점령해 버린 것입니다. 꼬르순은 헤르소네스라고도 하는데, 크림반도에 있는 군사 요충지였습니다. 현재는 세바스토폴이라고 하지요. 니콜라스 레리히Nicholas Roerich의 '꼬르순을 공격하는 블라디미르Vladimir campaign on Korsun'는 아마도 그때의 장면을 그린 것으로 짐작됩니다.

Nicholas Roerich, '꼬르순을 공격하는 블라디미르'

　다급해진 비잔틴 제국은 안나를 설득하는 한편, 블라디미르에게는 기독교를 수용하고 세례를 받는 것을 결혼 조건으로 내세웠습니다. 안나와의 결혼을 몹시도 원했던 블라디미르는 그 조건을 받아들여 꼬르순에서 기독교식 세례를 받았고, 그리스 정교회를 받아들여 러시아의 국교로 삼습니다. 러시아 땅에 기독교가 뿌리내리게 된 결정적인 계기는 바로 블라디미르의 결혼 조건이었던 것입니다.

　그가 부인 로그네다를 버린 까닭도 기독교도는 이중혼을 할 수 없다는 교회법 때문이었습니다. 블라디미르가 안나와의 결혼을 위해 얼마나 몸이 달았던지를 짐작할 수 있게 하는 일입니다.

　안나는 비록 원치 않는 결혼을 했지만 러시아 땅에 기독교가 전파되는 데 중요한 역할을 했고, 블라디미르는 러시아 정교회에서 성인으로 추앙받고 있으니 역사적인 의미가 막중한 결혼이었습니다.

루스의 시작

    현재 러시아(러시아의 어원이 된 것이 '루스'이다)라고 불리는 나라의 건국 과정에 대해서는 명확한 기록이 남아 있지 않습니다. 다만 설화처럼 전해오는 이야기가 있는데, 역사적 진실로 보기에는 무리가 있지만 그래도 널리 알려진 내용이므로 소개합니다. 트레티야코프 미술관에 그와 관련된 작품이 있기 때문입니다.

    니콜라스 레리히Nicholas Roerich의 '바다를 건너온 방문자들Guests from Overseas'은 루스의 기원을 발트해를 건너온 노르만족에게서 찾는 관점을 보여줍니다. 스칸디나비아반도 쪽에서 살던 사람들이 바다를 건너 현재의 러시아 땅인 노브고로드에 도착했다는 이야기지요. 그 이야기를 조금 더 살펴봅시다.

Nicholas Roerich, '바다를 건너온 방문자들'('Beginnings of Rus' 중에서)(47번 방)

흔히 바이킹이라고 불리는 노르만족Norman은 기동성이 뛰어나고 용맹하여 유럽의 해안 지역을 휘젓고 다녔습니다. 911년에 프랑스 땅에 노르망디 공국을 세웠고, 정복왕 윌리엄은 1066년에 잉글랜드를 침공하여 노르만 왕조를 세웠지요.

노르만족인 류리크가 862년에 노브고로드에 도착하여 류리크 왕조를 개창했다는 내용은 수도승 네스토르가 쓴 〈러시아 원초연대기〉에 등장합니다. 거기에 이렇게 쓰여 있지요.

그들은 바다를 건너 바랴기(바이킹) 루시인들에게 가서 이렇게 요청했다.

"우리 땅은 광활하고 먹을 것이 많지만, 질서가 없습니다. 그러니 우리에게 사람을 보내주시어 우리를 통치하고 안전하게 보호해 주세요."

그래서 류리크와 그의 형제들이 바다를 건너 이주했는데, 큰형인 류리크가 노브고로드에 정착하였으므로 바랴기 루시인들이 정착한 노브고로드를 '루시인의 땅'이라고 불렀다.

류리크가 노브고로드로 건너오게 된 배경을 더욱 흥미진진하게 소개하는 이야기도 있습니다.

노르만족들이 건너오기 이전부터 노브고로드 지역은 고스토므이슬이라는 슬라브인 공후가 통치하고 있었다. 그런데 그는 세 아들을 모두 전쟁터에서 잃고, 자식이라고는 딸 우밀라밖에 없었다.

후계자를 걱정하던 고스토므이슬은 어느 날 밤 꿈을 꾸었는데, 우밀라의 뱃속에서 뻗어 나온 커다란 나무가 세상을 온통 뒤덮는 내용이었다. 주술사에게 해몽을 부탁한 결과 우밀라가 낳은 아들이 장차 통치자가 될 것이라 하므로,

고스토므이슬은 우밀라의 아들을 지도자로 추대하라는 유언을 남겼다.

　그러나 고스토므이슬이 죽은 뒤 그의 부하들은 권력욕에 사로잡혀 투쟁하느라 평화로운 날이 없었다. 뒤늦게 고스토므이슬의 유언을 기억해낸 사람들은 노르만족에게 시집간 우밀라를 찾아가 그의 아들을 지도자로 보내달라고 요청했는데, 류리크와 그의 두 형제가 바로 우밀라의 아들이자 고스토므이슬의 외손자였던 것이다.

　두 이야기의 공통점은 현재의 러시아 땅에 살던 슬라브인들이 스칸디나비아반도 땅에 사는 노르만족을 찾아가 지도자를 보내주기를 요청했으며, 그 결과 류리크와 그의 형제들이 노브고로드 지역으로 건너왔다는 것입니다. 이때가 862년의 일로, 러시아는 이때를 건국 시점으로 봅니다.

　류리크의 뒤를 이어 공후의 자리에 오른 올레그가 키예프로 수도를 옮기고 키예프 공국을 세움으로써 노브고로드의 위상이 약해지기는 하지만, 건국 과정에서 최초의 수도였던 의미는 여전히 중요하다고 할 수 있습니다.

　슬라브인들의 환영을 받으며 류리크 일행이 노브고로드에 도착하는 장면을 그린 다른 작품이 있으므로 소개합니다만, 이것이 진짜 역사적 사실인지는 명확하지 않습니다. 노르만족의 무력에 굴복한 것을 부끄럽게 생각한 러시아 사람들이 차라리 자발적으로 자신들이 지배를 요청한 것으로 왜곡하여 기록한 것은 아닌지 의문입니다.

Viktor Vasnetsov, '바랴기인의 초대: 스타라야 라도가에 류리크와 그의 형제들이 도착하다'

2장

푸시킨 미술관
The Pushkin State Museum of Fine Arts
Государственный Музей Изобразительных Искусств
Имени А.С. Пушкина

푸시킨 미술관The Pushkin State Museum of Fine Arts은 상트페테르부르크의 에르미타주 미술관과 비슷한 점이 많습니다. 러시아 작가가 아닌 외국 작가의 작품, 혹은 러시아가 아닌 다른 나라의 유물을 집중적으로 전시하고 있다는 점에서 그렇습니다. 물론 미술관의 지명도나 소장 작품의 수준, 미술관 건물의 역사적 가치 등에 있어서는 에르미타주 미술관 쪽이 우위를 차지하지만, 푸시킨 미술관 또한 만만치 않은 저력을 보여줍니다. 다만 조각품의 경우는 다른 나라 박물관에 있는 유명한 작품을 모각한 것이 많다 보니 진품과 복제품의 경계가 모호한 점이 아쉬웠습니다.

푸시킨 미술관은 세 개의 건물로 이루어져 있으며, 관람자의 관심을 끄는 주요 작품은 주로 중앙에 위치한 메인 빌딩에 전시되어 있습니다. 박물관 측의 설명에 따르면, 왼쪽 건물에는 19~20세기 유럽과 아메리카 대륙의 예술품이, 오른쪽 건물에는 개인 소유 예술품이 소장되어 있다고 합니다.

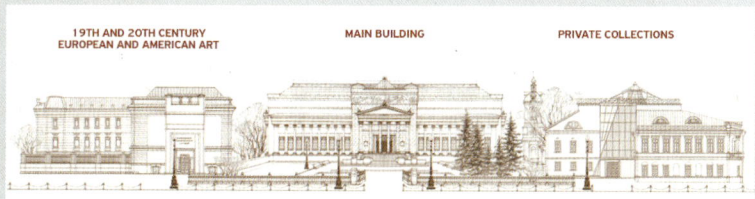

푸시킨 미술관 홈페이지의 건물 배치도

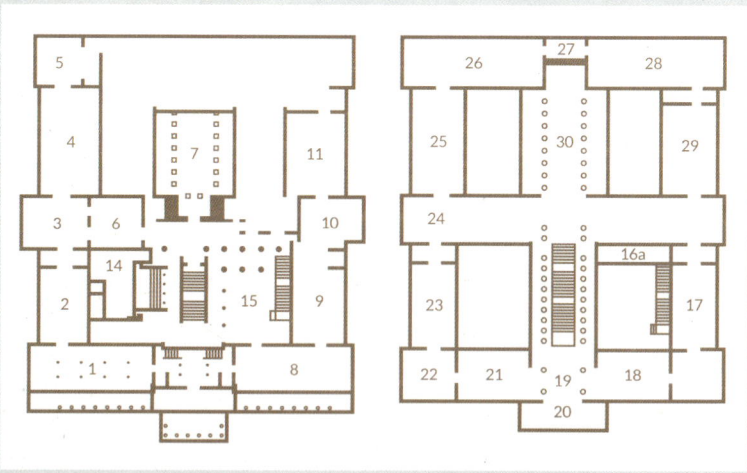

메인 빌딩의 1층(Ground Floor)   2층(First Floor)

현재 푸시킨 미술관으로 사용되는 신고전주의 양식의 건물은 본디 모스크바대학이 소장하고 있던 미술품들을 정리·보존할 목적으로 지어졌습니다. 그 후 여러 차례에 걸쳐 수집품이 보강되면서 모스크바를 대표하는 주요 미술관으로 성장한 것이지요.

이 미술관은 알렉산드르 3세 시절인 1896년에 모스크바대학의 이반 블라디미로비치 츠베타예프Ivan Vladimirovich Tsvetaev 교수가 설립을 주장하여 초석이 놓이게 되었습니다. 그런 까닭에 푸시킨 미술관의 맨 처음 이름은 알렉산드르 3세 미술관이었으며, 츠베타예프 교수가 초대 관장을 맡았지요.

미술관 설립이 구체화되면서 많은 수집품이 모아졌지만, 자금 부족으로 난관에 부딪히자 츠베타예프 교수는 친구이자 외교관 출신 사업가인 유리 스테파노비치 네차예프-말초프Yuri Stepanovich Nechaev-Maltsov에게 도움을 요청합니다. 재벌이었던 숙부로부터 막대한 유산을 상속받은 네차예프-말초프는 미술관이 완공되기까지 여러 차례에 걸쳐 거금을 출연해 친구의 꿈이 실현될 수 있도록 도왔습니다. 막대한 자금을 미술관 후원에 쏟아부은 탓인지 그의 사업은 기울었고, 푸시킨 미술관이 완공된 후 세상을 떠났다고 합니다.

그래도 한 사람의 재정적 희생으로 푸시킨 미술관이라는 걸출한 미술관이 설립되었으니, 그는 자신의 재산을 의미 있는 일에 썼다고 할 수 있습니다.

푸시킨 미술관을 설립한 츠베타예프 교수(왼쪽)와 사업가 네차예프-말초프(오른쪽)

푸시킨 미술관의 고대 유물 중에는 제2차 세계대전 직후 독일에서 가져온 것이 많다고 합니다. 전승국의 자격으로 드레스덴 미술관의 작품들을 대거 가져왔고, 베를린의 페르가몬 박물관에서는 트로이에서 발굴된 유물들을 가져왔다고 하지요. 일부 유물은 반환하였지만 아직도 많은 유물들이 푸시킨 미술관에 남아 있고, 그것들이 푸시킨 미술관의 자랑거리인 것이 사실입니다.

푸시킨은 누구인가

푸시킨 미술관이라고 불리는 이 미술관의 원래 이름은 알렉산드르 3세 미술관이었습니다. 러시아 제국의 열세 번째 황제인 알렉산드르 3세 때 설립되었기 때문입니다. 푸시킨 미술관이라는 현재의 이름은 알렉산드르 푸시킨Aleksandr Sergeevich Pushkin 서거 100주년이 되던 해인 1937년에 그를 기리기 위해 바꾼 것이니, 그에 대한 러시아 사람들의 사랑을 짐작할 수 있습니다.

상트페테르부르크 근교에는 예카테리나 여제의 여름 궁전이 있어 차르스코예 셀로Tsarskoye Selo, 황제의 마을라고 불리던 마을이 있습니다. 그런데 푸시킨이 그곳에 있는 왕립학교(리체이)에서 공부한 인연이 있다 하여 그의 서거 100주년을 맞아 마을 이름을 '푸시킨'이라고 변경한 것도 같은 이유에서였습니다.

일리야 레핀은 푸시킨이 왕립학교에서 공부하던 때, 진급을 위해 심사관들 앞에서 자작시를 낭송하는 장면을 그림으로 남겼습니다. 이때 심사관의 한 사람이었던 가브릴라 데르자빈Gavrila Romanovich Derzhavin은 푸시킨의 천재성에 감탄하며 그가 위대한 문인이 될 거라고 축복했다고 전해집니다. 일리야 레핀의 그림에서, 깜짝 놀라 몸을 일으키는 노인이 데르자빈이 아닐까 합니다.

Ilya Repin, '데르자빈 앞에서 시를 낭송하는 푸시킨'

트레티야코프 미술관에는 러시아의 국민 시인이라고 불리는 푸시킨의 초상화가 있습니다. 모계 쪽으로 에티오피아인의 피가 흐른다는 그의 외모는 러시아 사람들과는 다소 다르게 보입니다. 우리에게 푸시킨은 '삶이 그대를 속일지라도What though life conspire to cheat you'란 시로 널리 알려져 있습니다.

삶이 그대를 속일지라도 슬퍼하거나 노여워하지 말라.
슬픔의 날을 참고 견디면 기쁨의 날이 오리니
마음은 미래에 살고 현재는 언제나 슬픈 것.
모든 것은 순간에 지나가고 지나간 것은 다시 그리워지나니.

Kiprensky Orest Adamovich,
'알렉산드르 푸시킨의 초상'(8번 방)

Alexander Brullov,
'나탈리아의 초상'

15세 때 첫 시집을 출간하며 천재성을 보여준 푸시킨은 '러시아 현대문학의 개척자'라는 평을 받고 있습니다. 그렇게 위대한 작가였던 그가 38세의 젊은 나이에 세상을 떠나게 된 것은 아내인 나탈리아 곤차로바Natalia Goncharova(곤차로바는 처녀 때 성으로, Nikolay Afanasievich Goncharov의 딸이라는 의미)의 신중하지 못한 처신에 그 원인이 있다고 할 수 있습니다.

나탈리아는 아름다운 외모로 사교계에서 주목을 받는 여인이었습니다. 그녀에게 반한 푸시킨은 구애 끝에 결혼했는데, 문제는 결혼 후에도 나탈리아의 스캔들이 계속되었다는 점입니다. 특히 프랑스에서 망명한 장교 조르주 단테스와의 염문이 사교계에 파다하게 퍼졌을 때는 자신의 명예를 지키기 위해서라도 푸시킨은 무슨 조치든 취해야만 하는 상황이었습니다. 그가 택한 방법이 결투를 하는 것이었는데, 결과적으로 푸시킨은 총상을 입고 며칠 뒤 세상을 떠나게 됩니다. 러시아가 사랑하는 국민 시인 푸시킨은 그렇게 어처구니없는 일로 목숨을 잃은 것입니다.

모스크바 아르바트 거리에는 푸시킨 부부의 청동 조각상이 세워져 있으니 그들의 불꽃 같았던 애증을 생각하면서 찾아가 보면 좋을 것입니다.

프리아모스의 보물

 푸시킨 미술관에 소장된 프리아모스의 보물은 지금도 소유권을 두고
논란이 있는 유물입니다.

Ivanov Aleksandr Andreyevich, '아킬레우스에게 헥토르의 시신을
넘겨줄 것을 애원하는 프리아모스'(트레티야코프 미술관 10번 방)

 프리아모스Priamos는 트로이의 마지막 왕이었습니다. 스파르타의 왕비 헬레네Helene를 유혹해 트로이로 데려온 파리스Paris는 그의 아들이었지요. 그가 또 다른 아들 헥토르Hector의 시신을 돌려받고자 그리스 연합군 진영으로 아킬레우스Achilleus를 찾아가 애원하는 장면을 담은 그림이 트레티야코프 미술관에 있습니다.

 목마를 이용한 그리스 연합군의 전략에 말려 성이 불바다가 됨으로써 트로이는 멸망하고 맙니다. 고대 그리스의 시인 호메로스Homeros가 쓴 〈일리아스Ilias〉는 10년에 걸친 트로이 전쟁 중 마지막 해에 일어난 사건들을 노래한 대서사시입니다. 당연히 사람들은 트로이라는 나라와 그곳에서 인간과 신들이 뒤엉켜 전쟁을 치른 이야기가 신화일 뿐이라고 생각했지요.

프리아모스의 보물(3번 방)

신화 속 공간인 줄만 알았던 트로이를 발굴하여 세상 사람들에게 소개한 이는 독일의 사업가였던 하인리히 슐리만 Heinrich Schliemann입니다. 어린 시절 아버지로부터 선물 받은 그림책에서 불타는 트로이 성을 본 후 트로이 성 발굴에 일생을 걸었다는 그의 이야기는 널리 알려져 있습니다.

그러나 고고학자들의 연구 결과에 따르면, 슐리만이 발굴한 것은 트로이 전쟁 당시의 지층이 아니라고 합니다. 그러니 그가 발굴한 유물들도 트로이의 것이 아닐 것입니다. 그렇지만 슐리만은 자신이 발굴한 황금 유물들을 트로이의 것이라고 믿었고, 사람들도 그것을 트로이 마지막 왕의 이름을 따서 '프리아모스의 보물'이라고 불렀습니다.

트로이에서 발굴된 황금 장식을 착용한 하인리히 슐리만의 부인 소피 슐리만

슐리만은 특히 황금으로 된 여인의 머리 장식을 미녀 헬레네의 것이라고 생각하여 '헬렌의 보석 Jewels of Helen'이라고 하였고, 그것을 자신의 부인 소피에게 착용시킨 후 사진으로 남겼습니다. 지금의 상식으로는 용납하기 어려운 만행이지

만, 19세기 당시에는 자신의 업적을 과시하는 수단이었던 것 같습니다.

　그런데 독일인 슐리만이 터키의 트로이에서 발굴한 보물들이 모스크바의 푸시킨 미술관에 있는 까닭은 무엇일까요?

　슐리만은 트로이에서 발굴한 보물들을 자신의 나라인 독일로 가져갔습니다. 제국주의 시절에 강대국이 약소국에 가서 문화재 연구와 보존을 명분으로 유물을 발굴한 뒤 자국으로 실어간 것과 똑같은 일이 벌어진 것이지요. 그렇게 하여 베를린으로 옮겨진 트로이 발굴 유물은 '프리아모스의 보물'이라는 이름으로 제2차 세계대전 전까지 베를린 왕립박물관에 전시되어 있었다고 합니다.

　그런데 독일이 제2차 세계대전에서 패한 후, 그 유물들의 행방이 묘연해졌습니다. 베를린은 연합군의 공습으로 도시의 대부분이 파괴되면서 많은 문화재가 소실되었는데, '프리아모스의 보물'도 같은 운명에 처한 것으로 여겨졌습니다. 그러던 중 1993년에 푸시킨 미술관이 특별전을 통해 프리아모스의 보물들을 공개함으로써 비로소 베를린에서 사라졌던 유물들이 세상에 모습을 드러낸 것입니다.

　그후 독일은 전쟁의 와중에 구소련군이 무단히 약탈해간 것이니 돌려달라고 주장하고, 러시아 측은 전리품으로 확보한 것이니 문제 될 게 없다는 입장을 고수하고 있습니다. 터키는 그 유물들이 발굴된 곳이 트로이이므로 자신들에게 소유권이 있다고 주장하지요. 그러나 러시아가 순순히 유물을 반환할 가능성은 없어 보입니다.

폴리페무스 동굴의 오디세우스

바다의 신 포세이돈Poseidon과 바다의 요정 토오사Thoosa 사이에서 태어난 폴리페무스Polyphemus는 외눈박이 거인이었습니다. 그의 이름은 그리스 신화 중 두 군데에 인상적으로 등장하는데, 먼저 그의 사랑 이야기를 들어봅시다.

폴리페무스는 바다의 요정 갈라테아Galatea를 사랑했습니다. 갈라테아는 포세이돈의 부인이 되는 암피트리테, 제우스와 포세이돈이 반한 적이 있는 아킬레우스의 어머니 테티스 등과 자매지간인 네레이드였지

요. 신들조차 반할 만큼 아름다운 여인들과 자매간이었으니 갈라테아 또한 몹시 아름다웠을 것으로 추측됩니다. 그런 갈라테아를 외눈박이 거인 폴리페무스가 사랑한 것입니다. 그러나 갈라테아는 목신 판Pan의 아들인 아키스Acis를 사랑하고 있었으므로 폴리페무스에게는 아무런 관심이 없었지요.

외눈박이의 사랑이란 일방적이고 독단적일 수밖에 없습니다. 그는 갈라테아의 감정은 아랑곳하지 않고 일방적으로 자신

Annibale Carracci, '외눈박이 거인 폴리페무스'

의 사랑을 강요하며 갈라테아를 괴롭히곤 했습니다.

어느 날, 폴리페무스가 아키스와 다정한 시간을 보내고 있는 갈라테아를 보았습니다. 그 순간 질투심이 폭발한 폴리페무스는 옆에 있던 바위를 들어서 두 사람을 향해 힘껏 던졌다고 합니다. 거인 폴리페무스에게는 바윗돌이었지만, 아키스에게는 산만큼 거대한 바윗덩어리였지요.

결국 아키스는 그 자리에서 숨을 거뒀고, 사랑하는 이의 죽음을 슬퍼하던 갈라테아는 아키스의 몸에서 흘러나온 피를 강물로 바꾼 다음 '아키스강'이라고 불렀다는군요.

그 뒤로 더 이상 그녀의 사랑 이야기가 전해지지 않는 것으로 보아, 어쩌면 사랑의 상처를 안은 채 쓸쓸히 살아간 것은 아닐까 싶습니다.

갈라테아에 대한 짝사랑이 물거품이 된 후, 폴리페무스의 이름은 다시 한번 그리스 신화에 등장합니다. 이번에는 트로이 전쟁을 승리로 이끈 후 고향으로 돌아가던 오디세우스Odysseus가 그를 만나 곤경에 빠지게 되지요.

오디세우스 일행이 탄 배는 고향으로 곧장 가지 못하고 바다를 표류하다가 어느 해안가에 도착했습니다. 그곳에서 먹을거리를 찾던 오디세우스는 살찐 양을 발견하고 기뻐하였지만, 사실 그곳은 외눈박이 괴물 폴리페무스가 양 떼를 치며 사는 곳이었어요.

아마도 오디세우스는 그곳이 얼마나 위험한 곳인지를 제대로 몰랐던 것 같습니다. 호기심을 이기지 못하고 폴리페무스의 동굴 안에까지 제 발로 걸어 들어갔으니까요. 그러나 그곳에서 오디세우스는 끔찍한 일을 목격하게 됩니다. 폴리페무스가 자신의 부하들을 산 채로 잡아먹는 장면을 보아야만 했던 것입니다.

Pellegrino Tibaldi, '폴리페무스에 저항하는 오디세우스'

부하들의 죽음에 분개한 오디세우스는 복수하기로 마음먹고 폴리페무스에게 포도주를 권합니다. 포도주의 맛과 향에 취한 폴리페무스가 잔뜩 마시고 취해 곯아떨어지자, 오디세우스는 불에 달군 나무꼬챙이로 폴리페무스의 눈을 찔러 앞을 볼 수 없도록 만듭니다. 그러면서 자신의 이름을 '우티스Outis('아무도 아니다'란 뜻)'라고 일러주었기 때문에, 그 말을 곧이들은 폴리페무스는 고통에 몸부림치면서 "우티스가 내 눈을 찔렀다(다시 말하면, '내 눈은 아무도 찌르지 않았다'는 의미)."고 고함을 쳤습니다. 동료 외눈박이 거인들이 폴리페무스의 비명을 듣고 달려왔지만, "아무도 내 눈을 찌르지 않았다."고 외치고 있으니 "아무도 네 눈을 찌르지 않았으면 되었지, 왜 소리를 질러 우리를 놀라게 하느냐?"고 면박을 주고는 돌아갔지요.

비록 폴리페무스는 하나뿐인 눈을 잃고 무력해졌지만, 동굴 안은 그의 세계였습니다. 오디세우스 일행은 동굴 밖으로 빠져나가야만 살 수 있는데, 악에 바친 폴리페무스가 입구를 굳게 지키고 있으니 뾰족한 방

법이 없었습니다. 폴리페무스가 자신의 양과 염소를 동굴 밖으로 내보내면서, 혹시라도 오디세우스 일행이 등에 타고 있지 않은지 일일이 손으로 만져 확인했기 때문입니다.

오디세우스는 그 모습을 보면서 묘안을 생각해 냈습니다. 즉, 부하들을 양과 염소의 등에 태우지 않고, 배에 매달리도록 한 것입니다. 폴리페무스는 양과 염소의 등만 더듬어 확인한 다음 밖으로 내보냈으므로 오디세우스 일행은 무사히 동굴 밖으로 빠져나올 수 있었지요.

야코프 요르단스Jacob Jordaens가 그린 9번 방의 그림 '폴리페무스 동굴의 오디세우스'는 그 당시의 상황을 그린 것입니다.

해안가에 도착해 자신의 배에 올라탄 오디세우스는 큰 소리로 폴리페무스를 조롱했습니다.

"불쌍한 폴리페무스여, 누가 너의 눈을 멀게 했느냐고 물으면 오디세우스가 그리 했다고 대답하여라! 내 이름은 우티스가 아니라 오디세우스다."

폴리페무스는 그제야 자신이 속았음을 깨닫고 커다란 바윗덩어리를 소리 나는 곳을 향해 던졌지만, 오디세우스의 배를 맞히지는 못했습니다. 오디세우스는 더욱 큰 소리로 폴리페무스를 조롱하면서 그곳을 빠져나갔지요.

기지를 발휘하여 목숨을 구했지만, 폴리페무스의 눈을 멀게 한 오디세우스는 그 뒤로 톡톡히 대가를 치르게 됩니다. 폴리페무스가 아버지인 포세이돈에게 복수해 달라고 간청했기 때문입니다.

아들의 청을 들은 포세이돈은 오디세우스 일행이 가는 곳마다 거센 풍랑을 일으켜 대부분의 사람이 목숨을 잃도록 했습니다. 오디세우스는 비록 목숨은 건졌지만 그 뒤로 10년 동안 바다를 떠돌며 온갖 고생을 다한 뒤에야 비로소 가족의 품으로 돌아갈 수 있었지요. 그리스 신화 속에서 가장 흥미진진한 모험담인 오디세우스의 귀향 이야기는 이처럼 폴리페무스와의 악연에서 비롯된 것이었습니다.

Arnold Böcklin, '오디세우스와 폴리페무스'

롯과 그의 딸들

『구약 성서』에 소돔Sodom과 고모라Gomorrah라는 도시가 나옵니다. 악행과 타락을 상징하는 도시이지요.

두 도시가 어찌나 사악한 인간들로 넘쳐났던지, 하느님은 그곳을 멸망시키기로 마음먹었다고 합니다. 그 사실을 안 아브라함이 하느님에게 "만약 그곳에 의로운 이가 열 명만 있다면 계획을 취소하실 수 있습니까?"라고 묻자, 하느님은 그리 하겠다고 약속합니다. 그러나 악의 소굴인 그 도시에서 열 명의 의인을 찾는 건 불가능했으므로 두 도시는 멸망을 피할 수 없었지요.

소돔에는 아브라함의 조카인 롯Loth이 가족과 살고 있었습니다. 그가 의로운 사람임을 알고 있던 하느님은 그와 그의 가족을 구하기로 마음먹고 두 천사를 보냈다고 합니다. 그런데 롯의 집에 천사가 찾아온 날, 소란이 일어납니다. 천사를 단순한 나그네로 생각한 마을 사람들이 롯의 집으로 몰려와 "이방인을 우리에게 내놓으라."며 행패를 부린 것입니다. 성서의 문맥으로 볼 때, 마을 사람들은 천사들을 상대로 남색男色(남자끼리 나누는 성 행위)을 저지르고자 한 것으로 보입니다. 하느님이 소돔과 고모라를 멸망시키려 한 까닭이 바로 율법이 엄히 금하는 행위인 남색을 그 도시 사람들이 공공연히 자행했기 때문이라고 합니다. 남색을 뜻하는 영어 단어가 'sodomy'인 것만 보아도 그 당시 소돔의 분위기를 짐작할 수 있습니다.

하느님이 보기에 의로운 사람이었다는 롯은 그 순간 현대인의 관점으로는 이해하기 어려운 결정을 내립니다. 마을 사람들로부터 나그네

(당시는 그 역시 천사의 정체를 몰랐던 것으로 보입니다)를 보호하기 위해 미혼인 자신의 두 딸을 타락한 마을 사람들에게 내주겠다고 한 것입니다. 물론 천사들이 권능을 발휘해 마을 사람들의 눈을 멀게 하였으므로 롯의 두 딸은 순결을 지킬 수 있었지만, 롯의 결정이 과연 의로운 사람다운 것이었나 하는 점에는 의문이 남습니다.

그런 소동을 겪은 후 천사들은 자신들이 롯을 찾아온 이유를 설명합니다. 하느님이 도시를 불로 심판할 테니 어서 도시를 떠나되 무슨 일이 있어도 뒤를 돌아보아서는 안 된다고 신신당부하지요. 롯과 그의 아내, 그리고 두 딸은 천사가 시키는 대로 소돔을 빠져나갔는데, 그 직후 도시에 유황불이 쏟아져 내려 불바다가 되었다고 합니다. 롯과 두 딸은 천사의 당부대로 뒤를 돌아보지 않아 무사했지만, 그의 아내는 세상이 무너지는 듯한 소리에 놀라 뒤를 돌아다보았으므로 소금 기둥으로 변했다고 합니다.

Johann Georg Trautmann, '불타는 소돔을 탈출하는 롯과 그의 딸들'

소돔을 빠져나가는 롯과 그의 딸들. 롯의 아내는 뒤를 돌아다본 탓에 소금 기둥으로 변했다.

Aert de Gelder, '롯과 그의 딸들'(10번 방)

의롭게 산 덕분에 소돔과 고모라가 멸망할 때도 살아남을 수 있었던 롯과 그의 두 딸은 그 뒤 어떻게 되었을까요? 성서에는 매우 당혹스러운 그들의 후일담이 기록되어 있으며, 푸시킨 미술관 10번 방에 소장된 아르트 데 헬데르Aert de Gelder의 '롯과 그의 딸들Loth and his Daughters'은 그 이야기와 관련이 있습니다.

그림 속 중앙에 있는 노인이 롯이며 좌우의 젊은 여인들이 그의 딸입니다. 그런데 딸들이 아버지 롯에게 술을 권하고 있습니다. 딸들은 왜 아버지에게 술을 권하는 것일까요?

두 도시가 멸망한 것을 확인한 롯은 딸들과 함께 동굴로 들어가 살았다고 합니다. 그런데 어느 날 딸들은 이런 의논을 했다고 하지요.

"이제 세상에 남은 사람이 없으니 우리가 아버지의 씨를 받아서라도 대를 이어야 하지 않겠느냐?"

그리하여 아버지에게 술을 권해 취하게 한 다음 차례로 동침하여 각각 아이를 하나씩 낳았는데, 그 아이들의 후손이 바로 훗날 이스라엘을 끊임없이 괴롭힌 모압족과 암몬족을 이루었다는 것입니다.

이 또한 현대인의 관점으로는 도저히 납득하기 어려운 일인데, 화가들에게는 흥미로운 주제였던지 롯의 두 딸이 아버지에게 술을 권하는 장면을 그린 그림이 많이 남아 있습니다. 그중의 한 점을 감상해 봅시다.

Jan Matsys, '롯과 그의 딸들'

디도 여왕의 죽음

미의 여신 아프로디테와 트로이의 왕족인 안키세스Anchises 사이에서 태어난 아이네아스Aeneas는 트로이 전쟁 때 헥토르에 버금가는 맹장으로서 조국을 위해 목숨 걸고 싸웠습니다. 그러나 트로이성은 불바다가 되었고, 그의 조국 트로이는 역사의 뒤안길로 사라졌지요.

어머니 아프로디테의 보호를 받은 아이네아스는 아버지 안키세스와 아들 아스카니우스, 그리고 일부 살아남은 트로이 주민들과 무사히 트로이성을 빠져나왔고, 트로이 유민의 지도자가 된 그는 새로이 정착할 땅을 찾아 지중해 연안을 유랑한 끝에 북아프리카의 카르타고에 도착하여 디도 여왕을 만나게 됩니다.

디도Dido 여왕은 카르타고Carthago의 건국자로, 페니키아 출신의 그녀가 북아프리카에 나라를 세운 과정이 흥미롭습니다.

디도는 페니키아의 항구도시인 티로스Tyros(지금의 레바논 지역)의 공주였다고 합니다. 그녀는 부유한 삼촌 시카에오스와 결혼했는데, 티로스의 왕이자 오빠인 피그말리온이 재산을 빼앗기 위해 남편을 살해하자 신변의 위협을 느껴 추종자들을 데리고 북아프리카로 도망쳤습니다. 그녀의 일행이 도착한 땅은 이아르바스가 다스리는 곳이었습니다. 디도는 이아르바스를 찾아가 자신들이 정착할 수 있도록 약간의 땅을 내어달라고 간청하였고, "한 마리 소에게서 나온 가죽으로 덮을 수 있는 땅을 주겠다."는 약조를 받아내기에 이릅니다. 이에 디도는 기지를 발휘하여 소가죽을 잘라 가는 끈을 만든 다음, 그 끈으로 감싼 드넓은 지역을 얻어냈다고 합니다. 카르타고는 그렇게 세워진 나라인 것입니다.

아이네아스가 카르타고에 도착했을 때는 디도에게 호감을 느낀 이아르바스가 집요하게 청혼할 때였습니다. 그런데 디도는 아이네아스를 보고 한눈에 반한 나머지 이아르바스의 청혼을 거절하고 아이네아스와 결혼하려고 합니다. 아이네아스 역시 디도에게 호감을 느껴 사랑이 무르익었지요.

그러나 아이네아스에게는 트로이의 유민들을 이끌고 이탈리아로 가서 새로운 나라를 건설해야 하는 임무가 있었습니다. 그것은 신들이 그에게 맡긴 책무였지요. 결국 제우스가 보낸 전령신 헤르메스로부터 "어서 카르타고를 떠나 항해를 계속하라."는 채근을 받은 아이네아스는 눈물로 만류하는 디도 여왕을 뿌리치고 카르타고를 떠났다고 합니다.

사랑하는 사람이 떠나자 절망한 디도 여왕은 스스로 장작더미를 쌓은 후 불을 붙여 목숨을 끊고 맙니다. 17번 방에 걸린 조반니 바티스타 티에폴로Giovanni Battista Tiepolo의 그림은 그 장면을 포착한 것이지요.

먼 훗날 아이네아스의 후손이 세운 나라가 로마이며, 카르타고는 로마에 의해 멸망하게 되니 얄궂은 운명입니다.

Giovanni Battista Tiepolo, '디도 여왕의 죽음'(17번 방)

리날도와 아르미다

리날도와 아르미다를 주인공으로 한 그림은 숱하게 많습니다. 그들의 이야기가 화가들에게 매혹적인 주제였다는 의미지요. 푸시킨 미술관에 소장된 니콜라 푸생Nicolas Poussin의 '리날도와 아르미다Rinaldo and Armida'도 그중의 한 점입니다.

화가들은 이탈리아 시인 토르쿼토 타소Torquato Tasso의 서사시 '해방된 예루살렘Gerusalemme liberata, Jerusalem liberated'에서 그림의 영감을 얻기도 했고, 또는 그것을 오페라로 개작한 헨델의 '리날도Rinaldo'를 바탕으로 그림을 그리기도 했습니다. 그런데 두 작품의 내용이 다소 다르므로, 둘 중 어느 것을 모티브로 삼았느냐에 따라 그림의 내용도 달라집니다.

Nicolas Poussin, '리날도와 아르미다'(21번 방)

토르퀴토 타소의 '해방된 예루살렘'은 제1차 십자군 전쟁을 배경으로 한 서사시입니다. 십자군 전쟁은 이슬람교도들이 점령한 예루살렘을 되찾기 위해 기독교도들이 일으킨 전쟁이지요.

십자군 사령관 고프레도는 딸의 연인인 리날도를 불러 딸과의 결혼을 허락하는 조건으로 중요한 임무를 맡깁니다. 팔레스타인의 항구 도시 아스칼론을 공격할 때 선봉에 서도록 한 것입니다. 아스칼론은 예루살렘으로 가기 위해서는 반드시 통과해야 하는 군사적 요충지였고 십자군의 최종 목표는 예루살렘 탈환이었으므로, 리날도에게 맡겨진 임무는 매우 막중한 것이었습니다.

어느 날, 아스칼론을 포위하고 공격 준비를 하고 있는 리날도에게 십자군 복장을 한 기사가 찾아와 다른 곳에 있는 십자군 부대가 위기에 빠졌다며 도움을 요청합니다. 사실 그 기사는 아스칼론의 성주 히드라오트의 딸 아르미다로, 리날도의 부대가 포위를 풀게 하려는 목적으로 접근한 것이었습니다.

비록 남장을 했지만 아리따운 처녀의 모습을 감추지 못한 아르미다를 보고 리날도는 호기심을 느낍니다. 아르미다 또한 용감하고 매력적인 리날도에게 매력을 느껴 둘 사이에는 사랑의 감정이 생기기 시작했지요.

그러나 두 사람의 사랑은 이루어질 수 없었습니다. 사랑하는 남자를 속이는 일에 가책을 느낀 아르미다가 자신의 정체를 고백하자 뒤늦게 자신의 사명을 깨달은 리날도가 아르미다의 곁을 떠난 것입니다. 결국 아스칼론을 공격한 리날도의 군대에 의해 성은 파괴되고, 아르미다는 무너지는 성벽에 깔려 목숨을 잃었다고 합니다.

Giovanni Battista Tiepolo, '아르미다와 작별하는 리날도'

조반니 티에폴로Giovanni Battista Tiepolo의 '아르미다와 작별하는 리날도 Rinaldo's farewell to Armida'는 토르쿼토 타소의 '해방된 예루살렘'을 바탕으로 그린 그림으로, 리날도가 아르미다의 정체를 알고 떠나는 장면으로 보입니다.

헨델의 오페라 '리날도'는 토르쿼토 타소의 '해방된 예루살렘'을 원작으로 했지만 내용은 사뭇 다릅니다.

용감한 기사 리날도는 십자군 사령관 고프레도의 딸 알미레나와 사랑하는 사이입니다. 그런데 이슬람 왕 아르간테의 애인이자 마법사인 아르미다가 알미레나를 납치해가지요.

아르미다가 납치해온 알미레나를 본 아르간테는 그녀의 아름다움에 반해 사랑을 고백합니다. 물론 알미레나는 리날도에 대한 사랑이 깊은 여인이므로 아르간테의 고백에 흔들리지 않습니다. 그런가 하면 알미레나를 찾으러 온 리날도를 본 아르미다는 그에게 반해 유혹하려 하지요.

푸시킨 미술관 21번 방에 있는 니콜라 푸생의 '리날도와 아르미다'는 알미레나를 찾아온 리날도가 피로에 지쳐 쓰려져 있을 때, 그 모습을 본 아르미다가 한눈에 반하는 장면을 그린 것입니다.

아무리 유혹해도 리날도가 자신의 사랑을 받아들이지 않자, 마법사인 아르미다는 알미레나로 변신하여 리날도를 속입니다. 리날도는 잠깐 동안이지만 아르미다를 사랑하는 여인 알미레나로 착각하고 사랑을 나누었다고 합니다. '리날도와 아르미다'라는 제목을 가진 그림 중에는, 리날도가 알미레나로 변신한 아르미다와 달콤한 시간을 보내는 장면을 포착한 작품이 많습니다. 안젤리카 카우프만Angelica Kauffmann의 '리날도와 아르미다'는 그런 예의 전형에 해당합니다.

Angelica Kauffmann, '리날도와 아르미다'

그러나 리날도는 곧 아르미다의 정체를 알아차리고 뿌리치며, 그의 사랑을 가질 수 없다고 생각한 아르미다는 알미레나를 해치려 합니다.

리날도는 아르미다의 폭력으로부터 알미레나를 구해냈고, 마침내 그들은 재회의 기쁨을 나눕니다. 결말은 다소 뜬금없는데, 리날도가 이끄는 십자군이 이슬람교도들에게 승리하고, 포로가 된 아르미다와 아르간테가 기독교로 개종한다는 것입니다. 기독교 문화권인 유럽인의 시각이 반영된 결과일 것입니다.

주피터와 칼리스토

　태양신 아폴론과 쌍둥이 남매인 아르테미스Artemis(로마 신화의 디아나)
는 달의 여신입니다. 또한 사냥의 여신이기도 하지요. 그녀는 달의 여
신임을 과시하듯 이마에 초승달 장식을 붙이고 다니며, 사냥의 여신임
을 알려주기 위해서는 활과 화살을 들고 사냥개나 사슴과 함께 다니는
경우가 많습니다.

　달의 여신이자 사냥의 여신인 아르테미스는 순결한 처녀 신이기도

Guillaume Seignac, '사냥의 여신 아르테미스(디아나)'

이마에 뿔이 나며 사슴으로 변하는 악타이온
(트레티야코프 미술관 2번 방)

합니다. 자신의 순결을 굳게 지킴은 물론, 순결을 잃은 처녀는 단호히 응징하는 앙칼진 성격을 지녔지요. 아르테미스의 철저한 순결 고수 원칙은 때로 억울한 희생자를 낳기도 했는데, 그녀의 목욕 장면을 우연히 목격했던 사냥꾼 악타이온Actaeon은 목숨을 잃고 맙니다. 악타이온은 아르테미스의 저주를 받아 사슴으로 변했고, 악타이온의 사냥개들은 악타이온이 사슴인 줄 알고 물어 죽이지요. 이것을 묘사한 조각상을 트레티야코프 미술관 2번 방과 4번 방에서 볼 수 있습니다.

아르테미스의 시녀였던 칼리스토Callisto는 더 억울한 경우였습니다.

자신이 데리고 다니던 사냥개에게 물려 죽는 악타이온(트레티야코프 미술관 4번 방)

순결에 관한 한 결벽증이 있는 아르테미스는 자신의 시녀들에게도 순결을 지키겠다는 맹세를 하게 했는데, 칼리스토 또한 예외가 아니었습니다. 그런데 문제는 칼리스토가 아니라, 아르테미스의 아버지인 제우스였지요. 청순한 칼리스토가 하필이면 천하의 바람둥이인 제우스의 눈에 띄었기 때문입니다.

제우스의 유혹을 받은 칼리스토는 펄쩍 뛰었습니다. 순결을 잃으면 어떻게 될지 너무나 잘 알고 있는 그녀였으니까요. 어쩌면 악타이온이 변을 당할 때, 그 자리에 있었을지도 모르지요. 그러나 상대는 제우스였습니다. 한 번 점찍은 여자를 포기하는 법이 없는 제우스를 그녀가 어떻게 당할 수 있을까요.

François Boucher, '주피터와 칼리스토'(22번 방)

III 모스크바의 미술관

제우스는 아르테미스로 몸을 바꾸어 칼리스토에게 접근했습니다. 칼리스토는 제우스의 꼼수를 꿈에도 짐작하지 못하고, 아르테미스(라고 생각한 제우스)의 시중을 들었지요.

푸시킨 미술관 22번 방에 있는 프랑수아 부셰François Boucher의 '주피터와 칼리스토Jupiter and Callisto'는 아르테미스로 변한 제우스(로마 신화의 주피터)의 시중을 드는 칼리스토를 표현한 작품입니다.

그 일이 있고 난 지 얼마 지나지 않아 칼리스토의 배가 불러오기 시작했습니다. 뒤늦게 자신이 임신한 사실을 알게 된 칼리스토는 어디다 하소연할 수도 없었거니와 행여 아르테미스가 눈치챌까 봐 전전긍긍해야 했습니다. 동료 시녀들도 그녀의 딱한 처지를 이해하고 감춰주려 애쓴 것으로 보이지만, 아르테미스를 속일 수는 없었지요. 혹시라도 순결을 잃는 시녀가 없는지 눈에 불을 켜고 감시하는 아르테미스에게 결국 칼리스토는 임신 사실을 들키고 말았습니다.

결국 순결을 잃었다는 죄목으로 칼리스토는 암곰으로 변했다고 합니다. 혹자는 아르테미스가 아니라 제우스의 오입질에 화가 난 헤라가 그렇게 했다고도 하는데, 하여간 칼리스토로서는 억울하기 짝이 없는 일이었을 겁니다. 어쨌거나 칼리스토는 곰의 모습을 벗지 못하고 밤하늘의 별자리가 되었습니다. 북쪽 하늘에서 빛나는 큰곰자리는 바로 불운한 칼리스토가 변한 것이라고 하는군요.

아버지는 천하의 바람둥이고, 그 딸은 철저히 순결을 고수하는 결벽증을 갖고 있었으니 아이러니한데, 그 와중에 애꿎은 칼리스토만 불행한 꼴을 당했으니 안타까울 따름입니다.

François Boucher, '헤라클레스와 옴팔레'(22번 방)

헤라클레스와 옴팔레

　프랑수아 부셰가 그린 '헤라클레스와 옴팔레Hercules and Omphale'를 제대로 감상하기 위해서는 헤라클레스의 파란만장한 일생을 알아야 하겠지만, 너무 방대한 내용이라 다 설명하기 어려우므로 그가 옴팔레의 종노릇을 하게 된 사연을 알아보기로 합니다.

　오이칼리아의 왕 에우리토스Eurytos는 헤라클레스의 궁술 스승이었는데, 그는 활쏘기 시합을 열고 자신을 이기는 사람에게 아름다운 공주 이올레Iole를 주겠다고 약속합니다. 그런데 막상 그 시합에서 헤라클레스가 우승하자 약속을 뒤집고 말지요. 헤라클레스가 처자식을 죽인 일이 있으므로 꺼림칙하게 생각했던 것입니다.

　에우리토스의 아들이면서 헤라클레스의 친구이기도 했던 이피토스Iphitos는 아버지가 약속을 지키지 않자 대신 사과하기 위해 헤라클레스를 찾아갔다가 그만 목숨을 잃고 맙니다. 순간적으로 광기에 사로잡힌 헤라클레스가 이피토스를 죽인 것입니다. 아마도 헤라클레스를 미워한 헤라의 계략 때문이었을 것입니다.

　자신을 이해해 주는 벗을 살해한 죄를 지은 헤라클레스는 신들로부터 벌을 받아 원인을 알 수 없는 병에 시달리게 됩니다.

French School, '이피토스를 죽이는 헤라클레스'

트라이포드를 빼앗아 달아나는 헤라클레스(사자 가죽을
뒤집어쓰고 몽둥이를 들고 있음)와 뒤쫓아 가는 아폴론
(궁술의 신의 상징물인 활과 화살을 들고 있음)이 그려진
도자기(루브르 박물관 소장)

원인을 모르니 치유법도 알 수 없어 고통을 당하던 헤라클레스는 델포이의 신탁소에 가서 신의 뜻을 들어보기로 하지요.

그러나 델포이의 무녀는 헤라클레스에게 신탁을 전하길 거부합니다. 처자식과 친구를 죽였으니 신탁을 들을 자격이 없다는 것이었습니다. 그 말을 듣고 격분한 헤라클레스는 무녀 피티아Pythia가 앉아 있는 트라이포드(피티아가 신탁을 전할 때 앉는 의자)를 빼앗아 달아납니다.

그러니 신탁소의 주인인 아폴론이 기겁할 수밖에 없었지요. 둘은 엄밀히 따지면 아버지가 같은 형제이지만, 레토 여신에게서 태어난 아폴론은 순수한 혈통의 신입니다. 게다가 맡은 역할도 어마어마해서 태양신이자 예언의 신이며 예술의 신이자 궁술의 신으로, 올림포스산의 열두 신 중에서도 막중한 역할을 맡은 핵심 신이지요. 그러나 헤라클레스는 힘이 장사라고는 하지만 인간 알크메네Alcmene에게서 태어났으니 인간의 피가 절반 섞인 존재입니다. 그런 헤라클레스가 감히 아폴론이 주관하는 신성한 신탁소의 물건을 강탈했으니 이는 있을 수 없는 행패였지요.

아폴론이 화들짝 놀라 헤라클레스를 쫓아가 의자를 빼앗으려 했지만, 힘에서만큼은 누구에게도 지지 않는 헤라클레스가 호락호락 내어 줄 리가 없었지요.

둘이 옥시각신 싸우는 것을 내려다보던 아버지 제우스가 벼락을 내려 둘을 떼어놓았다고 합니다. 그제야 두 형제의 싸움은 끝이 났지만, 그 벌로 헤라클레스는 옴팔레 여왕에게 팔려가 3년 동안 노예살이를 해야만 했다고 하지요.

헤라클레스가 감수해야 했던 노예 생활의 성격이 어떤 것인지는 명확하지 않습니다. 프랑수아 부셰는 헤라클레스가 옴팔레의 잠자리 시중을 든 것으로 이해한 것 같지만, 그보다는 천하장사 헤라클레스가 여장女裝한 채 길쌈과 바느질에 종사하는 굴욕적인 모습이 더욱 흥미롭습니다.

디에고 로페스 엘 무도Diego López el Mudo의 그림을 보면, 화면 왼쪽에 여장을 한 채 실을 잣고 있는 헤라클레스가 보입니다. 머리에 붉은색 리본을 꽂은 여인이 헤라클레스라니 믿기 어렵지만, 그 옆에 놓인 몽둥이가 그의 신분을

Diego López el Mudo, '헤라클레스와 옴팔레'

알려줍니다. 네메아의 사자를 퇴치할 때 사용한 몽둥이가 바로 헤라클레스의 상징물이기 때문입니다.

헤라클레스는 옴팔레 여왕의 궁전에서 3년간 노예살이를 한 후 풀려나 데이아네이라와 결혼하지만, 그 뒤로도 갖은 우여곡절을 겪으며 더 고생하다가 생을 마치게 됩니다.

아우로라와 케팔로스

그림 속에서 잠든 케팔로스Cephalus(혹은 Kephalos)를 애틋한 눈길로 바라
보고 있는 이는 새벽의 여신 아우로라Aurora(그리스 신화의 에오스)입니다.
사랑의 신 에로스가 케팔로스를 깨워 사랑을 맺어주려고 애쓰지만, 케
팔로스는 깊은 잠에서 깨어나지 않습니다. 아무래도 아우로라의 짝사
랑은 결실을 보지 못할 것 같군요.

Pierre-Narcisse Guérin, '아우로라와 케팔로스'(23번 방)

그리스 신화에서 에오스는 티탄 신인 히페리온과 테이아 사이에서 태어났으며, 태양신 헬리오스(아폴론 이전의 태양신)와 달의 여신 셀레네(아르테미스 이전의 달의 여신)가 같은 형제들입니다. 에오스는 맡은 역할이 그렇다 보니, 대개 태양신 헬리오스(혹은 아폴론)가 태양 마차를 몰고 하늘을 달리기 시작할 때 앞에서 여명을 밝히는 모습으로 그려집니다.

Gérard de Lairesse, '아폴론과 아우로라'

그런데 에오스는 한때 아레스와 사귄 적이 있다고 합니다. 전쟁 신 아레스는 남성적인 매력이 물씬한 캐릭터로 많은 염문을 뿌렸는데, 에오스도 그런 스캔들에 휘말렸던 것입니다. 그런데 문제는 아레스의 연인이었던 아프로디테가 그 사실을 알고 질투심에서 에오스를 저주한 것입니다. 그 저주란, '죽을 운명을 타고난(즉, 신이 아닌) 인간을 사랑하게 되는 것'이었습니다.

그 뒤로 에오스는 새벽마다 사랑할 만한 청년을 찾아 인간 세상을 두리번거리면서, 한편으로는 그런 자신의 행동이 부끄러워 얼굴을 붉힌다고 하지요. 새벽녘에 동쪽 하늘이 붉게 물드는 건 그녀의 볼이 붉어지기 때문이라고 합니다.

그렇게 끊임없이 사랑을 찾아다니지만, 아프로디테의 저주를 받은 에오스의 사랑이 순탄할 리 없습니다. 늘 씁쓸한 결과만 낳았지요.

한번은 아름다운 트로이의 왕자 티토노스Tithonos에게 반해 결혼하였는데, 그때 제우스에게 "제 남편 티토노스를 불사不死의 몸으로 만들어 주십시오."라고 간청했다고 합니다. 제우스는 에오스의 청을 들어주었지만, 늙지 않게 해달라는 말을 빠뜨린 것이 문제였습니다. 티토노스는 점점 늙어가는 몸으로 죽을 수조차 없어 결국 매미로 변했다고 합니다.

에오스는 아티카 지역에 사는 사냥꾼 케팔로스에게 반한 일도 있는데, 23번 방에 있는 피에르 나르시스 게랭Pierre-Narcisse Guérin의 '아우로라와 케팔로스Aurora and Cephalus'는 에오스(아우로라)가 케팔로스를 보고 반하는 순간을 묘사한 것으로 보입니다. 그러나 그 사랑 또한 이루어지지 않았으며, 엉뚱한 비극의 원인이 되고 말지요.

케팔로스에게 반한 에오스는 그를 납치했는데, 사랑하는 부인이 있던 케팔로스는 여신의 구애를 끝내 뿌리칩니다. 자신을 뿌리치고 집으로 돌아가는 케팔로스에게 화가 난 에오스는 그의 뒤에다 대고 "네가 그렇게 사랑하는 너의 부인은, 사실 널 사랑하지 않을지도 모른다."고 빈정댔습니다.

부인에게로 돌아간 케팔로스는 에오스가 마지막으로 던진 말이 자꾸 신경 쓰였습니다. 그래서 자신의 부인을 시험해 보기로 하지요. 다른 사람으로 변장한 채 부인을 유혹해 보기로 한 것입니다.

케팔로스의 부인인 프로크리스Procris는 처음엔 낯선 사내의 유혹을 단호히 뿌리쳤지만, 끈질기게 유혹하자 그만 넘어가고 맙니다. 그러자 실망한 케팔로스는 자신의 정체를 밝히고, 남편이 자신을 의심하여 시험했다는 사실을 깨달은 부인 역시 실망한 채 남편 곁을 떠나고 말지요.

그렇게 몇 년이 지난 뒤 두 사람은 오해를 풀고 재회합니다. 남편과

헤어져 있던 동안 프로크리스는 사냥의 여신 아르테미스를 섬겼는데, 여신은 남편에게 돌아가는 프로크리스에게 창과 사냥개를 선물로 주었다고 하는군요. 그것들이 별로 필요 없는 프로크리스는 사냥꾼인 남편에게 주었다고 합니다.

아내와 재결합한 뒤 다시 사냥꾼의 삶을 시작한 케팔로스는 산과 들을 달리다가 지치면 "아우라(산들바람)여, 내 뜨거운 가슴을 식혀다오."라고 말하는 습관이 있었는데, 이웃 사람이 그 말을 듣고는 오해한 나머지 프로크리스에게 "당신의 남편이 아우라와 바람이 났다."고 일러주었습니다.

새벽의 여신에게 남편이 납치되었던 사실을 알고 있는 프로크리스는 '아우라'가 '아우로라'를 뜻한다고 생각한 나머지 질투심에 사로잡히고 맙니다. 그래서 사실을 확인할 생각으로 사냥하러 나가는 남편의 뒤를 밟게 되지요. 그리고 풀숲에 몸을 숨긴 채 남편의 행동을 감시하고 있는데, 아닌 게 아니라 남편이 "아우라여, 내게 와서 이 뜨거운 가슴을 식혀다오."라고 하는 게 아닙니까?

프로크리스는 그 말을 듣자 의심하는 마음이 솟구쳐 아우라의 정체를 알아보고자 몸을 움직였습니다. 그때 바스락거리는 소리가 났는데, 케팔로스는 그것을 들짐승이 내는 소리로 알아듣고 본능적으로 창을 던졌습니다. 아르테미스에게 받은 백발백중의 창이었으니 절대로 빗나갈 리가 없었지요.

결국, 프로크리스는 케팔로스가 던진 창을 맞고 그 자리에서 절명하였으며, 케팔로스는 아내를 죽인 죄로 고향에서 추방당했다고 합니다. 에오스의 저주받은 사랑이 애꿎은 케팔로스 부부의 비극을 낳은 셈입니다.

헥토르의 죽음을 슬퍼하는 안드로마케

트로이 전쟁으로 가혹한 불행을 당한 가족이 여기에 있습니다. 트로이의 왕자이자 맹장이었으나 아킬레우스의 손에 목숨을 잃은 헥토르Hector와 그의 아내 안드로마케Andromache, 그리고 둘 사이에서 태어난 아들 아스티아낙스Astyanax가 바로 그들입니다. 23번 방에 있는 자크루이 다비드Jacques-Louis David의 '헥토르의 죽음을 슬퍼하는 안드로마케Andromache Mourning Hector'를 보면서 헥토르 일가의 비극적인 운명에 대해 알아봅시다.

헥토르는 트로이의 마지막 왕 프리아모스의 장남이었습니다. 아버지의 뒤를 이어 왕이 되기에 조금도 손색없는 훌륭한 인물이었으나, 동생 파리스의 잘못된 처신으로 인해 발발한 트로이 전쟁은 그의 삶을 나락으로 몰아넣습니다.

테바이의 공주 안드로마케와 결혼한 헥토르는 흠잡을 데 없이 평화로운 가정을 꾸렸다고 합니다. 아들 아스티아낙스와 함께 행복하게 살던 그들 부부는 헥토르가 아킬레우스와 마지막 결전을 벌이게 되면서 영원히

Jacques-Louis David, '헥토르의 죽음을 슬퍼하는 안드로마케'(23번 방)

Anton Losenko, '헥토르와 안드로마케의 이별'
(트레티야코프 미술관 2번 방)

헤어지게 되지요. 트레티야코프 미술관에는 그들 가족이 함께한 마지막 순간을 그린 그림이 소장되어 있습니다. 그 전투에서 남편이 죽을 것을 직감한 안드로마케가 출전을 만류하지만, 헥토르는 자신의 명예와 조국의 안위를 지키기 위해 전장으로 나가려 합니다.

헥토르와 안드로마케는 그렇게 작별한 후, 이승에서는 두 번 다시 만나지 못하지요.

헥토르는 트로이를 통틀어 최고의 맹장이었지만, 아킬레우스의 적수가 되지는 못했습니다. 그들의 결전이 있기 전에 아킬레우스의 절친한 벗 파트로클루스Patroclus가 헥토르의 손에 죽었으므로, 아킬레우스는 친구의 원수를 갚고자 평소보다 더 맹렬히 공격했던 것입니다. 결국 트로이의 희망이었던 헥토르는 아킬레우스의 손에 죽었고, 그의 시신은 아킬레우스의 마차 뒤에 매달린 채 끌려다니는 모욕을 당했습니다. 프리아모스 왕이 목숨 걸고 아킬레우스를 찾아가 간청한 끝에 헥토르의 시신은 트로이 측에 보내져 장사지낼 수 있었지요. 프란츠 폰 마치Franz von Matsch의 그림을 보면, 아킬레우스의 마차 뒤에 매달린 채 끌려가는 헥토르의 시신이 보입니다.

Franz von Matsch, '아킬레우스의 승리'

　사랑하는 남편의 죽음으로 안드로마케는 더없는 슬픔에 빠졌지만, 그녀의 비극은 그것으로 끝나지 않았습니다. 트로이가 멸망한 후, 그들의 어린 아들 아스티아낙스가 살해당한 것입니다. 프리아모스의 후손이 살아남으면 후환이 될 거라는 오디세우스의 주장에 따라 아스티아낙스를 성벽에서 내던져 죽였다고 합니다.

　남편과 아들의 죽음으로도 안드로마케의 비극은 끝나지 않습니다. 전쟁이 끝난 후 포로가 된 그녀는 그리스군의 장수인 네오프톨레모스 차지가 되어 끌려간 뒤 그의 자식들을 낳았다고 전해집니다. 네오프톨레모스는 아킬레우스의 아들이었으니, 안드로마케는 남편을 죽인 원수의 아들과 살면서 자식을 낳은 셈이 됩니다.

　전쟁은 남성들이 수행하지만, 그로 인한 비참한 삶은 여성들이 감당해야 했던 사실을 안드로마케의 비극적 운명을 통해 다시금 알 수 있습니다.

도마뱀 사냥꾼 아폴론

도마뱀 사냥꾼 아폴론(24번 방)

　나무 기둥을 기어오르는 도마뱀을 바라보고 있는 아폴론을 표현한 조각상을 흔히 '아폴론 사우로크토노스Apollon Sauroktonos'라고 합니다. '도마뱀 사냥꾼 아폴론', 혹은 '지네를 죽이는 아폴론'이라는 뜻입니다. 그러나 작품의 분위기를 보면 도마뱀(혹은 지네)을 죽이거나 사냥하려 한다기보다는 도마뱀의 움직임에 관심을 갖고 응시하는 것처럼 보입니다.

　아폴론 사우로크토노스를 최초로 조각한 이는 프락시텔레스Praxiteles로 알려져 있습니다. 뒤에서 소개되는 '크니도스의 아프로디테'의 작가로 미술사에 이름을 남긴 그는 '나무에 기댄 사티로스', '어린 디오니소스를 돌보는 헤르메스' 등도 제작한 것으로 보입니다. 현재 남아 있는 그 작품들이 원본인지, 아니면 프락시텔레스의 작품을 로마 시대에 모각한 것인지에 대해서는 논란의 여지가 있지만, 그리스 최고의 조각가로 평가받았던 그의 솜씨를 짐작하는 데는 전혀 부족함이 없습니다.

로마 카피톨리니 박물관에 소장된
'나무에 기댄 사티로스'

올림피아 고고학박물관에 소장된
'어린 디오니소스를 돌보는 헤르메스'

그런데 이 작품들을 보면 공통점이 있습니다. 모델이 된 젊은 남자가 한쪽 다리에 체중을 실은 채 자연스러운 자세로 서 있다는 점입니다. 아폴론과 헤르메스, 사티로스가 모두 신화 속 존재이지만, 이 조각상들에서는 너무나 인간적인 모습으로 표현되었습니다. 이것이 그리스 클래식기를 대표하는 프락시텔레스 작품의 특징이지요.

프락시텔레스가 활동하던 때를 미술사에서는 클래식기Classical Period라고 하고, 그 직전 시대를 아르카익기Archaic Period라고 합니다. 아르카익기의 조각상과 프락시텔레스의 작품을 비교해보면, 프락시텔레스의 천재성을 한눈에 알아볼 수 있지요.

아르카익기를 대표하는 조각상은 '쿠로스Kouros(남성 조각상)'와 '코레Kore(여성 조각상)'입니다. 쿠로스의 경우 대부분 정면을 바라보고 반듯한 자세로 서 있는 모델이 왼발을 앞으로 내딛고 양 팔은 몸에 붙이고 있습니다. 코레는 쿠로스에 비해 팔의 자세가 다소 자연스럽지만 경직된 자세로 서 있는 것은 마찬가지입니다. 그리고 조각마다 살짝 웃는 모습인 것을 볼 수 있는데, 이것을 '아르카익 미소archaic smile'라고 합니다. 굳은 표정인 것보다는 인간미를 풍기지만, 모든 조각 작품에서 천편일률적인 미소가 나타난다는 것은 작가의 개성이 드러나지 않는 것이지요. 아르카익기 조각을 한마디로 요약하자면, '인체의 특징을 사실적으로 표현하고 있지만, 생동감 있고 자연스러운 자세를 표현하는 단계에는

쿠로스(아테네 고고학박물관 소장)　　　코레(아테네 고고학박물관 소장)

아직 도달하지 못했다.'고 말할 수 있습니다.

　그러니까 프락시텔레스의 작품은 아르카익기의 경직되고 개성 없는 작품에 익숙한 당시 사람들에게 충격적인 감동을 주었을 것입니다. 그의 작품이 로마 시대에 다투어 모각된 것도 예술성과 독창성 측면에서 탁월함을 인정받았다는 뜻이겠지요.

　그런데 혹시 '도마뱀 사냥꾼 아폴론'에는 어떤 은유적 의미가 담긴 것은 아닐까요? 혹자는 고대 그리스어로 사우로스(도마뱀)가 남성의 성기, 그중에서도 소년의 성기를 뜻했다고 주장합니다. 즉, 이 작품을 아폴론이 미소년을 유혹하려 하는 것으로 보는 것이지요. 실제로 그리스 신화 속에서 아폴론은 동성애로 의심 받을 만한 관계를 가진 적이 몇 차례 있습니다. 히아킨토스와 키파리소스가 아폴론의 사랑을 받은 소년들이고, 아폴론의 아들인 퀴크노스는 아버지의 수상쩍은 사랑이 부담스러워 스스로 목숨을 끊었다고 하지요.

　그러니까 아폴론을 일컬어 도마뱀 사냥꾼이라고 하는 것은, 그가 미소년을 사랑의 대상으로 보고 유혹하는 존재라는 걸 암시적으로 표현한 말인 것입니다.

크니도스의 아프로디테

크니도스Knidos(혹은 Cnidus)는 아나톨리아 반도(현재의 터키) 서남쪽에 위치한 항구 도시였습니다. BC 5세기 무렵에는 델로스 동맹(페르시아와의 전쟁이 끝난 후, 아테네를 중심으로 한 그리스 도시 국가들이 결성한 해상 군사 동맹. 아폴론과 아르테미스가 태어났다고 하는 델로스섬에 본부를 두었기 때문에 델로스 동맹이라고 한다)의 일원이었고, 그 뒤로는 스파르타의 식민 도시였던 것으로 보입니다. 지중해 연안의 도시 국가들, 이탈리아, 이집트 등과의 무역을 통해 번영을 누렸다고 하지요.

크니도스는 정치적 측면에서 뚜렷한 발자취를 남긴 도시국가는 아닙니다만, 19세기에 이루어진 발굴을 통해 사자상과 데메테르 좌상을 세상에 드러내며 존재를 증명했습니다.

'크니도스의 사자상'이라고 불리는 조각상은 1858년에 크니도스에서

크니도스에서 발굴된 사자상   크니도스의 데메테르

발굴되었으며, BC 394년에 스파르타를 상대로 벌인 크니도스 해전에서 승리한 것을 기념하여 세운 기념비의 상부에 설치되었던 것으로 보입니다. 영국박물관의 그레이트 코트에 전시되어 있지요.

사자상보다 이른 시기인 1812년에는 흔히 '크니도스의 데메테르'라고 하는 데메테르 여신의 좌상이 발굴되었으며, 역시 영국박물관에 소장되어 있습니다.

크니도스에서 제작된 조각 작품에 대해 이야기하면서 아테네의 유명한 조각가였던 프락시텔레스Praxiteles의 작품 '크니도스의 아프로디테Aphrodite of Cnidus'를 말하지 않을 수 없습니다. 이 작품은 미술사에서 중요한 위치를 차지하기 때문입니다.

물론 그리스 클래식기(고대 그리스의 예술 전성기)에 제작된 대부분의 작품이 사라진 것처럼, '크니도스의 아프로디테'도 원본 작품은 전하지 않습니다. 그러나 로마 시대에 그것을 모각한 다수의 작품이 현재도 세계의 주요 박물관에 소장되어 있으며, 푸시킨 미술관에도 한 점이 있어 조각가의 뛰어난 솜씨를 짐작하게 합니다.

프락시텔레스는 옷을 입고 있는 아프로디테와 목욕하려고 막 옷을 벗은 아프로디테를 조각했는데, 앞의 작품

크니도스의 아프로디테(24번 방)

은 코스섬 사람이, 뒤의 작품은 크니도스 사람이 구입했다고 합니다. 나체의 아프로디테 상을 '크니도스의 아프로디테'라고 부르는 이유는 그 때문입니다.

'크니도스의 아프로디테'는 최초의 여성 나체 조각상이면서 이후에 제작되는 나체상의 원형이 되었다고 할 정도로 예술성이 뛰어난 작품입니다.

'크니도스의 아프로디테'는 작품 자체의 빼어난 예술성으로도 주목을 받지만, 작품의 모델이 된 여인에 관한 전설적인 이야기가 더욱 사람들을 매혹시킵니다. 프락시텔레스의 연인이었다고 알려진 프리네Phryne가 바로 주인공입니다.

프리네는 아테네의 매춘부였는데, 몹시 아름다웠다고 하지요. 그녀는 사람들로부터 "아프로디테와 견주어도 손색이 없다."는 칭송을 들었는데, 이는 아프로디테 입장에서는 모욕적인 일이었을 겁니다. 프리네가 의도한 것은 아니었겠지만 결과적으로 신성 모독의 죄를 지은 그녀는 법정에 불려가 재판을 받는 신세가 되었습니다.

그녀의 변호인이었던 히페리데스는 재판관들 앞에서 변호를 시작하기 전에 그녀가 걸친 옷을 잡아챘다고 합니다. 그러자 그녀의 나신이 고스란히 드러나게 되었지요. 그때 재판관들은 그녀의 눈부신 알몸을 보고 '아프로디테와 견주어도 손색이 없다'는 말이 사실임을 알게 되었으며, 결국 "아름다움에는 죄가 없다."며 무죄를 선고했다고 합니다.

이러한 프리네의 일화는 후대 예술가들의 영감을 자극해 다양한 작품을 낳았는데, 대표적인 그림 두 점을 소개합니다.

상트페테르부르크 국립 러시아 박물관에 소장된 작품은 엘레우시스에 있는 포세이돈 신전 앞에서 축제가 벌어지고 있는데, 사람들의 관심이 온통 아름다운 프리네에게로만 향해 있는 걸 표현했습니다. 신들이 화를 낼 만도 한 일이군요.

그리고 히페리데스가 재판관들 앞에서 프리네의 옷을 벗기는 장면도 그림으로 남아 있습니다. 프리네의 눈부시게 아름다운 알몸과 그걸 보며 놀라는 재판관들의 표정이 인상적인 그림입니다.

Henryk Siemiradzki, '엘레우시스 포세이돈 신전 앞의 프리네'
(상트페테르부르크 국립 러시아 박물관 소장)

Jean-Léon Gérôme, '최고재판소 재판관 앞에 선 프리네' (Kunsthalle Hamburg 소장)

소 아그리피나

로마 제국 초기의 역사를 읽다 보면 아그리피나라는 이름을 가진 유명한 여인 둘을 만날 수 있습니다. 각각 '대 아그리피나Agrippina Major'와 '소 아그리피나Agrippina Minor'라고 불리는 여인들이지요. 푸시킨 미술관에 소장된 대리석 좌상의 주인은 그중 소 아그리피나입니다.

대 아그리피나는 아우구스투스의 외손녀이자 마르쿠스 아그리파의 딸입니다. 로마 제국의 초대 황제인 아우구스투스에게 아그리파는 정치적 동지이자 친구였으며, 사위이기도 했지요. 아우구스투스는 첫 번째 부인에게서 율리아란 딸을 하나 낳았을 뿐이고, 두 번째 부인인 리비아에게서도 아들을 얻지 못하자 가장 믿을 만한 심복인 아그리파를 후계자로 삼기 위해 딸과 결혼시켰던 것입니다. 그러나 아그리파가

소 아그리피나(25번 방)

먼저 세상을 떠나는 바람에 그를 후계자로 삼으려던 아우구스투스의 계획은 무산됩니다.

아우구스투스의 유일한 혈육인 율리아는 아그리파와의 사이에서 3남 2녀를 두었는데, 대 아그리피나는 그중의 한 명입니다. 그녀를 제외한 나머지 형제들은 의문의 죽임을 당하거나 명예롭지 못한 최후를 맞았지요.

대 아그리피나는 게르마니쿠스 카이사르Germanicus Caesar와 결혼하여 여러 명의 자녀를 낳았습니다. 게르마니쿠스는 리비아(아우구스투스의 두 번째 부인)가 전 남편과의 사이에서 낳은 드루수스의 아들로, 2대 황제인 티베리우스의 조카였습니다. 그처럼 훌륭한 가문 출신인 데다가 정치적·군사적 역량이 탁월하여 장차 황제가 될 재목으로 여겨졌는데, 34세의 젊은 나이에 의문의 죽음을 당해 아쉬움을 남긴 인물입니다. 대 아그리피나와 게르마니쿠스 사이에서 태어난 자식들 중에서 유명한 이는 3대 황제가 되어 폭군으로 역사에 이름을 남긴 칼리굴라와 훗날 네로 황제의 어머니가 되는 소 아그리피나이지요.

게르마니쿠스의 석연치 않은 죽음의 배후로 당시 사람들은 티베리우스 황제를 의심했고, 대 아그리피나 역시 황제의 소행으로 믿어 적대시했습니다. 그러자 티베리우스는 대 아그리피나를 외딴 섬에 유배 보내 죽음에 이르게 합니다.

소 아그리피나의 권력에 대한 과도한 집착은 어린 시절에 겪은 불행한 가정사에서 비롯된 것으로 보입니다. 귀족 아헤노바르부스와 결혼하여 아들을 낳은 그녀는 4대 황제인 클라우디스 1세의 황후가 죽자 황제를 유혹해 그 자리를 차지합니다. 클라우디스 1세는 드루수스의 아들로 게르마니쿠스와 친형제간이었으니, 소 아그리피나에게는 숙부가 되는 사람이었지요.

그녀가 늙은 숙부와 결혼한 이유는 단 한 가지, 권력 때문이었습니다. 그녀는 클라우디스 1세를 독살한 다음, 전 남편과의 사이에서 낳은 아들을 5대 황제로 만듭니다. 그가 바로 폭군으로 악명 높은 네로 황제이지요.

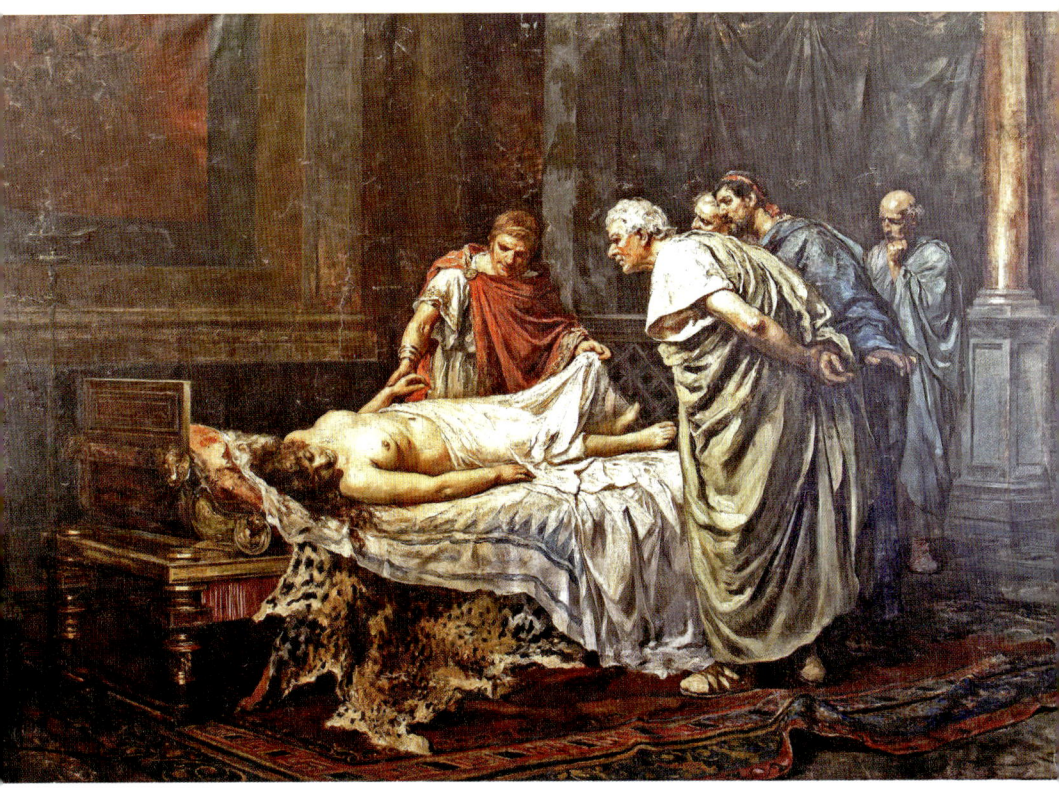

Arturo Montero y Calvo, '어머니 소 아그리피나의 시신 앞에 선 네로'

　사실 네로는 자신의 능력이 아닌, 어머니의 정치적 야망 때문에 황제
의 자리에 오른 것입니다. 사정이 그렇다 보니 모자간에 정치적 문제로
충돌하는 일이 잦을 수밖에 없었습니다. 결국 소 아그리피나는 아들 네
로가 보낸 노예의 손에 목숨을 잃었다고 합니다. 살아남기 위해 권력을
쥐려 애썼지만, 자신이 아들 손에 쥐여준 권력에 의해 목숨을 잃었으니
참으로 아이러니한 일입니다.

Ⅳ

함께 보면
좋은 곳

1장

붉은 광장과 그 주변

붉은 광장 💬1

크렘린 성벽 북동쪽에 드넓게 펼쳐진 붉은 광장은 15세기 말에 조성되었으며, 초기에는 상인들이 물건을 사고팔던 장소였다고 합니다. 일종의 시장 기능을 한 공간이지요. 그러나 크렘린 옆에 위치한 데다 모스크바에서 제일 널찍한 공간이었던 까닭에 차르나 황제의 명령을 전달하는 장소로 이용되었으며, 때로는 정치범이나 흉악범을 공개 처형하는 곳으로 이용되기도 했습니다. 또한 전쟁이 일어나면 병사들이 이곳에서 출정식을 치른 뒤 전장으로 나가기도 했지요.

처음 붉은 광장에 들어서면 크렘린의 붉은 성벽과 붉은색 석재로 지어진 레닌의 묘, 그리고 러시아 국립 역사박물관의 붉은색 건물 때문에 그런 이름이 붙은 것 아닐까 하는 생각이 듭니다. 혹은 소련 시절 이 광장에서 행사가 있을 때면 붉은 깃발이 물결을 이루던 모습이 떠올라 거기서 그 이름이 유래된 것이 아닐까 싶기도 합니다. 그러나 붉은 광장을 러시아어로는 크라스나야 플로시치Красная площадь라고 하는데, '크라스나야'에는 '붉은'이라는 의미 외에 '아름다운'이란 의미가 더 있습니다. 그러니까 이 광장의 원래 이름은 '아름다운 광장'이었던 것이지요. 그러나 공산주의 국가가 된 후 공산주의를 연상시키는 붉은색 이미지가 광장 이름을 지배하게 되어 현재는 붉은 광장이라고 부르며 영문으로도 Red Square라고 합니다.

붉은 광장

　붉은 광장은 모스크바 여행의 일번지라고 할 수 있는 곳입니다. 모스크바를 방문하는 여행자라면 누구나 제일 먼저 찾아갈 크렘린이 바로 옆에 있고, 그 밖에도 레닌 묘, 크렘린 벽 묘지, 성 바실리 성당, 카잔 대성당, 부활의 문, 러시아 국립 역사박물관, 조국전쟁 박물관, 굼 백화점, 알렉산드롭스키 공원 등이 광장 주변에 포진해 있기 때문입니다. 붉은 광장 주변만 제대로 보아도 모스크바의 핵심 명소를 대부분 보았다고 할 수 있을 정도이지요.

　소련 시절에 주로 대규모 군사 퍼레이드가 펼쳐지곤 하던 붉은 광장은 현재도 대조국전쟁(제2차 세계대전) 승전 기념 군사 퍼레이드나 국가 차원의 큰 행사가 열리는 장소로 활용되고 있습니다.

부활의 문 ②

  부활의 문Resurrection Gate은 마네지 광장Manege Square에서 붉은 광장으로
들어갈 때 거치게 되는 문으로, 국립 역사박물관과 조국전쟁 박물관 사
이에 있습니다. 부활의 문을 통과하면 곧바로 카잔 대성당과 굼 백화점
을 만나게 되지요.

  이 건물은 1534년에 처음 세워졌다가 1680년에 재건되었는데, 스탈
린은 붉은 광장에서 이루어지는 군인들의 퍼레이드에 방해가 된다는

부활의 문 위치

이유로 철거를 명했습니다. 현재의 모습을 되찾은 것은 1994~1995년의 일이니 그리 오래된 건물은 아닙니다.

그러면 이 건물의 외관을 살펴봅시다. 앞면(마네지 광장 쪽)에서는 두개의 아치 사이에 세워진 이베론 예배당Iveron Chapel이 중요합니다. '부활의 문'을 때로 'Iberian Gate'라고도 하는데, 바로 이 예배당 때문이지요. 이곳에서는 현재도 러시아 정교회 사제가 주관하는 예배가 진행되며, 모스크바 사람들이 경건하게 생각하는 곳이라고 합니다. 그 안에 모셔진 '이베론의 성모Our Lady of Iveron' 이콘화가 기적을 일으키는 영험함을 가졌다고 믿기 때문이지요. 비록 몇 사람만 들어가도 꽉 차는 비좁은 공간이지만, 예전부터 일반인은 물론이거니와 황실 가족들까지도 이곳에 들러 예를 표하곤 했다고 합니다.

예배당 입구 주변의 부조와 이콘화의 주인공들은 앞에서 설명한 바있는 인물들이므로 그 모습을 한 번 확인해보면 좋겠습니다.

이베론 예배당이 있는 부활의 문 앞면   이베론 예배당 주위

〈누가복음〉의 저자인 누가Luke가 그렸다고 전해지는 이베론의 성모 이콘화는 '길의 인도자 성모' 유형의 성화입니다. 원래 니케아의 과부 소유였으며, 이콘 파괴 운동이 한창이던 때 박해를 피하기 위해 이콘화를 바다에 띄워 보냈는데 그것이 동방정교회에서 성지로 여기는 그리스 아토스산 근처에 나타났다고 전해집니다. 수도사들이 그것을 이베론 예배당에 안치했으므로 '이베론의 성모'라고 부르게 되었으며, 그 뒤로 여러 가지 신비한 기적이 일어났다고 하지요.

아토스산에 다녀온 순례자들을 통해 그런 이야기를 전해들은 모스크바의 총대주교 니콘은 이베론 수도원의 원장에게 복사본을 보내줄 것을 요청하였고, 모스크바에 도착한 복사본을 위해 부활의 문 앞에 이베론 예배당을 지었다는 것입니다.

'이베론의 성모' 이콘화(복사본)

그곳에 안치된 이베론의 성모 이콘화는 복사본임에도 불구하고 많은 기적을 보이며 모스크바 사람들로부터 사랑과 공경을 받았지만, 부활의 문이 파괴될 때 예배당도 함께 파괴되면서 사라집니다. 현재 예배당에 걸려 있는 이콘화는 1990년대에 제작된 작품입니다만, 그래도 러시아 정교회 신자들의 지극한 공경을 받고 있습니다.

부활의 문 뒷면(붉은 광장 쪽)에서는 문의 이름이 유래된 '그리스도의 부활' 이콘화를 눈여겨보아야 합니다. 비록 1990년대에 새로 제작한 것이지만, 건물의 이름과 관련이 있기 때문입니다.

'그리스도의 부활' 이콘화가 있는 뒷면　　　　　'그리스도의 부활' 이콘화

　　그런데 이 그림을 보면, 우리가 일반적으로 알고 있는 예수의 부활 장면과는 다소 차이가 있습니다. 기독교 성화에서 예수의 부활은 대개 예수가 무덤에서 나오는 것으로 표현되는데, 이 그림은 예수가 죽은 이들을 구하기 위해 지옥으로 내려간 장면을 묘사했기 때문입니다. 러시아 정교회에서는 예수가 무덤에서 나온 후 승천하기 전까지의 활동을 부활로 보기 때문에, 승천 직전에 지옥(혹은 착한 사람들이 머무는 중간 내세인 림보Limbo)에 내려간 것도 부활로 이해하는 것입니다.

　　'그리스도의 부활' 이콘 왼쪽 위에는 알렉산드르 넵스키(위)와 필립 대주교Metropolitan Philip(아래)가, 오른쪽 위에는 교회 군대의 수호성인인 표도르 스트라틸라트(위)와 요나 대주교Metropolitan Jonah(아래)가 보입니다.

레닌 묘와
크렘린 벽 위인 묘지 ③

볼셰비키 당과 소련(소비에트 연방)의 창설자인 블라디미르 일리치 레닌Vladimir Il'ich Lenin은 1924년 1월 21일에 사망했으며, 사망 6일 후인 1월 27일에 장례식이 거행됐습니다. 그의 시신은 방부 처리가 되어 붉은 광장에 있는 레닌 묘Lenin's Tomb, Lenin's Mausoleum(Мавзолей Ленина)에 안치되어 있지요.

레닌 묘는 그가 죽은 1924년에 건설되었는데, 처음엔 목조건물이었습니다. 현재의 붉은색 석조 건물로 재건축된 것은 1930년의 일입니다.

니콜스카야 탑 근처에 있는 입구의 보안 검색대를 통과해 입장할 수 있으며, 건물 안으로 들어가면 적막한 가운데 영원히 잠든 레닌이 누워 있는데 마치 밀랍 인형처럼 보입니다.

레닌 묘   묘 안에 안치된 레닌의 시신

레닌의 삶을 이해하려면 먼저 그를 혁명가로 만든 제정 러시아 말기의 사회상에 대해 알아야 합니다.

레닌은 형 알렉산드르가 알렉산드르 3세 암살 계획에 연루되어 처형당한 것에 충격을 받아 황실 타도에 뜻을 두게 되었고, 혁명가로서의 삶을 살게 되었다고 합니다.

레닌의 가족

알렉산드르 3세는 폭탄 테러로 암살당한 알렉산드르 2세의 아들로, 부친의 뒤를 이어 황제가 된 인물입니다. 그런 그에 대해 또다시 암살 계획을 세운 세력이 있었다는 사실은, 당시 사회 변혁을 바라는 사람들에게 황실과 황제는 제거 대상에 불과했다는 뜻입니다. 그런 위태로운 상황 속에서 알렉산드르 3세는 민심을 수렴한 변화와 개혁 대신 억압적이고 전제적인 통치로 황제의 권력을 강화하는 쪽을 선택했습니다.

그가 죽은 뒤 제위를 계승한 그의 아들 니콜라이 2세는 우유부단하고 정치적 감각이 부족한 사람이었습니다. 변화를 바라는 민중의 요구를 알아차리지도 못했거니와, 설령 알았다고 하더라도 개혁을 추진할 만한 역량을 갖추지 못했지요.

그런 상황에서 터진 것이 바로 '피의 일요일' 사건입니다. 1905년 1월 22일, 가혹한 노동 조건과 궁핍한 삶을 황제에게 호소하려고 겨울 궁전(러시아 제국의 수도인 상트페테르부르크에 있는 황제의 거주지)을 찾은 군중에게 황제의 군대가 발포한 것입니다. 그날 하루 동안 상트페테르부르크에만 1천여 명이 죽고 3천여 명이 부상을 당했다고 합니다.

망명지인 스위스 제네바에서 그 소식을 전해들은 레닌은 귀국을 준비합니다. 그리하여 1905년 9월 헬싱키를 거쳐 상트페테르부르크의 핀란드 역에 도착했는데, 그 사실을 알려주기 위함인 듯 지금도 핀란드 역 앞에는 레닌의 동상이 서 있습니다.

러시아에 도착한 레닌은 과격한 정치 운동을 통해 혁명을 이루고자 하는 볼셰비키 당의 지도자로 활약하며 혁명의 선두에 섭니다. 레닌은 "모든 권력을 소비에트soviet(노동자, 농민 등 민중의 자치기구)로!"라고 외치며 민심을 끌어 모았지요.

결국 1917년 11월 7일(러시아력 10월 25일)에 모든 국가 권력이 소비에트로 넘어가고, 하루 뒤인 11월 8일(러시아력 10월 26일)에는 새로운 소비에트 정부인 소브나르콤(인민위원평의회)이 탄생했습니다. 이것을 10월 혁명이라고 하며, 혁명을 진두지휘한 레닌이 의장을 맡아 권력을 장악하게 됩니다. 그러나 레닌은 1924년에 사망함으로써 자신이 꿈꾸던 세상이 완성되는 것을 보지는 못하지요.

레닌과 스탈린

레닌이 세상을 떠난 후 권력을 물려받은 이는 스탈린이었습니다. 레닌의 책을 읽고 그에게 심취하여 볼셰비키 당원이 된 스탈린('강철 인간'이라는 뜻으로 레닌이 붙여준 별칭)은 혁명 당시의 활약은 미미했지만 레닌의 신임을 얻음으로써 정치적 위상이 점점 높아졌습니다.

트로츠키파와의 갈등이 심해지자 레닌은 스탈린을 당의 초대 서기장에 앉히고 상당한 권력을 행사하도록 했으나, 점차 스탈린의 냉혹함에 질린 나머지 1922년에 작성한 유서에는 자신이 죽은 후 집단지도체제를 택하고 스탈린은 지나치게 무자비하므로 권력을 독점하지 못하도록 해야 한다는 내용을 적었다고 합니다. 그러나 스탈린은 그 유서를 은폐하였으며, 레닌이 죽자 트로츠키파를 숙청하고 실권을 장악했습니다. 스탈린은 이후 누구도 견제할 수 없는 절대 권력을 휘두르며 공포 정치로 소련을 통치했지요.

스탈린은 죽은 뒤 레닌 묘 안에 레닌과 나란히 안치되어 있었는데, 그의 독재와 폭정에 대한 비난 여론이 커지면서 크렘린 벽 묘지로 이장되었으므로 현재는 레닌의 시신만 볼 수 있습니다.

크렘린 벽과 레닌 묘 사이 공간에 있는 크렘린 벽 묘지에는 러시아 사람들이 위인으로 생각하는 인물들이 묻혀 있습니다. 국립묘지 성격의 크렘린 벽 묘지Kremlin Wall Necropolis는 1917년 10월 혁명 때 희생된 240명의 볼셰비키 당원을 붉은 광장에 매장한 것에서 유래되었다고 합니다.

붉은 광장 쪽에서 보아도 묘지의 위치와 규모 등을 짐작할 수 있지만, 이곳을 제대로 보려면 레닌 묘 관람과 병행하는 것이 좋습니다. 레닌 묘를 먼저 보고 난 다음 출구 쪽으로 가기 전에 묘지를 살펴보면 됩니다.

크렘린 벽 위인 묘지의 위치

크렘린 벽

레닌 묘

크렘린 벽 위인 묘지

붉은 광장의 박물관들 ④

붉은 광장과 마네지 광장 사이에 있는 러시아 국립 역사박물관State Historical Museum은 본디 모스크바 대학교에 속한 건물이었습니다. 1872년 이반 자벨린Ivan Zabelin과 알렉세이 우바로프Aleksey Uvarov 등이 현재의 건물에 역사박물관을 설립하여 운영하였고, 혁명 뒤에 국립박물관으로 개편되어 일반에게 공개하였지요.

이곳에는 선사 시대부터 로마노프 왕조 때까지의 다양한 유물들이 전시되어 있습니다.

러시아 국립 역사박물관 외관

비잔틴 제국을 방문한 올가가 콘스탄티누스 7세를 만나는 장면(왼쪽)과 올가가 세례를 받는 장면(오른쪽).

40여 개의 전시실에 소장된 수많은 유물을 다 소개할 수 없으므로, 관람시 관심을 갖고 볼 만한 방 몇 군데를 설명하겠습니다.

러시아의 역사는 류리크 왕조가 시작되는 9세기부터 기록되었지만, 현재의 러시아 땅에 사람이 살기 시작한 것은 그보다 훨씬 전의 일입니다. 역사박물관의 1번 방에는 40,000년 전 시대의 고고학적 유물인 뗀석기 등이 전시되어 있고, 2번 방에는 11,000~40,000년 전의 생활 모습을 짐작할 수 있는 그림이 천장에 그려져 있습니다.

8번 방에는 기독교가 전래된 당시의 생활 용품들이 전시되어 있으며, 올가(블라디미르 대공의 할머니로 러시아인 최초로 세례를 받은 이)의 세례 장면을 담은 그림도 있습니다. 8번 방 이후부터는 기독교 관련 자료가 많이 나타나지요.

이반 대제와 관련된 유물들 　　차르의 기도석(복제품) 　　니콘 총대주교의 초상화 　　니콘 총대주교의 유품

　　15번 방에는 이반 3세(이반 대제)의 유물이 집중적으로 전시되어 있습니다. 그중에서 특히 눈길을 끄는 것은 철판을 덧댄 튼튼한 성문과 쇠로 만든 성문 차단막, 그리고 그 앞에 놓여 있는 종입니다. 이반 3세는 모스크바 대공국에 복종하기를 끝까지 거부한 노브고로드 공국을 함락시키고, 그들의 자유와 독립을 상징하는 '베체의 종'을 빼앗아 모스크바로 가져왔다고 하는데, 15번 방의 이 유물들이 혹시 그와 관련된 것은 아닐까 짐작합니다.

　　18번 방에는 크렘린의 성모 승천 성당에 있는 '차르(황제)의 기도석' 복제품이 놓여 있습니다. 박물관 측이 설명해 놓은 글에 의하면, 이것은 19세기에 만들어진 것이라고 하는군요. 참고로, 성모 승천 성당에 있는 원래의 기도석은 1551년에 제작되었습니다.

　　19번 방에는 니콘 총대주교 관련 유물이 있습니다. 니콘은 모스크바의 러시아 정교회 성당 성화벽을 설명할 때 반복적으로 등장하는 인물입니다. 그가 성화벽의 양식을 정했다고 하지요. 19번 방에 그의 초상화와 그가 사용하던 물건들이 있습니다.

22번 방은 표트르 대제와 관련된 유물들이 전시되어 있습니다. 그 가운데서 인상적인 것은, 그가 강제로 귀족들의 수염을 자르는 장면을 풍자적으로 그린 그림입니다. 표트르 대제는 선진 서구 문물을 러시아에 도입하고자 끊임없이 노력했는데, 귀족과 정교회 사제들의 수염을 자르도록 한 것도 그런 취지에서였습니다. 수염 자르기를 거부하는 사람에게는 무거운 수염세를 물려 원성을 샀다고도 하지요.

박물관 관람을 모두 마치고 출구로 나오면, 제2차 세계대전의 영웅인 게오르기 콘스탄티노비치 주코프Georgy Konstantinovich Zhukov 원수의 기마상을 볼 수 있습니다.

그는 제1차 세계대전 당시 병사로 징집되어 군 생활을 시작한 후 탁월한 군사적 능력을 발휘하여 승진을 거듭했고, 제2차 세계대전 때는 영웅적인 활약으로 독일군의 침략으로부터 조국을 구했습니다. 종전 직후인 1945년에 붉은 광장에서 열린 전승 퍼레이드에서 스탈린을 대신해 말을 타고 사열을 받았는데, 역사박물관 앞의 기마상은 그때의 모습을 표현한 것이라고 합니다.

귀족의 수염을 강제로 자르는 표트르 대제

게오르기 주코프의 기마상

아르바트 거리의 주코프 장군 벽화

그러나 그에 대한 대중의 뜨거운 존경과 사랑은 스탈린의 질투를 불러 좌천되었고, 훗날 후르시초프와도 갈등이 있어 해임되는 등, 말년에는 순탄치 못한 삶을 살았습니다. 브레즈네프 서기장 때 명예회복을 했지만 군대에 복귀하지는 않았고, 1974년에 사망하여 크렘린 벽 묘지에 안장되었습니다.

주코프는 지금도 러시아 사람들이 존경하는 군인으로 아르바트 거리에 가면 벽에 그려진 그의 초상화를 볼 수 있습니다. 다만, 한국 전쟁에도 참전했다니 우리에게는 좀 불편한 인물일 수 있습니다.

러시아 국립 역사박물관 왼쪽에 있는 것은 조국전쟁 박물관입니다. 조국전쟁 박물관은 조국전쟁(나폴레옹의 침략으로부터 조국을 지켜낸 전쟁)과 관련된 자료들을 전시한 공간입니다. 조국전쟁에 대해서는 트레티야코프 미술관 24번 방에 걸려 있는 작품 '1812년 러시아에서 퇴각하는 프랑스 군대'를 보면서 설명한 바 있지요.

조국전쟁 박물관 외관   조국전쟁 박물관 내부

대조국전쟁 박물관

대조국전쟁 박물관을 소개하기 전에, 먼저 대조국전쟁이 러시아 사람들에게 어떤 의미를 갖는 전쟁인지 알아보겠습니다.

제2차 세계대전 중 독일과 소련이 벌인 전쟁(1941~1945년)을 러시아 사람들은 대조국전쟁이라고 합니다. 나폴레옹을 물리친 조국전쟁보다 더 위대한 것이 바로 히틀러를 상대로 승리한 제2차 세계대전이라고 보는 것이지요.

1939년 8월 23일에 독일과 소련은 상호 불가침조약을 체결했지만, 1941년 6월 22일 독일은 조약을 일방적으로 파기하고 소련을 침공합니다. 전쟁 초반 소련은 독일에 비해 군사적 열세에 놓여 있었기 때문에 많은 피해를 입게 되지요. 1941년 9월 25일 경에 시작되어 약 900일 동안 지속된 '레닌그라드(현재의 상트페테르부르크) 봉쇄'는 소련이 당한 전쟁의 고통을 단적으로 보여주는 예입니다. 봉쇄 기간 동안 레닌그라드에 고립된 주민 중 100만 명이 넘는 이들이 굶주림과 독일군의 공습으로 목숨을 잃을 정도로 극심한 피해를 입은 것입니다. 그렇지만 그들은 끝내 항복하지 않았고, 러시아 사람들은 그 사실에 무한한 자부심을 가지며 레닌그라드를 '영웅의 도시'라는 별칭으로 불렀다고 합니다.

대조국전쟁 박물관 외관

1942년에는 제2차 세계대전 중 가장 격렬한 전투였던 '스탈린그라드(현재의 볼고그라드) 공방전'이 벌어져 소련과 독일 양측이 막대한 피해를 입게 됩니다. 비록 인적 피해는 소련 측이 더 컸지만, 독일은 원하는 것을 얻지 못하고 빈손으로 물러나야 했지요. 그래서 '스탈린그라드 공방전은 제2차 세계대전의 흐름을 바꾼 거대한 전환점이다.'라고 평가하는 사람이 있을 정도입니다.

전쟁은 점차 소련에 유리하게 전개되어 1945년 4월 중순에는 소련군이 독일 파시스트 사령부가 있는 베를린을 포위하고 총 공격을 단행합니다. 결국 베를린은 소련군의 손에 떨어지고 히틀러는 자살하며, 5월 8일에 독일이 항복 문서에 서명함으로써 전쟁이 종료되지요. 소련이 히틀러의 나치 독일에 최종적인 승리를 거둔 것입니다.

대조국전쟁 박물관은 러시아 사람들이 그 사실에 대해 갖는 자부심의 표현이라고 할 수 있습니다. 먼 곳에서 보아도 한눈에 알아볼 수 있도록 드높게 치솟은 승리 기념탑이 인상적입니다.

승리 기념탑 앞에는 러시아군의 수호자인 성 게오르기가 긴 창으로 거대한 악룡을 찌르고 있는데, 잘 보면 악룡의 몸 이곳저곳에 나치의 상징인 하켄크로이츠(갈고리 십자가)가 새겨져 있습니다. 자신들이 물리친 악의 세력이 누구인지를 분명하게 밝히고 있는 것입니다. 그리고 승리 기념탑에는 대조국전쟁 당시 격전이 벌어졌던 도시들의 이름과 전투 장면이 보입니다.

박물관 안에는 대조국전쟁과 관련된 자료들이 전시되어 있습니다. 그 가운데 가장 눈길을 끄는 것은 전쟁의 종지부를 찍은 베를린 공격 장면을 모형으로 만들어 놓은 곳입니다. 러시아 사람들에게는 가장 중요하면서도 뿌듯한 장면이 아닐까 합니다.

나치를 상징하는 악룡을 무찌르는 성 게오르기

베를린 공격 장면을 재현한 모형

2장

그 밖의 가볼 만한 곳

아르바트 거리 ①

 아르바트Arbat 거리는 거리의 예술가들이 몰려드는 예술의 거리이자 모스크바의 젊은이들이 모여드는 젊음의 거리이며, 여행자들의 발길이 끊이지 않는 여행자의 거리입니다.

 아르바트스카야 역에서 나오면 가까운 거리에 고골의 동상이 서 있습니다. 고골 동상이 서 있는 곳에서 길을 건너면 아르바트 거리가 시작되지요.

 어려서부터 문학에 재능이 있었던 니콜라이 고골Nikolai Gogol은 고교

아르바트 거리 입구의 고골 동상

시절에 자신이 쓴 희곡으로 공연하고 잡지를 발행하기도 했다고 합니다. 그는 우크라이나를 배경으로 평범한 사람들의 삶을 다룬 단편집 〈디칸키 근교의 야화Vechera na khutore bliz Dikanki〉를 발표하면서 작가로서의 명성을 얻기 시작했고, 그 후 푸시킨과 교류하기 시작합니다. 당대 최고의 문인으로 대접받던 푸시킨은 고골의 문학적 역량을 알아보고 창작에 관해 여

러 조언을 해주었다고 합니다.

고골이 작품을 발표한 19세기 당시의 러시아는 전제 군주제의 숨 막히는 억압과 부패한 귀족 계급의 횡포, 인간 이하의 삶을 강요당하는 농노들의 비참한 현실 등이 맞물려 폭발 직전의 화약고 같은 상황이었습니다. 그런 사회 분위기 속에서 고골은 풍자와 비판의 날을 세운 날카로운 필체로 〈검찰관〉, 〈외투〉 등의 작품을 발표하며 독자들로부터 큰 호응을 얻었지요.

그의 문학적 위상을 드높여준 작품은 단연 〈죽은 혼〉입니다. 그의 대표작으로 일컬어지는 이 작품은, 죽은 농노들의 호적을 사 모아 돈을 벌려고 하는 교활한 협잡꾼 치치코프와 그가 만나는 인물들을 통해 도덕적 타락과 관료 세계의 부정부패를 적나라하게 고발하는 내용입니다. 당시 러시아 사회의 민낯이 고스란히 드러나브로 사람들은 고골을 '푸시킨의 뒤를 이어 비판적 리얼리즘을 확립한 작가'라고 평가합니다.

Ilya Repin, '〈죽은 혼〉의 두 번째 파트의 원고를 불태우는 고골'

〈죽은 혼〉 1부에서 악에 대한 풍자와 비판에 집중했던 고골은 새로이 2부를 집필하면서 치치코프가 도덕적으로 반성하고 악으로부터 탈출하는 내용을 그리려고 했다고 합니다. 그러나 자신이 원하는 방향으로 글이 풀리지 않자 절망한 나머지 우울증에 시달리게 되었고, 그 와중에 두 차례에 걸쳐 원고를 불태워버렸다고 하지요. 러시아의 국민화가 일리야 레핀은 그런 일화를 그림으로 남겼습니다.

고골을 존경하여 "신 앞에 선 우리 민중의 양심을 밝히는 가장 붉고 뜨거운 촛불"이라고 예찬했던 일리야 레핀은 자신의 원고에 만족하지 못하고 불태워버리는 고골의 광적인 태도를 통해 오히려 작품의 완성도에 집착하는 예술가의 초상을 표현한 것으로 보입니다.

〈죽은 혼〉의 2부를 불태운 그 해 2월에 고골은 우울증과 신경 쇠약에 시달리다가 단식 끝에 스스로 목숨을 끊었습니다. 그러니까 일리야 레핀의 '〈죽은 혼〉의 두 번째 파트의 원고를 불태우는 고골'은 고골의 거의 마지막 모습을 포착한 것이라고 할 수 있습니다.

고골의 동상을 본 다음 아르바트 거리로 들어서면 무명 화가와 거리의 악사들이 부지런히 작업하는 모습이 보입니다. 그들을 보면서 천천히 걷다 보면 오른쪽으로 바흐탄고프 국립 모스크바 극장 옆에 세워진 황금빛 찬란한 여인의 좌상이 보입니다. 오페라 '투란도트'의 여주인공인 투란도트 공주입니다.

바흐탄고프 국립 모스크바 극장The State Academic Vakhtangov Theatre은 20세기 초반 러시아 연극을 이끈 연출가 예브게니 바흐탄고프가 세운 스튜

아르바트 거리   바흐탄고프 국립 모스크바 극장   투란도트 분수

빅토르 최 기념벽　　　　　　　　　　　　　　　　　　　블라트 오쿠자바의 동상

디오가 있던 자리에 들어섰으며, 그의 연출작 중 가장 유명한 작품이었던 '투란도트'를 기념하기 위해 1997년에 투란도트 분수를 세웠다고 합니다.

투란도트 분수를 본 다음 조금만 더 걸어가면 '빅토르 최 추모벽'이 나타납니다.

이곳은 '러시아 록 음악의 시초'라는 평가를 받는 빅토르 최가 무명 시절에 노래를 불렀다고 알려진 곳이며, 젊은 나이에 세상을 떠난 그를 기리기 위한 팬들의 마음이 표현된 곳입니다. 고려인 2세 아버지에게서 태어났으므로 우리에게도 남다르게 다가오는 러시아의 예술가였지요.

빅토르 최 추모벽에서 더 내려가면 불라트 오쿠자바Bulat Okudzhava의 동상이 있습니다. 그가 죽은 뒤 5년이 지난 2002년 5월에 그의 생일에 맞춰 세운 동상이며, 어릴 적 그의 집 마당에 서 있던 아치에서 시인이 걸어 나오는 모습을 형상화한 것이라고 합니다.

음유 시인, 혹은 노래시의 창시자라고 불리는 불라트 오쿠자바는 모스크바에서 태어났으며, 모스크바와 아르바트 거리에 각별한 애정을 가졌었다고 합니다. 그런 까닭에 현재의 자리에 그의 동상을 세운 것으로 보입니다.

푸시킨 부부
의 동상　　푸시킨 기념관　　　　　　　　　　　　외무성 건물

　　아르바트 거리의 끝 부분에 푸시킨 부부의 동상과 그들이 신혼 초에
거주했다는 집이 있습니다. 하늘색으로 칠해 산뜻한 느낌을 주는 2층
집은 현재 푸시킨 기념관으로 쓰이며, 푸시킨 탄생 200주년을 기념해
1999년에 세웠다는 동상은 집을 마주보고 서 있습니다.

　　'러시아의 국민 시인'이라고 불리는 알렉산드르 푸시킨Alexander Pushkin
의 작품과 안타까운 죽음에 관해서는 푸시킨 미술관에서 설명한 바 있
습니다.

　　아르바트 거리를 벗어나면 왼쪽에 스탈린 양식으로 지어진 러시아
외무성Ministry of Foreign Affairs of Russia 건물이 보입니다. 이 건물을 포함해
스탈린의 명으로 지어진 7채의 독특한 건물을 뜻하는 '스탈린 시스터
즈'는 공산주의의 위대함을 과시하려는 목적으로 턱없이 크게 지어졌
으며 하늘을 찌를 듯 치솟은 날카로운 첨탑이 특징입니다.

모스크바 대학교 ②

1755년에 엘리자베타 여제가 미하일 로모노소프의 청원을 받아들여 설립한 모스크바 국립대학교는 설립자의 공을 기리기 위해 M.V. Lomonosov Moscow State University(M.V.로모노소프 모스크바 국립대학교)라고 표기합니다. 원래 모스크바 시내의 크렘린 북쪽에 있었으나 스탈린 시대인 1953년에 현재의 자리로 이전했으며, 모스크바에 있는 스탈린 양식으로 지어진 7채의 건물들(스탈린 시스터즈) 중에서 가장 규모가 크다고 합니다. 5,000여 개의 강의실이 있으며, 본관으로 쓰이는

모스크바 대학교

중앙 건물은 높이가 무려 240m로 1988년까지는 유럽에서 제일 높은 건물이었다고 하는군요.

12명의 노벨상 수상자를 배출할 정도로 학문적 전통이 강한 곳이며, 작가 안톤 체호프, 화가 바실리 칸딘스키, 물리학자 안드레이 사하로프 등도 이 대학 출신입니다.

모스크바 대학교의 설립자인 미하일 바실리예비치 로모노소프Mikhail Vasil'Ebich Lomonosov(1711~1765년)는 다양한 분야에서 뚜렷한 업적을 남긴, 근대 러시아의 위대한 지성인이었습니다. V.G.벨린스키가 '러시아 문학의 표트르 대제'라고 칭송할 정도로 언어학과 문학, 수사학 방면에서 빛나는 업적을 남겼고, 러시아 과학 발전에 크게 이바지하였으며 그 밖에도 철학, 수학, 광업, 연금술, 역사 등 다양한 분야에서 업적을 남겼습니다.

로모노소프는 백해 인근 아르한겔스크에서 가난한 어부의 아들로 태어났습니다. 왕성한 호기심을 가졌던 그는 항상 배움에 목말라했지만 그의 부모는 그런 그를 달가워하지 않았고, 궁벽한 어촌에는 그의 욕구를 충족시켜줄 만한 교육 시설이 없었습니다.

결국 그는 19세 때 가출하여 모스크바로 갔고, 그곳에서 슬라브어·그리스어·라틴어 아카데미에 입학하여 고학으로 학업을 마쳤습니다. 25세가 되던 해인 1736년에 독일 마르부르크 대학으로 유학 가 철학, 물리학, 화학을 연구했으며, 1741년에 러시아로 돌아와 과학 아카데미의 부교수로 본격적인 활동을 시작했고 1758년에는 원장에 취임하였습니다.

그가 모스크바 대학교를 설립한 것은 1755년의 일로, 엘리자베타 페트로브나 여제에게 대학교 설립을 제안하여 승인을 받은 것입니다.

계급과 신분만이 한 인간을 평가하는 절대적 기준이던 18세기 러시아 제국에서 가난한 어부의 아들로 태어난 로모노소프가 러시아 제일의 대학교를 설립하고, 러시아 최고의 과학자이자 문학가로 추앙받는 것은 후대인에게 큰 교훈을 주는 일이 아닐 수 없습니다.

스탈린 시대의 유산, 스탈린 시스터즈

모스크바 시내를 돌아다니다 보면, 비슷한 분위기를 풍기는 몇 채의 건축물을 만나게 됩니다. 주변 건물들과 어울리지 않는 거대한 규모인 데다가 딱딱한 직선만으로 이루어진 외관과 하늘을 찌를 듯 치솟은 첨탑이 매우 권위적이고 위압적으로 보이는 일곱 채의 이 건물들을 흔히 '스탈린의 일곱 자매Stalin's seven sisters'라고 부릅니다. 동서 냉전 시대에 스탈린의 명으로 지어졌기 때문에 그렇게 부르는 것입니다.

스탈린은 미국의 마천루摩天樓에 뒤지지 않는 고층 건물을 많이 지어 공산주의의 성공을 과시하고자 했습니다. 비록 실패로 끝나기는 했지만, 구세주 그리스도 성당 터에 지으려고 했던 소비에트 궁전은 그런 열망의 대표적 사례였지요.

1950년대 초반에 소련은 체제 선전 도구로 활용할 고층 건물 신축에 총력을 기울였는데, 1953년에 스탈린이 사망하면서 열기가 점차 식었습니다. 만약 그가 10~20년 정도 더 살았다면, 우리는 더 많은 스탈린 양식의 건물들을 보게 되었을 것입니다.

스탈린의 일곱 자매 중 면적이 가장 넓은 건물은 모스크바 대학교The Moscow State University입니다. 수용소의 죄수와 독일인 포로들을 동원하여 지었다는 이 건물은 1952년에 완공되었습니다. 지하철 우니베르시테트Университет 역(Universitet Metro station)에서 내리면 갈 수 있습니다.

1948년에 공사를 시작해 1953년에 완공한 외무성Ministry of Foreign Affairs of Russia 건물은 아르바트 거리와 가깝기 때문에 여행자들에게 집근성이 좋습니다. 스달린 양식의 다른 건물들처럼 완

모스크바 대학교   외무성

레닌그라드스카야　　　래디슨 로얄 호텔　　　　　교통부　　　　　　　　　예술인 아파트
호텔

벽한 좌우 대칭과 드높은 첨탑이 특징이지요. 애초의 설계에는 첨탑이 없었는데, 스탈린의 요구에 따라 172m 높이의 첨탑이 추가되었다고 합니다. 높고 날카로운 첨탑이야말로 스탈린 양식 건물의 특징이니 스탈린으로서는 포기할 수 없었을 테지요.

지하철 스몰렌스카야Смоленская 역(Smolenskaya Metro station)에서 가깝습니다.

레닌그라드스카야 호텔Hilton Moscow Leningradskaya Hotel은 건설 당시부터 호텔로 사용되었습니다. 애당초 스탈린 양식의 건물을 지은 목적이 모스크바를 방문하는 외국인들에게 공산주의 체제의 우월성을 과시하는 데 있었으니, 그들이 묵을 호텔에 각별히 공을 들였을 겁니다.

2008년에 대대적인 리모델링 작업을 했는데, 건물 자체를 문화유산으로 여겨 기존의 장식을 원형대로 보존했다고 합니다. 현재는 힐튼 호텔 소유로, 모스크바를 대표하는 최고급 호텔 중의 하나이지요.

지하철 콤소몰스카야Комсомольская 역(Komsomolskaya Metro station) 근처에 있습니다.

호텔로 사용되는 또 다른 건물인 래디슨 로얄 호텔Radisson Royal Hotel(구 우크라이나 호텔)은 1953~1957년에 지어졌으니, 스탈린 양식의 건물들 중에서는 늦게 완공된 편입니다. 면적으로는 스탈린의 일곱 자매 중 두 번째로 넓고, 높이는 198m에 달해 유럽에서 가장 높은 호텔이라고 합니다.

지하철 키예프스카야Киевская 역(Kievskaya Metro station)에서 가깝습니다.

러시아의 교통부 건물Krasnye Vorota Administrative Building로 사용되는 건물은 비교적 규모가 작습니다. 높이도 133m에 불과해 위압적인 느낌이 덜한 편이지요. 교통부 청사임에도 불구하고, 건

문화인 아파트 바르샤바 문화 과학 궁전

물의 일부는 일반 주거용으로 사용된다고 합니다.

지하철 크라스니예 보로타Красные Ворота 역(Krasnye Vorota Metro station)에서 내리면 가까운 거리에 있습니다.

모스크바 강 유람선을 타고 가다 보면 강변에 전형적인 스탈린 양식의 거대한 건축물이 보입니다. 176m 높이에 32층으로 이루어진 이 건물은 소련 당시 예술인들을 위해 지었다고 합니다. 그래서 '예술인 아파트'라고 부르지요. 현재는 아파트와 사무실 등으로 사용한다고 합니다.

지하철 타간스카야Таганская 역(Taganskaya Metro station)에서 가까운 편입니다.

소련 시대 문화 지도자들을 위해 지어진 아파트라서 '문화인 아파트'라고 불리는 건물은 160m 높이에 22층짜리입니다. 첨탑을 제외하면 실제로 사용하는 것은 17개 층이라고 하는군요.

지하철을 이용한다면 바리카드나야Баррикадная 역(Barrikadnaya Metro station)에서 내려 찾아갈 수 있습니다.

폴란드의 수도인 바르샤바를 여행하다 보면, 모스크바의 스탈린 양식 건물들과 매우 흡사한 건물 한 채를 볼 수 있습니다. '바르샤바 문화 과학 궁전'입니다. 이 건물 또한 1952년에 스탈린의 명으로 지어진 것이기 때문에 그 외양이 '스탈린의 일곱 자매'와 닮은 것입니다.

스탈린은 두 나라의 우호를 증진시키기 위해 이 건물을 선물했다고 하지만, 소련의 간섭으로 많은 피해를 입은 역사를 잊지 않고 있는 폴란드 사람들은 이 건물을 혐오한다고 합니다.

일러두기

이 책에 등장하는 인명, 지명 등 외래어 표기는 해당 국가(지역)의 발음을 기준으로 하되, 〈표준국어대사전〉에 따랐습니다. 단, 이미 널리 사용되고 있는 표기가 있는 경우 더 일반적인 것을 따랐습니다.